ELS LLIBRES DE L'**ICE** DE LA **UAB**

SÈRIE SOCIETAT I EDUCACIÓ

Teresa Colomer (ed.)

Mònica Baró, Ramon Bassa, Montserrat Correig,
Ana Díaz-Plaja, Teresa Duran, Anna Gasol,
Maria González, Gabriel Janer Manila, Enric Larreula,
Gemma Lluch, Teresa Mañà, Antonio Mendoza, Àngels Ollé,
Rosa M. Postigo, Margarida Prats,
Caterina Valriu, Núria Vilà

# La literatura infantil i juvenil catalana: un segle de canvis

Universitat Autònoma de Barcelona
**Institut de Ciències de l'Educació**

Queden rigorosament prohibides, sense l'autorització dels titulars del «Copyright», i sota les sancions establertes a les lleis, la reproducció total o parcial d'aquesta obra per qualsevol mitjà o procediment, compresos la reprografia i el tractament informàtic i la distribució d'exemplars mitjançant lloguer o préstec públics.

*Primera edició: gener de 2002*

©Teresa Colomer, Mònica Baró, Ramon Bassa, Montserrat Correig, Ana Díaz-Plaja, Teresa Duran, Anna Gasol, Maria González, Gabriel Janer Manila, Enric Larreula, Gemma Lluch, Teresa Mañà, Antonio Mendoza, Àngels Ollé, Rosa M. Postigo, Margarida Prats, Caterina Valriu, Núria Vilà

Els autors són membres integrants de

Xarxa temàtica
**Literatura infantil
i juvenil catalana**
II Pla de Recerca
de Catalunya
1997/2000

©de la present edició: Institut de Ciències de l'Educació
de la Universitat Autònoma de Barcelona
Edifici A
08193 Bellaterra (Barcelona)
Telèfon: 93 581 14 82
Fax: 93 581 20 00
Adreça electrònica: sicega@cc.uab.es
Web: http://www.uab.es/ice

Coordinació editorial: Dora Carrera

Disseny de la coberta i de la col·lecció: Santi Pau
Fotocomposició: Merit
ISBN: 84-89489-55-6
Dipòsit legal: B. 10.758-2002
Impressió: Servei de Publicacions de la UAB

# Índex

EL SEGLE XX I LA LITERATURA INFANTIL I JUVENIL CATALANA
*Teresa Colomer* (Universitat Autònoma de Barcelona) .................................................. 7

### I. L'EVOLUCIÓ HISTÒRICA DE LA LITERATURA INFANTIL I JUVENIL CATALANA

**1. L'aparició d'un nou objecte cultural: els llibres per a infants i adolescents** .......... 21
1.1. La literatura infantil en l'univers de l'antropologia de l'educació.
*Gabriel Janer Manila* (Universitat de les Illes Balears) .................................................. 23
1.2. L'evolució històrica al llarg del segle.
*Teresa Duran* (Universitat de Barcelona) ....................................................................... 31
1.3. La poesia per a infants: un gènere entre el folklore i l'obra d'autor.
*Margarida Prats* (Universitat de Barcelona) ................................................................... 47

**2. L'evolució actual de la literatura infantil i juvenil** ............................................... 57
2.1. Narrativa oral i literatura infantil: un joc de complicitats.
*Caterina Valriu* (Universitat de les Illes Balears) ........................................................... 59
2.2. Perspectiva de futur: les propostes narratives al final del segle.
*Gemma Lluch* (Universitat de València) ........................................................................ 69

### II. LA SOCIETAT DEL SEGLE XX I LA LITERATURA INFANTIL I JUVENIL CATALANA

**3. La societat escolaritzada** ........................................................................................ 87
3.1. Els valors pedagògics: de la resistència als transversals.
*Ramon Bassa* (Universitat de les Illes Balears) .............................................................. 89

3.2. Els llibres per a primers lectors.
*Montserrat Correig* (Universitat Autònoma de Barcelona) *i Àngels Ollé* (Universitat Rovira i Virgili) .................................................................. 105

## 4. La societat de la informació i el consum .................................... 117
4.1. Les biblioteques per a infants.
*Mònica Baró* (Universitat de Barcelona) ........................................... 119
4.2. L'esclat de l'edició: llibres per a tot i per a tothom.
*Anna Gasol* (Consell Català del Llibre Infantil i Juvenil) .................. 135

## 5. La societat de les interrelacions ................................................... 145
5.1. La multiplicitat de referents.
*Antonio Mendoza* (Universitat de Barcelona) .................................. 147
5.2. Les reescriptures a la literatura infantil i juvenil dels últims anys.
*Ana Díaz-Plaja* (Universitat de Barcelona) ....................................... 161
5.3. La recreació d'obres literàries: versions i adaptacions.
*Rosa M. Postigo* (Universitat de Barcelona) ..................................... 171
5.4. La relació entre cultures: el cas de les traduccions.
*Maria González* (Universitat de Vic) ............................................... 183

## 6. La societat de les noves tecnologies i dels mitjans de comunicació ... 197
6.1. La literatura virtual, una literatura amb futur?
*Núria Vilà* (Universitat Autònoma de Barcelona) ............................ 199
6.2. Les revistes infantils.
*Enric Larreula* (Universitat Autònoma de Barcelona) ..................... 213

## 7. La presència social del llibre infantil i juvenil ............................. 225
7.1. Els estudis sobre literatura infantil i juvenil.
*Teresa Colomer* (Universitat Autònoma de Barcelona) ................... 227
7.2. Fonts d'informació sobre literatura infantil i juvenil catalana (1964-2000).
*Teresa Mañà* (Universitat de Barcelona) ......................................... 245

REFERÈNCIES BIBLIOGRÀFIQUES ............................................................ 261

LLIBRES RECOMANATS .............................................................................. 267

# El segle XX i la literatura infantil i juvenil catalana

TERESA COLOMER
*Universitat Autònoma de Barcelona*

La literatura infantil i juvenil catalana s'ha creat i s'ha desenvolupat al llarg del segle XX. Per això, en tancar aquest període sembla que vingui a tomb aturar-se un moment a mirar enrere i contemplar d'on venim i on som pel que fa a la lectura dels infants i adolescents a tota l'àrea de parla catalana.

És clar que abans del segle XX els infants també tenien accés a la literatura. Totes les cultures, des de l'inici de la humanitat, han creat "literatura" i l'han utilitzada com un instrument d'humanització i culturalització imprescindible per construir-se com a individus i com a col·lectivitat. El que va canviar en el món modern va ser la idea que la infantesa és una etapa diferenciada de la vida adulta, que allò que s'esdevé en aquesta fase té una importància cabdal per a les persones, que els infants tenen uns interessos específics i requereixen d'unes atencions especials i que són els adults qui han de preveure i satisfer les seves necessitats de protecció i d'aprenentatge.

Aquesta concepció es va estendre per Europa a partir del segle XVIII, alhora que la possibilitat de llegir començava a ampliar-se a capes cada vegada més nombroses de la població. Per ensenyar a llegir calien institucions, és a dir, escoles, que s'encarreguessin de fer-ho, calien llibres per a la lectura dels infants que hi anaven i calia eixamplar l'accés exterior als llibres amb "magatzems" públics que els posessin a disposició de tothom. Infància, escola, llibres infantils i biblioteques són conceptes estretament interrelacionats en el sorgiment de les bases del món modern.

Els infants del món rural que fins llavors havien escoltat i après històries, cançons i poemes barrejats amb els adults es van convertir en infants urbans i escolaritzats a qui s'adreçava una literatura pensada –i ja escrita– especialment per a ells. Pensada perquè l'entenguessin des de la seva limitada capacitat de gestionar la llengua escrita, des de la seva experiència reduïda del món, des del seu coneixement escàs d'altres lectures i des del seu desconeixement inicial sobre tot el que la seva cultura pensa que és el món i la manera de comportar-s'hi.

Els adults, en canvi, sempre han tingut moltes idees sobre com han de ser els llibres per a infants. De vegades, a partir de l'experiència empírica sobre el que agrada i entenen els seus fills o els seus alumnes; de vegades, a partir de la difusió de reflexions i estudis sobre això; de vegades, a partir d'idealitzacions sobre el que els agradaria que fossin el món i la infantesa. De tot plegat n'han anat sortint llibres molt diversos, alguns idèntics a sermons morals adreçats als infants perquè aprenguin a comportar-se; d'altres, derivats del record o del desig adult de preservar la idea d'una infantesa com una etapa vital innocent i incontaminada; d'altres, fruit de deixar-se dur pel goig de la comunicació humana amb els infants a través de la vivència literària; d'altres, pensats deliberadament per a les capacitats lectores infantils, amb encert o amb fracassos estrepitosos, tot cal dir-ho, i, també, molts de projectats i publicats com un negoci cultural més.

Els primers llibres per a infants ja van ser de tipus molt diferent. Uns, com els de Perrault o els de Grimm, van oferir-los vella literatura oral que se sabia que els agradava; d'altres, com tantes novel·les del segle XIX que ara s'anomenen "clàssics juvenils", van ser escrits per a l'ampli públic que s'estava formant en les societats industrials, però van ser molt llegits i apreciats pels nois i les noies que se'ls van fer propis; un bon nombre, dels quals afortunadament gairebé se n'ha perdut la memòria, foren llibres descaradament didàctics; uns quants van ser escrits per autors –Lewis Carroll, E. T. A. Hoffman, H. Hoffman, etc.– que volien complaure els seus fills o els seus amics infants i inventaren contes per a ells; i molts començaren a aparèixer als diaris, les revistes i les col·leccions barates per a infants que van anar proliferant des que Pellerin creà, en 1740, les estampes d'Epinal o que John Newbery va obrir la primera llibreria infantil a Londres, al 1744, i hi va vendre divertides historietes il·lustrades i de poc preu, escrites per ell mateix.

A l'àrea catalana, el fenomen arribà una mica més tard. No podia ser d'altra manera si la industrialització i l'escolarització també ho van fer. Tot i així, és aquí on començaren, el segle XIX, les primeres edicions, traduccions i revistes infantils d'Espanya, encara que fossin en castellà, davant de la prohibició d'ensenyar la llengua catalana. Però just al tombant de segle s'inicià la producció en català i per això podem parlar pròpiament "d'un segle de literatura infantil i juvenil catalana".

Durant la primera meitat del segle XX aquest tipus de literatura es desenvolupà bàsicament a Catalunya, i va anar estretament lligada al projecte social de construcció d'un país modern. Una voluntat d'educació, cultura i modernitat que mimarà els llibres infantils, renovarà l'educació i crearà biblioteques i editorials. Un projecte estroncat per la Guerra Civil i la dictadura franquista amb conseqüències tan irreparables que és difícil fer-se idea del seu abast. La recuperació es va produir a partir de la dècada dels seixanta en un context ja molt diferent. Les societats occidentals havien canviat i es transformaven en societats postindustrials amb noves formes d'oci, de producció cultural i d'ús de l'escrit. A tota l'àrea lingüística catalana, però especialment a Catalunya que havia doblat la seva població amb la immigració de la postguerra de parla castellana, la recuperació de la llengua escrita per als infants hagué d'enfrontar el problema de la relació entre la llengua oficial castellana i la que es volia recuperar, per tal de poder continuar formant una societat culturalment cohesionada.

La restauració de la democràcia a Espanya va circumscriure el desenvolupament modern dels llibres infantils dins de noves coordenades, tals com la producció massiva a base d'inundar el mercat de novetats, l'escolarització de la literatura infantil i juvenil, l'extensió de la ficció audiovisual, la globalització del mercat editorial o el canvi dels referents culturals col·lectius. En els darrers anys, d'altra banda, la societat catalana ha començat a seguir els canvis de les societats occidentals avançades. La immigració d'altres països, per exemple, planteja ara el problema de la integració sociocultural amb nous reptes, un d'ells el de l'aprenentatge i ús d'una llengua pròpia del lloc d'arribada, però minoritzada en el conjunt de l'Estat espanyol.

Com construir un nou projecte sociocultural cohesionat és un problema enormement complex, però és evident que també té traduccions específiques pel que fa als llibres infantils. Per exemple, la pèrdua de pes literari que poden patir els llibres quan s'adrecen a lectors que només coneixen la llengua d'una manera molt estandaritzada, tal com l'han apresa a l'escola. O la competència editorial amb les grans editorials multinacionals o estatals que tenen un mercat molt ampli i que, per tant, poden produir els llibres a un preu molt més baix. O la voluntat política de fragmentar la unitat lingüística catalana estesa a tres comunitats autònomes diferents, de manera que tant la consciència com la realitat d'una literatura infantil i juvenil catalana específica s'ha de fer a costa d'un esforç deliberat d'oposició als entrebancs oficials.

El *PRIMER BLOC* d'aquest llibre tracta, justament, de la història de tot aquest procés. En els seus apartats es distingeixen els dos grans tipus de corpus que han configurat la literatura infantil i juvenil.

L'un és el derivat de la tradició oral. Quan es van començar a escriure les rondalles, endevinalles, cançons, llegendes i mites, una gran part es va dirigir deliberadament als infants i, en el present, continuen oferint-los la millor entrada possible a la comunicació literària. La psicoanàlisi, per exemple, va recordar les bondats d'aquesta literatura per a la construcció de la personalitat dels infants, i d'altres estudis han mostrat la seva guia en l'aprenentatge de les bases del relat i de la funció poètica del llenguatge. GABRIEL JANER MANILA adopta la perspectiva de l'antropologia per insistir aquí en la importància d'aquest llegat; CATERINA VALRIU reprèn aquesta idea per mostrar la manera com els procediments folklòrics continuen fornint els materials literaris elaborats pels autors moderns, i MARGARIDA PRATS evidencia, en el seu recorregut històric, que la poesia per a infants ha estat sempre estretament lligada a les formes poètiques tradicionals.

L'altre tipus de literatura és el format per les obres escrites al llarg del segle. TERESA DURAN en fa el recorregut complet, mentre que GEMMA LLUCH es detura en fenòmens més propis de l'actualitat, tals com el desenvolupament d'una narrativa de consum o la relació entre llibres per a infants i ficció audiovisual.

Com a adults interessats en la lectura de les noves generacions, ens interessa especialment observar que tots aquests apartats acaben, o insisteixen, en la idea d'una literatura moderna que inicia una nova etapa a la dècada dels setanta, quan canvia la representació social del destinatari infantil a qui s'adreça. Els lectors de les noves generacions viuen en un món molt diferent del món dels infants de començament del segle i els llibres adopten unes característiques també ben diferenciades. És fàcil saber a cop d'ull que un llibre és actual pel tema que tracta, el món que descriu, l'ús de models narratius i visuals propis de la moderna literatura adulta o de les tècniques narratives audiovisuals i, fins i tot, per la precisió amb què se'ns comunica a quina edat va dirigit. És així que es pot analitzar la literatura actual en relació amb tots aquests canvis (Colomer, 1998a) i agrupar-los sintèticament en els apartats següents:

*1.* Els temes que s'aborden, la descripció que es fa del món i els valors que es proposen revelen que els criteris adults sobre el que és adequat i pertinent en la lectura per a infants han canviat per tal de reflectir els canvis sociològics i els pressupòsits axiològics i educatius de les societats postindustrials i democràtiques actuals.

*2.* Els llibres per a infants i adolescents s'ofereixen majoritàriament "per ser vistos i llegits" i no "per ser sentits o per ser explicats". Cal recordar que, ara, s'escriuen i s'editen a l'interior d'una societat alfabetitzada amb un sistema educatiu generalitzat. Això fa que els autors hagin augmentat molt l'ús dels recursos més propis del text escrit, tot allunyant-se de les formes orals tradicionals. Aquest fenomen ha afavorit la renovació dels models literaris usats fins a la meitat del segle perquè permet traslladar a la literatura infantil molts dels models desenvolupats per la literatura adulta, una literatura que fa molts segles que va passar a ser escrita, de manera que les fronteres entre els recursos literaris d'una i altra s'han fet molt més permeables.

*3.* Els llibres per a infants i adolescents també es produeixen, però, en una societat amb un gran desenvolupament dels sistemes audiovisuals. La literatura per a infants compta amb el fet que els seus lectors han adquirit hàbits narratius en aquests medis –tals com la competència en la lectura de la imatge o el costum d'enfrontar unitats informatives molt breus–, i els ha incorporat, en gran mesura, a la seva producció.

*4.* Els llibres infantils i juvenils s'han anat diversificant d'una manera molt semblant a la literatura d'adults, de manera que existeixen molts cercles concèntrics o parcialment superposats entre formes literàries amb diferents funcions i diversos graus de reconeixement literari. És així que l'etiqueta de "literatura per a infants i adolescents" engloba ara un munt d'obres de tipus molt variat que responen a la complexitat de la comunicació literària en les societats modernes.

En el centre del conjunt tenim un desenvolupament molt més fort i deliberat d'una literatura de "qualitat" que busca el reconeixement dels altres sistemes culturals i que modernitza i renova els models literaris. A la perifèria, el consum massificat es nodreix de productes estereotipats i edulcorats, sovint derivats dels productes audiovisuals del moment. La novel·la juvenil, per exemple, permet veure la superposició de sistemes a què ara al·ludíem, ja que, d'una banda, la seva aparició recent ha incorporat formes literàries més elaborades i properes a la literatura canònica adulta, però, alhora, aquesta ficció ha intentat captar els reacis lectors adolescents amb l'exposició de temàtiques de moda, més pròpies de documentals que de textos literaris, o amb l'explotació dels recursos més habituals de la paraliteratura adulta.

*5.* Els llibres s'ofereixen en col·leccions cada vegada més segmentades segons l'edat dels destinataris. Dins de cada un d'aquests estrats funcionen unes fórmules literàries més homogènies i més o menys complexes que les dels altres estrats, segons una gradació ascendent en l'edat de lectura.

De fet, la literatura infantil i juvenil sempre ha partit, lògicament, de la idea que els seus lectors creixen, de manera que les seves possibilitats de comprensió del món i del text escrit s'amplien progressivament i els seus interessos de lectura varien. És molt freqüent, per exemple, sentir la pregunta *"i aquesta obra per a quina edat és?"* La novetat, d'una banda, és que la idea de l'aprenentatge literari que realitzen els nens i les nenes a través dels llibres que llegeixen ha començat a estudiar-se en els darrers anys, i, de l'altra, que la idea evolutiva ha estat ara molt reforçada, tant per la relació d'aquests llibres amb el sistema educatiu –que tendeix a classificar-ho tot per cicles i cursos–, com per les necessitats comercials que busquen sempre sectors molt concrets de consumidors potencials.

Per això, al llarg de l'últim terç del segle, allò que s'havia entès sempre des d'un genèric "llibres per a infants" ha anat delimitant la seva oferta a les edats intermèdies, empesa per l'aparició progressiva de llibres per a primers lectors, llibres per a adolescents o llibres per a infants que encara no saben llegir. Conèixer aquestes divisions permet saber el que els adults pressuposen que és adequat als diferents estadis del desenvolupament infantil. Però, naturalment, aquest funcionament pot ser d'una rigidesa engavanyadora, a banda que ens falta molta informació sobre l'encert o no d'aquestes pressuposicions en diferents tipus de públics infantils o en diverses situacions de lectura.

El *SEGON BLOC* del llibre atén també alguns d'aquests fenòmens, però no des de la perspectiva històrica, sinó des de la tria de fenòmens i característiques pròpies del segle XX, que han influït notablement en la producció dels llibres per a infants i adolescents.

Sens dubte, el primer d'aquests fenòmens és l'escolarització. S'ha al·ludit en el primer apartat per assenyalar-la com a factor desencadenant de l'existència dels llibres. Però interessa remarcar ara que el fet que l'escola sigui un dels grans mediadors entre els nens i les nenes i la lectura no solament fa que es necessitin llibres, sinó que en condiciona les característiques literàries que adopten. Per revelar aquesta relació s'han triat dos exemples:

*1.* Els valors educatius vehiculats pels llibres. Els adults han partit sempre de la idea que els llibres socialitzen els infants en els valors defensats per la seva cultura. I l'escola, institució educativa per excel·lència, demana llibres on aquesta funció sigui molt present. La literatura no sexista i antiautoritària dels anys setanta i vuitanta, per exemple, neix d'aquesta voluntat formativa. O també ho fa la gran quantitat de llibres actuals que s'adapten amb entusiasme a la funció de material didàctic per al treball dels "eixos transversals" (l'educació per a la pau, per al consum, per a l'equilibri ecològic, etc.) instaurats per la reforma educativa de la LOGSE.

És en aquest sentit que l'apartat de RAMON BASSA descriu l'estreta relació entre la literatura infantil i juvenil i els valors pedagògics de la renovació escolar a l'àrea catalana produïda des de la postguerra fins a la meitat dels anys vuitanta. Un exemple ben clar d'aquesta relació és l'ús de la narració històrica per oferir als infants catalans el coneixement de la història pròpia, bandejada del currículum escolar franquista.

*2.* La creació dels llibres per a primers lectors. Fins a l'últim terç del segle, l'escola ensenyava a llegir, majoritàriament, a partir de les cartilles escolars. Els llibres per a ser llegits (i no sentits llegir) pels petits es reduïen als abecedaris i als llibres de comptar. Els llibres infantils existents suposaven uns lectors que ja havien fet el primer aprenentatge de la lectura. Però quan l'escola va començar a pensar que els nens i les nenes necessitaven llibres des de l'etapa infantil, va caldre una producció que oferís poemes o expliqués històries que fossin prou interessants per als nens i les nenes d'aquelles edats, a pesar de fer-ho amb molt poques paraules i recursos literaris limitats.

La discussió sobre els criteris per confegir o seleccionar aquests llibres (vocabulari reduït?, esquemes simples?, imatges explicatives del text?, tipus de lletra?, etc.) va ser molt llarga i difícil. Bettelheim i Zelan (1981), per exemple, van denunciar l'excessiva pedagogia d'aquests nous llibres en l'àrea nord-americana en perjudici del seu interès literari. També va ser polèmica la creació de llibres sobre els coneixements del món adquirits pels infants durant els primers anys de vida. Els sentits, els colors, les estacions de l'any, els animals, les rutines quotidianes, etc., van donar lloc a un gran nombre d'obres, i fins i tot de col·leccions senceres, adreçades als més petits. ¿Calien realment llibres per ensenyar què és *a dalt* i què és *a baix*, o per aprendre els colors com si els llibres poguessin substituir l'experiència directa del món? Amb més o menys encert, amb un resultat que va des del simple material didàctic fins a l'obra plenament artística, els llibres per als més petits i per als primers lectors s'han anat imposant i avui molts àlbums i llibres-joc són una de les realitats més interessants i experimentals de la literatura infantil moderna.

L'apartat escrit per MONTSERRAT CORREIG i ÀNGELS OLLÉ tracta dels llibres relacionats amb el primer aprenentatge lector des del coneixement de qui ha participat en aquests debats i té una àmplia experiència en l'elaboració d'aquest tipus de llibres.

El segon fenomen del segle XX que s'ha escollit és el de l'evolució produïda cap a societats basades en el consum de productes i en l'accés a la informació. Pel que fa als llibres infantils aquestes característiques han determinat tant els canvis produïts a les biblioteques com l'esclat editorial de les darreres dècades.

Al llarg del segle XX, les biblioteques han intensificat el seu aspecte de servei al públic i han delimitat l'aspecte, abans prioritari, d'arxiu de la memòria. En una societat alfabetitzada, la lectura passa a ser vista com un instrument d'ús lliure per part de qualsevol ciutadà que ja no necessita guies, controls ni mediadors per accedir "com cal" als textos. Qualsevol persona pot anar a buscar aquella informació que necessita o que li plau i, simplement, llegir-la. El pas d'uns llibres tancats en vitrines a la col·locació dels llibres en prestatges accessibles, i fins i tot en expositors cridaners, visualitza el canvi realitzat en aquestes institucions.

En el cas dels infants, la lectura "lliure" no és un fet tan senzill. D'una banda, perquè quan van a la biblioteca necessiten ajuda i aprenentatges específics per ser-ne bons usuaris. De l'altra, perquè l'escola "vol i dol" sobre això. Vol continuar fent de guia formativa de la lectura i alhora necessita llibres a l'abast per fomentar els usos autònoms i els hàbits lectors dels seus alumnes. És a dir, que els bibliotecaris infantils han hagut d'assumir un paper educatiu que en principi no els pertocava i els ensenyants han hagut de gestionar un fons bibliogràfic dins de la mateixa escola per tal de reproduir les formes de lectura que existeixen realment a la societat exterior.

Tot i que continuem sent un país amb poc hàbit de lectura i dèficit de biblioteques, és durant aquest segle que s'ha fet tot allò que tenim. A les primeres dècades, van sorgir les primeres seccions infantils i els bibliobusos o es va crear a Barcelona la primera escola de bibliotecàries d'Espanya. En les darreres, s'ha continuat dotant de seccions infantils la majoria de les biblioteques públiques (unes 600 en l'actualitat), s'han ampliat els seus fons amb l'entrada dels audiovisuals i dels materials multimèdia, s'han creat els espais per als petits no lectors i els seus acompanyants, s'han buscat moltes formes d'enllaçar l'oferta juvenil i l'adulta, i s'han desenvolupat tota mena d'accions educatives de formació d'usuaris, d'atracció dels lectors cap a les biblioteques (l'hora del conte, les exposicions, jocs, dramatitzacions, etc.) o, fins i tot, de sortida dels fons bibliotecaris cap a la recerca dels possibles lectors (als mercats, a les piscines, al metro, etc.). D'altra banda, també és en aquest segle que s'ha desenvolupat el concepte de biblioteca escolar i s'ha intentat articular la tasca des de l'escola amb la tasca de la biblioteca pública. L'apartat de MÒNICA BARÓ exposa l'evolució històrica dels principals reptes i els guanys en aquest terreny.

La biblioteca és el lloc privilegiat per buscar informació escrita per als infants perquè és on es poden aplegar més documents i llibres de coneixements. Això ens porta a considerar la diversitat de l'oferta editorial per als nois i les noies en la societat actual. D'entrada, sembla fàcil dividir la producció infantil entre llibres de coneixements i llibres literaris. En aquest llibre ho hem fet, tot deixant de banda els llibres informatius. Però aquesta mateixa divisió, present des del naixement dels llibres per a infants, ja comporta problemes a causa de les inestables fronteres entre els dos corpus.

Un espai intermedi ben antic és l'establert entre voluntat informativa i ús de formes literàries, o bé la seva inversa. En l'actualitat, aquest espai conté narracions que es proposen fer saber coses, llibres-joc que ensenyen habilitats tan concretes com obrir cremalleres o descordar botons, alhora que juguen amb sorpreses literàries, o bé obres literàries basades en la imitació de textos expositius, catàlegs o bestiaris.

Altres divisions deriven de les possibilitats obertes pels avenços en les tècniques d'edició. La incorporació de la imatge ha tingut un desenvolupament tècnic espectacular al llarg del segle. Per exemple, des que l'editorial Muntañola importà les primeres màquines modernes d'offset a Espanya per poder produir llibres més ben il·lustrats. I també s'hi han anat incorporant les possibilitats de plegar el paper en complicades enginyeries o l'ús de materials, en principi aliens, com els acetats, els plàstics, els impregnadors d'olor, etc. És així, doncs, que el mercat no para d'oferir nous productes per sorprendre i atreure els consumidors. Els taulells de les llibreries són plens de llibres-joguina, llibres de butxaca, llibres-regal, llibres barats, reedicions facsímils, col·leccions escolars amb exercicis incorporats, llibres muts o acurades col·leccions de clàssics. L'edició s'ha multiplicat i ofereix tota mena de productes per a funcions i butxaques cada vegada més variades.

Potser és una abundància per felicitar-se'n, però és evident que porta molts problemes incorporats. Un és que el funcionament del mercat a base de novetats deixa els llibres descatalogats en un espai de temps curtíssim, de manera que no es poden sedimentar uns títols que funcionin com a referents col·lectius i esdevinguin els nous clàssics de la literatura infantil. Un altre és la dificultat d'una crítica capaç d'orientar uns consumidors enfrontats cada any a l'allau dels prop de 700 títols nous (un 30% de l'edició en català sense comptar els llibres de text) cosa que suposa un volum anual de prop de 2 milions de llibres, una xifra, fins i tot, més alta que el total de la població menor d'edat de l'àrea catalana que n'és destinatària (Duran, 1998). ANNA GASOL comenta els aspectes relacionats amb l'edició en el seu apartat.

En tercer lloc, la cultura de les societats occidentals del segle XX ha evolucionat cap a un grau molt elevat d'interrelacions de diferent tipus que condicionen també les característiques de la literatura infantil i juvenil, tant pel que fa a la creació literària, com al procés de transformació de les obres en el circuit social de la literatura.

Un dels fenòmens d'interrelació d'aquest darrer aspecte és el gran pes actual de la traducció. Naturalment, les traduccions d'obres i les adaptacions per a infants d'obres adultes han existit pràcticament des que existeixen llibres infantils i juvenils. Justament les traduccions estenen el fenomen de l'edició per als infants i fomenten l'edició pròpia de cada país. Així, per exemple, l'any 1830 Cabrerizo publica a València, en castellà, la primera traducció dels contes de Perrault feta a Espanya; l'any 1862 apareix la de Josep Coll i Vehí a Barcelona, també en castellà, però només quatre anys després, Thos i Codina publica el primer llibre de la literatura infantil catalana, *Lo llibre de la infantesa,* dient explícitament que recollia *"una col·lecció de rondalles imitatives de les populars, a semblança de lo que en lo segle disset féu Charles Perrault, en lo reialme veí de França".*

Però si en l'apartat anterior fèiem referència al funcionament editorial, és evident que actualment el trànsit de les obres s'ha incrementat extraordinàriament. Les multinacionals de l'edició, les fires dels llibres on les editorials compren i venen els drets d'edició dels seus fons a altres països, l'abaratiment que suposa traduir els llibres il·lustrats perquè s'amortitza la inversió inicial de reproducció de les imatges, l'homogeneïtzació de les formes occidentals de vida que fa que una mateixa narració sigui acceptada amb naturalitat pels infants i adolescents de llocs molt allunyats, etc., són fets diversos que han accelerat la roda de transmissió cultural habitual de les obres. Com a conseqüència, la lectura infantil –i la dels futurs autors– està formada, en gran part, per la producció original d'altres indrets.

MARIA GONZÁLEZ ens parla dels problemes associats a la possibilitat de traslladar una obra infantil des d'una llengua i una cultura cap a una altra, així com dels canvis de criteris sobre "com traduir" que s'han produït al llarg del segle. És un tema al qual els consumidors no estan avesats a prestar atenció, però és de vital importància per a la formació literària dels infants actuals.

L'exemple de Perrault ens recordava que una conseqüència d'aquest estret contacte entre obres distants és la seva possibilitat d'influir-se. En el mateix sentit actua l'existència d'un mercat occidental presidit pels audiovisuals que unifica els referents de ficció de poblacions allunyades. I encara es pot afegir un tercer factor d'interrelació: el de l'acusada tendència de la cultura actual cap al joc explícit amb la tradició literària i artística. Metaficció o intertextualitat són paraules de moda perquè les obres del món modern –o postmodern– han emprès un joc exacerbat amb les regles de construcció artística i amb la relació de les obres amb la tradició cultural de les obres anteriors. Al·lusions, paròdies i versions omplen els productes artístics actuals. I també és així en el cas dels llibres infantils.

Allò que pot ser al·ludit en aquesta literatura és més reduït, perquè se sap que els lectors tenen poca experiència de vida i poca acumulació de coneixements culturals. Per això, el camp principal de la intertextualitat és el de la literatura de tradició oral, de manera que els personatges clàssics, com ara les bruixes o dracs, es desmitifiquen i els contes populars més coneguts configuren noves versions amarades dels valors o dels recursos narratius de la ficció moderna. Però també la imatge recull al·lusions a la tradició pictòrica o a contextos que els nens actuals poden haver vist reproduïts mil vegades en els museus, les imatges publicitàries o els mitjans de comunicació; i tot el món de la ficció audiovisual –havent-se'n nodrit ella mateixa abans– forneix de nous motius aquesta literatura, especialment pel que fa al gènere juvenil.

De totes aquestes interrelacions ens parlen els apartats d'Antonio Mendoza i Ana Díaz-Plaja, mentre que el de Rosa M. Postigo ens recorda que el funcionament de difusió social de la literatura es mou en un procés constant de versions i adaptacions de les obres que, en molts casos, tenen per finalitat posar les obres literàries a l'abast dels infants.

En quart lloc es pot assenyalar, com a característic del segle XX, el desenvolupament dels mitjans de comunicació i de les noves tecnologies. Són fenòmens evidents de globalització i causa d'un impacte, tot just iniciat en el segon cas, que ja han fet vessar rius de tinta sobre el naixement d'un nou tipus de societat.

La literatura infantil i juvenil no en queda, lògicament, al marge. Els mitjans de comunicació creen diaris i revistes especialment adreçades a aquest públic com ens recorda Enric Larreula pel que fa a les revistes en català actualment existents; i les noves tecnologies han començat a produir ficció amb nous suports i amb una nova forma d'implicació participativa dels lectors, a qui s'ofereixen productes imaginatius radicalment diferents dels existents fins ara. Núria Vilà descriu aquestes possibilitats a partir de la producció en llengua catalana.

Finalment, en cinquè lloc, cal assenyalar que el segle XX no ha estat només el segle del desenvolupament dels llibres infantils i juvenils en estreta relació amb els seus principals fenòmens, sinó que també ha estat el temps en què s'ha començat a reflexionar sobre els criteris de selecció dels llibres o sobre la seva importància educativa, a descriure'n l'evolució, les característiques, influències i relacions amb els altres sistemes artístics i ficcionals, a analitzar-los des de diferents perspectives disciplinàries per veure el que ens revelen sobre la societat en què es produeixen, sobre la noció d'infantesa que els sosté o sobre l'evolució de la comprensió del món i de l'adquisició de competències literàries en la infantesa. És a dir, el temps en què s'ha començat a estudiar la literatura infantil i juvenil en totes les seves implicacions. L'apartat de Teresa Colomer situa aquests estudis i repassa les principals línies obertes en l'àrea catalana, mentre que Teresa Mañà ofereix una completa informació sobre els recursos bibliogràfics existents.

Aquest darrer apartat, justament, ens situa en la perspectiva des de la qual s'ha concebut aquest llibre. L'any 1999, acollint-se al suport institucional del Departament d'Ensenyament de la Generalitat de Catalunya, els investigadors de la literatura infantil i juvenil de les universitats de l'àrea catalana van constituir una xarxa de relació per a l'intercanvi i la potenciació de la recerca en aquest camp. Des de llavors, la xarxa, anomenada *Teoria, història i ús educatiu de la literatura infantil i juvenil*, ha portat a terme diferents activitats sobre això i compta amb un espai informatiu a la web del departament de Didàctica de la llengua i la literatura de la Universitat Autònoma de Barcelona. A més d'aquesta universitat, la xarxa agrupa les universitats de Barcelona, Illes Balears, Rovira i Virgili, València i Vic. La xarxa va convidar també a participar-hi Anna Gasol, presidenta, en aquell moment, del Consell català del llibre infantil i juvenil per mostrar la seva voluntat d'arrelament i confluència d'esforços amb tots els sectors preocupats per la lectura dels nostres infants i, recentment, ha incorporat també els investigadors del Centro de estudios de promoción de la lectura y la literatura infantil de la Universidad de Castilla-La Mancha, únic centre universitari de recerca d'aquest tema a Espanya.

Una de les activitats de la xarxa va ser un cicle de conferències divulgatives sobre aquests temes, que va tenir el suport institucional de l'ICE de la Universitat Autònoma de Barcelona, que les va programar dins la seva oferta de formació i en el marc del Pla de Formació del Departament d'Ensenyament que s'adreça al professorat de tots els nivells educatius. L'ICE de la UAB va valorar les diverses intervencions en aquesta activitat i va acollir la idea de publicar-les amb algunes aportacions complementàries, fet que va donar lloc a aquest llibre.

Ens sembla que els apartats donen idea de molts dels camps d'estudi actuals, dels interessos i, fins i tot, de l'estil propis dels diferents investigadors de la xarxa. Sens dubte, no és exhaustiu. També s'ha produït algun buit clamorós aliè a la nostra intenció inicial, com ara el de l'absència dels estudis sobre la il·lustració o sobre el teatre. Però, amb tot, esperem que el propòsit de difondre l'interès i el coneixement de la literatura infantil i juvenil catalana que va motivar aquest llibre s'acompleixi en alguna mesura i pugui ser útil per a tots els seus lectors.

# I
# L'evolució històrica de la literatura infantil i juvenil catalana

# 1.
## L'APARICIÓ D'UN NOU OBJECTE CULTURAL: ELS LLIBRES PER A INFANTS I ADOLESCENTS

*"Els llibres infantils existeixen per a ser trencats"* va dir Hoffmann quan el seu editor discutia amb ell la presentació del *Strwwelpeter (En Perot l'escabellat)*, segons ens recorda Bettina Hürlimann (1959), l'autora de la història de la literatura infantil europea més llegida al nostre país. Hürlimann ho cita per fer evident la dificultat dels historiadors quan volen trobar materialment les antigues obres infantils per tal d'analitzar-les. I, sens dubte, això és així fins que els països es doten de biblioteques i centres de documentació que conserven tota la producció. Però aquí volíem al·ludir a aquest trencament com allò que s'esdevé perquè els infants han mirat i llegit tant els llibres que han passat a ser memòria pròpia, experiència viscuda que els configura, aprenentatge cultural implícit que pot oblidar-se un cop fet. I perquè això passés els nens i les nenes van haver de ser entesos com a "infantesa", van haver de crear-se els llibres i van haver de ser posats a les seves mans. Aquest procés va tenir lloc a l'àrea de parla catalana al llarg del segle xx.

## 1.1. LA LITERATURA INFANTIL EN L'UNIVERS DE L'ANTROPOLOGIA DE L'EDUCACIÓ

GABRIEL JANER MANILA
*(Universitat de les Illes Balears)*

Fa devers vint anys, a començament de la dècada dels vuitanta, vaig publicar un assaig en què reflexionava sobre l'empobriment de l'ús de la llengua en la societat –en les societats– del nostre temps, sobre la pobresa expressiva de l'home actual, condicionada per la deficient relació amb l'entorn:

> …les llengües són éssers vius –deia–, organismes que viuen en una terra, integrades en l'ecosistema del qual l'home forma part constitutiva, subjectes a la contaminació i a la degradació sistemàtica. Perquè l'espai d'una llengua és la societat que la parla i que l'ha moldejada en el temps i l'espai fins a adaptar-la a la pròpia vida. (Janer Manila, 1982, 19)

Insistia en què la llengua, integrada en l'ecosistema que li és propi, constitueix una energia la força de la qual es dirigeix al coneixement, a la comunicació i a la creativitat.

> L'ecologia del llenguatge –escrivia llavors– haurà d'investigar els efectes del potencial energètic contingut en la llengua. En definitiva, la seva realitat i la seva capacitat de lluita per l'existència. (íd., 10)

Posteriorment, vaig trobar a l'obra de George Steiner algunes afirmacions formulades en la mateixa direcció:

> Los idiomas son organismos vivos. Infinitamente complejos, pero organismos a fin de cuentas. Contienen cierta fuerza vital, cierto poder de absorción y desarrollo. También pueden experimentar la decadencia y la muerte. (Steiner, 1990, 34)

El meu objectiu era explicar que per mitjà de la literatura que les classes populars han sentit com a pròpia i han reproduït durant segles —vells romanços, cançons d'amor, rondalles i llegendes, endevinalles i jocs de paraules, etc.—, podem descobrir una part d'aquell potencial energètic. Tractava de vincular la literatura oral a la didàctica mitjançant un projecte dirigit a la investigació de l'energia continguda en la llengua i dels agents que l'empobreixen i la degraden; però també tractava d'integrar-la en la pedagogia de l'entorn. Fa alguns mesos, Roger Caillois, que tants d'estudis ha aportat sobre el pensament fantàstic, publicava un bellíssim llibre autobiogràfic que porta per títol: *Le Fleuve d'Alphée*. Aquest riu tenia entre els grecs la facultat de travessar tot el Mediterrani sense mesclar les seves aigües amb les aigües del mar. L'autor conta que fou educat per dues dones analfabetes, però no incultes, i d'elles va aprendre, quan encara no sabia llegir, els noms de les estrelles, dels arbres, dels ocells i també el nom dels perfums. Sabia moltes coses d'aquelles que ensenyen els llibres i el seu jove i ric coneixement travessava, com el riu Alphée, la societat d'aquells que sabien llegir.

Els llenguatges humans formen part del seu ecosistema: el seu entorn, que podem entendre com espai sobre el qual s'estableixen les relacions entre les coses. Però no es tracta d'un concepte exclusivament natural, referit a l'espai físic, sinó que cal tenir presents els entorns parcials que defineixen la totalitat de l'espai humà: l'entorn històric, cultural, socioeconòmic, tecnològic, etc. Les interaccions entre els diversos espais de l'home fan de l'ecosistema una totalitat complexa, una estructura. L'entorn és l'espai on la cultura es genera, per això no ens pot estranyar que l'escola acudeixi a l'encontre d'aquest espai i cerqui aquell teixit d'interrelacions.

En l'espai que configura l'entorn humà s'integren els productes de la imaginació: el "museu imaginari" de les societats, l'herència simbòlica del poble, en la creació i transmissió de la qual han intervingut especialment la creativitat, l'enginy de l'home, les seves pors, les seves utopies, la seva voluntat de joc. Ha intervingut l'energia continguda en les paraules: energia, del grec "energeia": força en acció. Acció de les paraules i del ritme que les impregna, capaç de treure el llenguatge poètic fora del magma del pensament convencional, fora del que anomenaríem la cultura McDonald's; però també de la meva projecció cap a l'altre, perquè la poesia és, en primer lloc, hoste de la circumstància. De quina circumstància? De l'aparició inesperada –l'epifania diria Joyce– de quelcom que sorgeix més enllà de les aparences, a l'altra banda dels convencionalismes. Perquè hem descobert que la major part del nostre sistema conceptual és de naturalesa metafòrica, que la metàfora estructura la nostra percepció, el nostre pensament, les nostres accions. És a dir: els processos del pensament humà són fonamentalment metafòrics, i per això és freqüent trobar en el llenguatge quotidià formes d'expressió i estratègies retòriques extretes del llenguatge poètic. Sempre ens referim a la idea de metàfora com una forma d'estructurar parcialment una experiència en termes d'una altra. Aquesta relació només és coherent si existeix entre una i altra –entre l'experiència que tractam de codificar i els termes que utilitzam– una estructura profunda. Quan deim que "l'amor és un viatge cap al desconegut", que "la discussió i el debat es converteixen en una guerra que "el temps és or", fonamentam el nostre pensament en la constant interacció amb l'entorn físic i cultural. Algú ha dit que difícilment ens hauríem enamorat sense haver sentit a parlar de l'amor, sense haver sentit contar històries d'amor. Aristòtil, tant a la *Poètica* com a la *Retòrica*, havia advertit el valor de la metàfora i la seva incidència en l'exploració de noves realitats. Per això és que cal pensar en la metàfora com una forma de pensament; una eina cognitiva que ens permet categoritzar la nostra experiència al mateix temps que ens indueix a recórrer camins nous.

Els primers contactes del nin amb la llengua literària es produeixen, primerament, per mitjà del llenguatge metafòric filtrat en l'ús quotidià de la llengua i, en sengon terme, en contacte amb la literatura de tradició oral. Ben segur que hauríem de redefinir la comunicació cultural amb el propòsit de reconèixer el valor creador de la veu humana. La creativitat, aquesta força que recorre tot l'univers lingüístic, troba el seu punt més suggestiu –ha escrit Tullio De Mauro (1977)– en la creació oral. Tot just iniciat el segle XXI i en plena cultura de la imatge, parlam de l'efervescència de l'oralitat, de la resurrecció de les energies vocals de l'home, de la importància de la veu en els actes de comunicació humana. El llenguatge poètic transita per la veu, fins i tot, al marge del significat estricte de les paraules, perquè, a vegades, la veu és suficient per seduir-nos. Paul Zumthor (1990) ha subratllat el caràcter virtualment eròtic de la veu i ha dit que aquesta veu que emana del cos es converteix en la seva representació.

Llavors podríem preguntar-nos: En quina mesura els sons que configuren el text oral projecten l'eco del seu significat?, i fins a quin punt aquests sons evoquen en la nostra imaginació significats nous? El nin de l'escola maternal repeteix sovint les paraules per pur plaer: li encanten les sonoritats perquè desperten els seus propis ritmes biològics, l'introdueixen en la paraula, en la simbologia dels ritmes, en la motricitat i en l'exercici de la memòria. Sembla que l'entonació –els tonemes– penetren el llenguatge infantil amb anterioritat a l'adquisició de fonemes. Per això és que, en dirigir-nos a un nin petit, tingui més importància com es diuen les coses; perquè existeix una forma d'explorar la realitat a través dels sons, d'explorar la realitat que els sons suggereixen. R. Jakobson (1981: 65) es refereix al simbolisme dels sons i no dubta a subratllar aquell precepte que Pope assenyalà als poetes: en els sons ha de percebre's la ressonància del significat.

També Jacqueline Held (1991: 169) fa referència a aquelles històries que somniam a partir del significat que ens suggereixen els sons, dels jocs de paraules que introdueixen els nins en la simbologia dels ritmes col·lectius.

Es tracta, també, d'educar mitjançant la veu la qualitat de les percepcions auditives. A causa del renou –dels renous que envaeixen el nostre ecosistema– l'oïda es deteriora progressivament. Per mitjà de la literatura que li arriba a través de la veu, el nin percep el valor del silenci, les flexions de la frase, els matisos amb què es revesteixen la paraula i els seus registres. L'oïda ha estat per a l'espècie humana un instrument d'exploració de la realitat, un dels portals privilegiats pels quals penetra la informació i, al mateix temps, el principal regulador de l'emissió de la veu: una autèntica màquina cibernètica. La literatura oral esdevé un vehicle d'emocions, de temes, de velles formes literàries i d'estructures que han perviscut en el context social, el qual, al mateix temps que ha estat el seu dipositari, estimulà la seva reelaboració (Pelegrín, 1983). Amb tot aquest bagatge –la suggestió per la paraula, la veu, l'entonació, les pauses, els silencis, les reiteracions, els gestos– la comunicació literària oral estimula la imaginació del receptor. El nin aprèn una sèrie de signes que l'ajuden a viure la literatura, enriquexen la seva expressivitat i l'encaminen cap a l'adquisició del plaer del text literari. L'educació del lector comença en el punt just en què afavorim el gust per la llengua literària oral, perquè possibilitam que el nin que encara no llegeix pugui agafar qualsevol dia un llibre entre les mans i cerqui aquelles emocions i aquell mateix plaer que li ensenyàrem a percebre.

En els nostres dies passa un corrent de modernitat ran de la comunicació oral i la cultura que aquesta comunicació representa. En contar un conte, en recitar un vell poema, en explicar una antiga història hem de ser capaços de crear aquella màgia dels narradors anònims que sabien fer sorgir els personatges i les situacions del no-res, i inventar uns altres mons; perquè la veu que narra és una veu creadora, una veu que estimula i desperta la imaginació. La paraula segueix essent la més atractiva de les vies d'accés a la imaginació. Escriu Fabricio Caivano (2000):

En la era de la información asistimos a una devaluación de la palabra desnuda, solitaria, sin otro soporte que su dignidad sonora o la leve cicatriz de la escritura. En el ágora política una palabra genera diez mil imágenes. El exceso de imágenes insonoriza y aisla. La palabra estimula el músculo de la imaginación, esa extraña facultad humana que consiste en producir, paradójicamente, imágenes interiores. La imaginería exterior ahorra el poner palabras y sentido a lo que se ve. Su abuso empobrece y banaliza.

Les paraules ens diuen allò que nosaltres, en tant que membres d'una societat, creiem que és el món. Són, afegeix Juan J. Millás (1998) *"piezas dentales del pensamiento, cuantas más piezas has perdido más machacado te lo dan todo y menos capacidad tienes para masticar la realidad. La gente se mueve en un proceso de reducción de vocabulario".* I les coses que deixam d'anomenar desapareixen, deixen d'existir.

Perquè la paraula vol ser constructora de realitats, és la paraula —com en la paraula rosa hi ha totes les roses— que fa que aquelles coses per ella significades pervisquin en nosaltres. I els límits del nostre llenguatge són els límits del nostre pensament. La paraula, expressió verbal del pensament, és el descobriment més important de la vida d'un nin. *"Cada vegada que m'aproxim a una paraula,* ha dit J. A. Marina (1988: 10-11), *m'emociona la seva complexitat, la seva eficàcia, la seva meravellosa lògica, la seva selvàtica riquesa, la seva espectacular manera d'esclatar en el meu cap com un foc d'artifici, els mils camins a través dels quals influeix sobre les nostres vides, la seva capacitat d'enamorar, divertir, consolar, i també per atemorir, confondre, desesperar".*

Avui sabem que la imaginació es construeix al llarg d'un procés d'aprenentatge i, en aquest procés de construcció de l'home que imagina, jugaran un paper important aquells materials amb què ens trobam durant el trajecte. No ens càpiga cap dubte, el llibre infantil —aquells llibres que el nin integra en el seu àmbit de joc— conté la capacitat d'afavorir l'establiment d'un espai de ficció en el qual actualitzam cada una de les nostres lectures. En aquest espai de ficció pluridimensional, a voltes transgressor, sobretot dinàmic, ressonen en l'acte de llegir aquelles veus, com un eco llunyà, que acompanyaren la nostra infantesa i la protegiren d'algunes pors.

L'organització interna que preexisteix en la ment del lector intervé en el procés de tractament del text; però durant aquest procés aquella organització és, a la vegada, modificada per l'activitat del text. Es tracta, també, d'acostar-se als mecanismes subtils de les imatges poètiques: la metonímia, la metàfora..., entendre l'estructura profunda d'un poema i les operacions intel·lectuals a través de les quals el text literari es construeix. A voltes, les estructures cognitives s'assimilen i es desenvolupen en relació amb les estructures que segueix la narració d'una història. En contacte amb aquesta estructura, el nin integra i aprèn a organitzar els seus propis relats, a donar-los consistència, a seqüenciar-los mitjançant una construcció lògica. La literatura que llegeixen els nins i les nines del nostre temps, escrita des de la imaginació amb la intenció de provocar-la, també estimula el raonament, la capacitat de comparació, la reflexió lògica...

Però en intentar l'estudi de les capacitats cognitives estimulades per la lectura dels textos literaris no podem deixar al marge una qüestió difícil: el problema de l'emoció estètica. Hem de considerar la relació entre adquisició cognitiva i sentiment estètic; entre el desenvolupament intel·lectual i l'estremiment de goig: el plaer de la lectura, el joc de llegir. Quan el plaer s'integra en la construcció del lector, paga referir-nos al caràcter eròtic que adquireix la relació amb el text. I hauríem d'interrogar aquest joc sobre la seva capacitat de desvetllar nous processos cognitius. És possible que per mitjà de l'emoció estètica que el nin experimenta en entrar en contacte amb la literatura –el joc amb les paraules que s'enllacen misteriosament, l'afany d'aventura, la recerca del tresor, el camí del bosc, la captació de la incongruència i la provocació del riure, el combat de la paraula (la paraula contada, de nit, abans que arribi el somni, aparta els terrors) contra la por...–, adquireixi certes seguretats que li permeten establir alguns coneixements.

Probablement, el lector adquireix la maduresa el dia que és capaç d'integrar a l'experiència quotidiana l'experiència de la lectura. Quan un nin és capaç de referir-se a un llibre que ha llegit per il·lustrar determinats aspectes de la vida, podem estar segurs que sap aplicar a la realitat l'experiència estètica que la literatura ha fet sorgir en la complexitat de la seva imaginació. Ara sabem que el text literari exerceix un efecte sobre el psiquisme del lector, és a dir: els elements literaris continguts en el text es transformen en experiència psíquica. Però m'havia referit al caràcter dinàmic de la recepció: el lector converteix en significat actual allò que es troba potencialment en el text literari. El lector construeix el sentit d'allò que llegeix. Més tard, serà capaç d'aplicar aquesta experiència psíquica a la lectura de la realitat. També el món és un llibre que ha d'ésser llegit i que ofereix la possibilitat de múltiples lectures. I és de la manera en què aquella experiència psíquica és utilitzada en el procés d'atribució de sentit a la realitat que la literatura infantil interessa als estudis de l'Antropologia de l'Educació.

L'univers antropològic contingut en la literatura infantil pot incloure viatges iniciàtics, noves atribucions de sentit a les paraules –recordem el seu caràcter líquid–, propostes de reflexió metapedagògica sobre la intervenció i el seu conflicte (la intervenció educativa condueix a l'autonomia, a la transgressió, a la socialització, al conformisme...), projectes que modifiquen o sancionen comportaments i orientacions, processos d'inculturació, propostes subversives i transgressores, els resorts que estimulen la imaginació i promouen el somni, l'estudi del mapa dels somnis que es proposen des del llibre infantil...

Aquests somnis ens arriben per mitjà de suports diversos: la veu, el llibre, l'hipertext, les autorutes de la comunicació... I hem d'aprendre a trobar missatges literaris allà on siguin: des del conte oral al cartell publicitari. La literatura és, encara –ho va dir Roland Barthes–, la més complexa de les pràctiques significants. *"La littérature, il ne faut enseigner que cela".*

## 1.2. L'evolució històrica al llarg del segle

TERESA DURAN
*(Universitat de Barcelona)*

La primera cosa que cal aclarir és que en el tema de l'enunciat hi ha tres conceptes entrecreuats:

Una cosa és la *història*, que hom tendeix a veure com una línia que flueix en evolució contínua, com un espagueti al qual diferents vectors socioeconòmics o polítics van afegint salsa i gust (remarquem que factors com ara una guerra civil o una llei que proclama l'escolaritat obligatòria influeixen en l'orientació de les giragonses de l'esmentat espagueti històric).

Una altra cosa és la *literatura*, la qual es tendeix a veure com una de les més *sancta sanctòrum* de les arts, un penyot al qual, amb esforç i tenacitat, s'aconsegueix accedir, escalar i fer el cim, de manera que l'alpinista que trepa, que arriba a dalt i en domina el panorama, és contemplat com un Moisès rediviu. Al tal penyot, una, que no és de pedra, no gosa buscar-li pegues, és a dir, proclamar-ne les roques que marquen fita i que esdevenen sòlids punts de referència o quins còdols no són sinó palets de riera relliscosos i enganyosos que en dificulten l'ascensió.

I per acabar de trenar allò que ens cal exposar aquí trobem *l'adjectivació infantil i juvenil*, és a dir, els infants i els joves –matèria esmunyedissa, imprevisible i mal·leable– els quals resulta molt difícil, per raons d'edat, ubicar com a faedors d'història o com a faedors de literatura. No és que no ho siguin, és que contemplar-los així distorsionaria, diuen, els paràmetres d'allò que s'entén per història o per literatura.

En resum, de tot plegat en resulta que jo podria ara parlar de quins vectors sociopolítics van influir i escorar, cap aquí o cap allà, la fluència de les lectures catalanes per a infants, vectors que són molts, variats i complexos, i, la majoria de les vegades, desesperants. O podria fer la llista o la guia d'ascens de les fites imprescindibles per a millor demostrar a quina alçada vertiginosa es troba ara la nostra literatura infantil. O, fixant-me en la mainada, podria mostrar les sacsejades que fan les seves preferències lectores, al so que toca la pressió d'un mercat de consum, perquè aquestes preferències no són tan motivades per neguits culturals com per imposicions econòmiques. Quin embolic! Tanmateix, si ho dic al revés, per un altre ordre, s'entén millor: *el factor infant és el determinant d'allò que produirà un literat dins un context històric*. D'acord? I aleshores, dins d'aquest enunciat, l'infant és el factor més immanent i menys aleatori i atzarós dels tres substantius.

A l'infant que llegeix se li pressuposen dues coses: una d'elles és que està aprenent a llegir, o que està aprenent, així, a seques (tot i que cal aclarir que són unes seques molt sucoses en imperatius: ha d'aprendre, ha de saber, és fonamental que sàpiga, ha de conèixer, importa que aprengui...); la segona i més feliç és que s'ho passa bé, xala, llegint, que pot descobrir que un llibre és una capsa de sorpreses on la lectura (visual i/o textual) resulta una experiència sorprenent, insòlita i irrepetible, i que pel fet de xalar-hi tant, aquesta lectura només pot ser infantil. Aquestes dues pressuposicions impliquen, com a mínim, dues maneres ramificades d'entendre l'obra literària (en una, l'autor se sent amb el deure de... I en l'altra, l'autor es diverteix amb...) i aquestes dues maneres poden canviar al llarg de la història.

Aleshores, tornant a començar per la cua, és a dir, per la segona opció, ens trobaríem davant uns lectors joveníssims que, perquè xalen llegint, tenen força i poder per a motivar dues coses:

*a)* L'apropiació d'una sèrie de títols que, sense haver estat escrits per a ells, els agraden tant que la cosa no solament ja no pot fer marxa enrere, sinó que marxa cap endavant i es ramifica creant un nou gènere, tal com va passar amb *Robinson Crusoe* (1719) i les robinsonades.

*b)* És tan diàfanament clar que aquella lectura produeix el mateix plaer en l'infant que obre el llibre que en l'adult que el va fer que, aquesta obra, només pot ser un divertiment "pueril" on allò escrit o dibuixat —no goso dir-ne allò literari— es complau fent l'ullet, amb capitombes de doble sentit, de rima i ritme, d'utopia i realitat, d'afecte o enginy, de forma i fons, que són coses, totes elles, gens pragmàtiques, però molt convenients, amb les quals hom es pot entretenir mentre és menut, però que quan creix convé deixar de banda (o no proclamar mai, si voreges els cinquanta anys, que continues xalant-hi). En aquest cas, el botó de mostra del *The Book of Nonsense* d'Edward Lear (1846), amb els seus ninots i els seus *limmericks* ens ve com l'anell al dit per a posar un exemple.

El concepte de lector joveníssim que *ha d'aprendre* a llegir motiva el dilema de què cal fer per donar molt amb poca cosa, o de què cal fer perquè allò que és curt arribi a molts i molt endins. I aquí, amb l'exemple de la *Història de Babar*, de Jean de Brunhoff (1931), en tindrem prou per entendre'ns.

El concepte de jove lector que *ha d'aprendre* a seques motiva un tipus d'obra que, sense recança de cap mena hem d'anomenar pedagogia literària –molt didàctica, ella–, la lectura de la qual dóna accés al coneixement de com es viu un divorci, de com i quan se sembren les patates, o de la conveniència de resar bons parenostres al Nen Jesús per motivar miracles oportuns, per posar exemples bon tros satírics. Com és natural, la pedagogia literària està molt enllaçada amb les institucions escolars, i el fenomen no ha pas començat avui, precisament, perquè el *Télemaque* de Fénelon (1699), ja anava per aquí.

Un cop establertes les bases d'aquesta graella generalitzant, vàlida a tot el món, anem ara a donar-li el toc català.

Diuen els especialistes que la història de la literatura infantil i juvenil catalana pot subdividir-se en tres fases, a les quals jo afegiré un preàmbul i un quart període, per contextualitzar i actualitzar més i millor el meu discurs.

*Preàmbul:* que va des de l'origen de les llengües romàniques fins que la revolució industrial ens va ficar de ple dins el nostre arquetip social modern, període amb obres soltes i esporàdiques llegides per infants de molta prosàpia.

*1a. Fase:* Des del mil vuit-cents i escaig fins al final de la Guerra Civil. Anys de configuració i ascens d'una literatura infantil i juvenil específica per a infants catalans lectors.

*2a. Fase:* Del 1940 fins al 1962. Anys foscos per a una literatura que no pot publicar-se pel fet de ser catalana (però també una època en què els infants continuaven llegint i alguns dibuixants, il·lustrant).

*3a. Fase:* del 1962 al 1978. Rejovenir d'una literatura on conflueixen les ànsies de democratització, renovació pedagògica i creixement editorial.

*4a. Fase:* del 1978 fins ara. Estabilitat de les circumstàncies sociopolítiques, que permetran la sedimentació i l'intercanvi internacional de les inquietuds del període precedent.

Anem per parts:

## 1. El començament

Per on començar? Per aquells a qui els agrada pregonar que el primer llibre dedicat als infants de tota la geografia europea és la *Doctrina Pueril* de Ramon Llull? Doncs, sí senyor, han d'entendre –i riure amb mi– que tinc el deure moral i patriòtic de proclamar que del beat mallorquí en sorgeix la primera obra europea escrita per a infants, que ho fou "en lo pus bell català del món", perquè el tal Llull, Ramon, era tot un escriptoràs. Si bé cal dir que aquesta obra, del 1282, amb ulls actuals, esdevé més un tractat de pedagogia que no pas aquella mena de lectura que comunament s'entén com a delectant o dilectant... Això no priva els infants medievals que sabien llegir d'apropiar-se d'altres obres o fragments de Llull, com ara *El llibre de les bèsties*, que recentment ha passejat per les Espanyes amb un muntatge d'Els Comediants, o que altres autors medievals, com Anselm Turmeda o Francesc Eiximenis, escrivissin tals i tan gracioses coses que encara avui *La disputa de l'ase* i els *Eixemplis*, adaptant-ne degudament la sintaxi i el lèxic constitueixin el que podríem anomenar el triumvirat patriarcal de la literatura infantil catalana, el qual deixarem aquí, tirat i sol, junt amb els *Isopets* (adaptacions de les faules d'Isop) perquè hem de començar a tractar de la brotada i no de la llavor de la literatura infantil i juvenil catalana.

## 2. Els inicis pròpiament dits

La història d'aquesta literatura no té orígens gaire diferents de la d'altres països. Comença, com a gairebé tot arreu, quan es produeix la intersecció entre el romanticisme tardà i la revolució industrial, com un epifenomen socioliterari consistent en la recopilació de la literatura oral amb objectius –separadament o confluent– filològics i didàctics. *Lo llibre de la infantesa* (1866) de Thos i Codina; *Lo rondallaire* (1871) de Maspons i Llabrós; les *Rondalles* (1905) de Verdaguer i les posteriors recopilacions de Casaponce, Aureli Capmany, Serra i Boldú, Bertran i Bros, o Francesc d'Albranca no assoleixen, en la seva repercussió entre el públic infantil, la cimera que representa dins el complet ventall de la literatura catalana, les *Rondaies mallorquines d'en Jordi d'es Recó*, obra de Mossèn Antoni M. Alcover que comença a publicar-se el 1896.

Aquesta línia recopiladora es produeix cada cop que en algun indret del món es tem que els infants no arribin a heretar el seu legítim patrimoni literari: el de la seva terra, la seva llengua i la seva gent. A casa nostra ha acabat afermant-se culturalment amb el trípode format pel ja esmentat filòleg balear Alcover, pel folklorista barceloní Joan Amades, l'aplec de rondalles del qual —no pas menys de 660 històries— es va publicar força anys després de la Guerra Civil, i pel gramàtic i novel·lista alacantí Enric Valor, gran senyor de la llengua que es va dedicar a la recopilació de les rondalles populars per culpa d'una guerra i una postguerra que no li permetien publicar altra cosa.

Amb les recopilacions magnes de les rondalles passa el mateix fenomen literari que en altres llocs: es van aplegar amb finalitats filològiques o folklòriques; els infants se les van apropiar; en veure que els infants les llegien, se'n van fer edicions il·lustrades, primer completes i després parcials (per parts), fins a arribar al fenomen actual quan, *ad usum pueris*, es fan adaptacions de les adaptacions fetes per un transcriptor, que passa per ser "l'autor" d'una literatura popular, que ha deixat de ser oral i que, amb tanta readaptació de l'adaptació de l'adaptació també ha deixat de ser, gairebé, literatura.

Deixant de banda aquest fenomen, vegem ara què és el que caracteritza i protagonitza la literatura d'aquest període. Comencem per un personatge singular, Apel·les Mestres (1854-1936), cultivador d'hortènsies, compositor, folklorista, poeta i il·lustrador, pel que fa als seus oficis; i esquifit, pulcre, cosmopolita, exquisit i cortès pel que fa al seu quefer. Prototip del barceloní culte, no s'adscriu (o no és fàcil adscriure'l) a cap corrent ideològic, literari o plàstic, i roman, amb la lleugeresa del zèfir, com la llavor individualitzada de tot el que es va materialitzar al seu voltant i després d'ell. L'humor gràfic dels seus *Cuentos vivos* (1876) (o de les seves historietes infantils) és semblant, pel que fa al contingut, al surrealisme hiperbòlic del *Baró de Münchaussen* i per la seva forma gràfica a la vis còmica de Wilhelm Busch, però que aquests tres volums es publiquessin en castellà no impedeix que el català de les seves *Tradicions* (antologia de contes populars) sigui un dels més sucosos que mai hagi llegit jo, mentre que, a la seva poesia o a la seva dramatúrgia –*Qüento de Nadal* (1908)– la llengua catalana es torna delicada i sensible, i assoleix les cotes més altes de les meravelles fantàstiques amb el poema de fades *Liliana* (1907). En definitiva, va unir –i això el fa excepcional entre tots els de la seva època– la prosa amb la poesia, el dibuix amb el text, l'humor amb la lírica, el català amb el castellà, el destinatari adult i l'infantil, el contingut elitista amb el popular.

Alguna cosa d'ell va heretar el Noucentisme, el moviment cultural per antonomàsia de la Catalunya de començaments de segle, quan conflueixen els esforços dels polítics, dels filòsofs, dels pedagogs i dels poetes per bastir els fonaments del concepte ideal de catalanitat. Una catalanitat que tots ells entenen que comença pels infants, a escola (fixin-se que aquesta manera d'escriure per a infants, tan determinant avui en dia, és molt diferent de la manera d'escriure per a infants que van tenir James Barrie o Beatrix Potter, coetanis del Noucentisme) i que potser reeixirà, com en cap altre autor de la seva tropa, en la persona de Lola Anglada (1892-1984), preciosa i preciosista noieta la qual van voler casar amb Joan Miró i que fou la primera a voler, per explícits motius cívics, escriure i dibuixar catalanament històries per a infants, com fa a un llibre un xic carrollià, *Margarida* (1928), o a *Peret* (1928), un poc nilsholgerssonià, dos llibres delicats i plens d'aquells valors ideals de bucolisme, pau, confraternitat, responsabilitat, civisme, tradició, etc., que es corresponien amb l'ideari pedagògic de "fer bons ciutadans", *leitmotiv* de les primeres escoles actives que hi va haver a Espanya, aglutinades al voltant de l'Associació Protectora de l'Ensenyança Catalana (1899).

Altres grans autors del Noucentisme van col·laborar amb aquesta associació, dels quals, deixant a part els il·lustradors, citarem els grans escriptors, com Josep Carner, el príncep del poetes catalans, capaç de dur els matisos i les inflexions de la llengua catalana fins on li donava la gana, autor de *Deu rondalles de Jesús Infant* (1904) en prosa, de poemes i bestiaris en vers i gran impulsor de revistes infantils cultes; o com Carles Riba, poeta per a qui els clàssics grecs i romans no tenien secrets, amb una novel·leta molt anderseniana, *Les aventures d'en Perot Marrasquí* (1917), i unes farses morals, *Sis Joans* (1918), que van fer forat; o el també poeta Marià Manent, o el periodista Carles Soldevila que va posar novel·la i aventura al Noucentisme amb *Lau o les aventures d'un aprenent de pilot* (1929), etc. Tots ells –i això em sembla important perquè no es produeix avui– simultaniegen la seva obra per a adults amb l'obra per a infants, gran part de la qual consisteix en esplèndides traduccions de Thackeray, Dickens, Andersen, Perrault, Carroll, Grimm o Kipling. Un xic separat d'aquest grup, per la seva aristocràcia, trobem Josep M. de Sagarra, la dramatúrgia del qual va assolir una popularitat inigualada, a qui es deu, tanmateix, un dels més bonics llibres de coneixements del moment, i potser el primer en català que atorga noblesa literària a la divulgació: *Els ocells amics* (1922). Separat també de la resta, però en aquest cas per ser tan proletari, citem el poeta avantguardista Joan Salvat-Papasseit que escriu una deliciosa crònica infantil titulada *Els nens de la meva escala* (1922).

Històricament, el Noucentisme representa, d'una manera molt precursora a Europa i molt determinant pel que passarà a l'Espanya dels 70, la voluntat d'unir la "bona" literatura amb la "bona" escola, la cooperació entre la intel·lectualitat dirigent (artistes de les lletres i de les belles arts) amb pedagogs i polítics, i, sobretot, l'anhel de fer, de la cultura catalana, una cultura europea.

Al costat del Noucentisme, i també com una derivació de la veta populista d'Apel·les Mestres, hi trobaríem una literatura popular, més a prop del quiosc que de l'escola, articulada al voltant de la revista *Patufet*, el director de la qual, Josep M. Folch i Torres (1880-1950), és un dels autors més prolífics i estimats que mai hi hagi hagut. La seva obra ha estat titllada –des del punt de vista noucentista— de sentimental, però també és poca-solta i riallera, com passa amb el *Massagran* (1910) o amb *Bolavà detectiu* (1911), i té el mèrit d'haver arribat a totes les llars, tallers de modistes i racons de l'horta, ultrapassant el cercle de la *jetset* barcelonina, idòlatra del Noucentisme. Folch i Torres, amb Marinel·lo, Clovis Eimeric i altres va saber envoltar-se de dibuixants tan excel·lents com Cornet, Llaverias i l'ínclit Junceda, que van impregnar dues generacions juvenils, si més no, d'amor per la pàtria, la llengua i la moral. A Folch i Torres li plaïa més l'emotivitat que l'anàlisi, i va renunciar a ser novel·lista d'elit per dedicar-se al poble més baixet que hi ha, els infants i llurs famílies, per a qui va produir uns *Pastorets* i unes adaptacions teatrals que encara avui es representen, i va mantenir-se en la poc honorable trinxera d'una revista, *El Patufet* (un "tebeio" a l'abast de tothom) fins al final.

Si en aquesta primera fase històrica no s'hagués creat una dinàmica positiva entre una cultura dominant i una cultura subjacent; si ambdues tendències no haguessin trobat editorials adients –per exemple, Mentora, amb la seva bateria d'autors i il·lustradors noucentistes, o Baguñà, amb el seu planter d'escriptors i ninotaires humoristes– ; si a un i altre focus d'irradiació (mai no van ser bàndols enfrontats) no hi hagués hagut una idèntica plantilla de firmes –escriptors i dibuixants– nodrint les lectures tant dels infants com dels adults en una llengua que demostrava ser capaç de pujar als palaus més enlairats i baixar a les cabanes més pobres; si en començar la guerra no hagués estat ja una literatura infantil completa amb prop de 2.500 títols inventariats que abastaven tots els gèneres, edats i formats, dubto molt que la literatura infantil catalana hagués arrelat com va arrelar dins la memòria d'un país que quedaria destrossat per la guerra. Encara que he d'aclarir que aquests 2.500 títols i aquest apogeu literari es produeix només al Principat, i més específicament a la província o Diputació de Barcelona, ciutat on, en començar la guerra hi havia només uns 34.000 alfabetitzats. A les Balears o a València aquestes obres amb prou feines hi van arribar, i cap política escolar o intel·lectual hi propiciava una específica edició infantil que no fos singular i esporàdica.

## 3. Apagada general

Durant els anys foscos del franquisme, amb la llengua emmordassada, la literatura infantil catalana es mor d'inanició. Privats de la seva llengua, els escriptors poc que poden publicar, els infants poden llegir encara més poc, però els il·lustradors tornen a donar un segell de categoria al llibre infantil.

Als anys 50 el poeta noucentista Carles Riba ens fa arribar, camuflant-ne dates, la traducció del *Babar*, editada per Aymà, i així fou com els nens i nenes fills dels pares i mares criats al Noucentisme, vam reprendre la línia de les traduccions selectes, que suplien els textos encunyats de nou (tot i que n'hi va haver algun). *Les rondalles d'ahir i d'avui* (les recopilacions sempre serveixen per tornar a començar), d'una també camuflada edició d'Ariel, donen feina i categoria a una avui injustament oblidada Elvira Elias. Elias, dama entre les dames il·lustradores, que pasta la forma dels somnis dels infants de la postguerra en un estil molt inspirat en Dürer, com ho va fer a l'adaptació de *Tirant lo Blanc* de Joan Sales (1954), o il·lustrant la sensibleria d'Ilde Gir –la dona d'aquell José Gironella per a qui l'ombra dels xiprers era allargassada– a l'editorial Juventud, hereva de Mentora. Molt plena d'angelets, també, és l'encisadora obra de Mercè Llimona, que es fa escriptora i il·lustradora amb *Tic-Tac* (1942) i que va omplir les hores i les imaginacions dels infants des del parvulari fins a la primera comunió.

A l'altre platet de la balança, i amb moltes estampetes, l'il·lustrador Joan Ferràndiz sembla heretar l'abast populista del director de *Patufet*. Ferràndiz va autoeditar (Vílcar) aquells contes retallats amb versos i aquarel·les de l'autor, com *La ardillita hacendosa* o *Mariuca la castañera* que van triomfar durant els anys 50 i 60 i que van recuperar la seva llengua original tan aviat com van poder.

En resum, entre els 40 i els 60, no puc parlar (i prou que em dol, perquè jo vaig néixer just enmig d'aquestes dates) d'una literatura infantil catalana perquè, si et prohibeixen i empresonen la llengua, amputen d'arrel literatura i lectors. I davant de tot això, l'escola ni piu, perquè a l'escola s'hi anava per aprendre que "España es una unidad de destino en lo universal" i no pas per aprendre-hi a llegir, que els llibres tenen uns efectes dolentíssims i t'omplen el cap de falòrnies, valga'ns Déu i la Verge! Però, en canvi, els infants continuaven llegint obres d'autors catalans. Ho fèiem en català els qui vam tenir el privilegi que els nostres pares no haguessin llençat a les escombraries els llibres de la seva infantesa, o que estiguessin dins les xarxes clandestines de distribució; i es llegien en castellà els llibres que en aquesta llengua traduïen o creaven autors com Víctor Mora, Ilde Gir, Maria Pascual, Ferràndiz. I tenia capitalitat catalana la immensa majoria d'editorials especialitzades en llibre per a infants i "juvenilcadetes". Juventud (que va incorporar *Tintín* al seu catàleg), Aymà i Ariel van ser les editorials que van mantenir viva la torxa d'una cultura digna per als infants, ni que fos a base de traduir el millor del que es produïa llavors a Europa. Molino (amb el seu *Guillermo Brown* i la seva Enid Blyton) o Bruguera (la matriu del *Capitán Trueno* i de *Mortadelo y Filemón*) van ser les editorials que van nodrir l'afany popular dels nens de barri per les aventures, sense capficar-se mai per la llengua, cosa que els va proporcionar uns beneficis folgats i uns tiratges que rara vegada s'assoleixen avui.

De manera que, històricament, el més rellevant d'aquesta època no són les seves obres, sinó el fenomen socioeconòmic, nou fins aleshores, que demostrava que una editorial catalana podia tenir abast estatal (i així, les lectures de les nenes de l'Eixample barceloní eren les mateixes que les de ses nines des Passeig des Born de Palma, i al Capitán Trueno l'idolatraven tant els vailets del Serrallo de Tarragona com els xiquets de l'Horta de València); i amb el descobriment que allò que es produïa aquí podia proporcionar interès i beneficis no solament aquí, sinó també allí i allà (allà és Amèrica).

## 4. L'au fènix

I amb tot això, arriba el despuntar dels seixanta i la literatura infantil catalana va trobar, per renéixer de les seves cendres, una parella de padrins d'upa: un era el Concili Vaticà II i l'altre l'Escola.

Vegem-ho: amb un xic de retard bufaven vents de renovació en el so d'una Església Catòlica manxats per un papa Joan que s'assemblava molt al Little John dels boscos de Sherwood. D'aquells vents en van venir, més que no pas tempestats, gotetes refrescants que auguraven una nova primavera per a les lletres catalanes.

Una editorial, Estela, especialitzada en temes religiosos, gosa traduir al català els àlbums bíblics de Flammarion, i de passada, com qui no vol la cosa, els bonics àlbums del Père Castor (a més de traduir allò que es va convertir en el primer bestseller dels adolescents catalans: els *Diari de Dani* i *Diari d'Anna Maria*, de Michel Quoist). El bisbe hi posa el seu *nihil obstat*, la censura calla. Al 1962 s'aixeca la prohibició d'editar en llengua no castellana, sempre que es tracti d'obres educatives que no siguin contràries als preceptes de la Santa Mare Església, però com que l'Església està (estava, senyors, estava) molt juganera i moderna, suprimint el llatí de les misses i utilitzant llengües vernacles arreu, aixoplugant els *boyscouts* i les Comissions Obreres ¿a qui li pot estranyar que, el mateix any 1962, el bisbat de Vic empari la iniciativa d'una revista en català per a infants catalans que es diu *Cavall Fort*? O que el 1963 l'Abadia de Montserrat impulsi amb nom nou una altra revista, fins aleshores clandestina, que de titular-se *Els Infants* va passar a dir-se *L'Infantil*? O que en una minieditorial especialitzada en diccionaris, Josep Vallverdú hi trobés el forat propici per a publicar-hi, el 1962, *El venedor de peixos*, la seva primera novel·la juvenil?

Ara bé, com mantenir aquestes revistes i col·leccions si ningú no sap escriure en català i els autors d'abans de la guerra o bé s'han exiliat, o bé s'han mort, o fan catúfols? I qui les llegirà?

La resposta la té l'escola. Un determinat tipus d'escola. Perquè, senyores i senyors, si a un escriptor li prohibeixen la llengua és com si el matessin, no pot fer res si no és anar-se'n a l'exili, i tot i així... Però si a un pedagog li prohibeixen la llengua —que ho van fer— però no el desterren, pot continuar ensenyant a aprendre. Aquesta és la seva glòria: la bona pedagogia no mor mai perquè és impossible oblidar-la i es perpetua precisament en la memòria dels més joves que, per ser-ho, és una memòria de llarga durada. Els deixebles de les escoles de la República no havien oblidat ni aquelles escoles, ni aquells mestres, ni aquelles lectures, i als seixanta, vint anys i escaig després de la guerra, quan ells eren pares, si eren de classe mitjana cap amunt, buscaven i exigien per als seus fills escoles semblants a les que ells havien tingut: escoles privades, però laiques, molt europeïtzants, on practicar-hi allò que avui entenem per Renovació Pedagògica.

N'hi havia poques, gairebé totes a Barcelona, però allí hi va aparèixer, per aquelles dates, no solament l'esperit de Renovació Pedagògica que avui —si l'Espanya que va bé ho permet— impera, sinó també el nucli assessor de l'editorial La Galera, que va convocar el premi de novel·la Folch i Torres; d'editorial Teide, amb els seus boniquíssims llibres de text i de coneixements; d'edicions 62, que comença traduint àlbums francesos i dels EUA; de Lumen, que el 1964 permet, a través de *Cavall Fort*, subscriure's a l'edició catalana dels més bonics àlbums il·lustrats europeus; d'editorial Laia, on es publicava el premi de novel·la juvenil Joaquim Ruyra...

I ja està... A partir d'aquestes plataformes infraestructurals que tenen com a projecte la recuperació cultural, la literatura catalana, amb una mirada molt més atenta envers allò que hi ha a l'altra banda dels Pirineus que no pas a allò que queda per sota de l'Ebre, comença la seva renaixença, i puc començar a citar les obres i els autors de major pes i impacte d'aquestes èpoques de renovada energia.

Diu Teresa Colomer que en aquesta revifalla, durant aquest període, hi va haver una autèntica caça de fades, i hi estic d'acord, perquè les vaig trobar molt a faltar. Res d'acollir-se a la tradició, perquè la influència de Dora Pastoriza de Echevarne va ser molt gran en els cercles didàctics, ella deia que això dels contes eren galindaines. En contrapartida, hi va haver molts llibres destinats a dir que "lechuga" es diu "enciam" i "ardilla" es diu "esquirol", perquè la primera urgència era recuperar un lèxic i per això hi havia tots els llibres divulgatius i didàctics de La Galera amb la bonica col·lecció dels llibres de colors de Miquel Desclot i Lluïsa Jover —*El gran joc dels colors*— i les obres de ciències naturals d'Amèlia Benet publicades a Teide. *El gran viatge de Gotablava i Gotaverda,* d'Àngels Garriga (1964), *Els tres cavallers alts* (1966), d'Antoni Cuadrench o *Tula, la tortuga* (1964), de Maria Àngels Ollé van ser llibres i autors per a infants petits molt neo-noucentistes i molt llegits i recomanats, perquè ara les escoles començaven a recomanar.

Unes escoles on es tornava a predicar una educació ecosistèmica, és a dir, que relligués l'infant amb el seu entorn. I si podia ser un grup d'alumnes, millor, més neo-noucentista, com a *Un rètol per Curtó* (1967) d'Àngels Garriga. En aquelles èpoques el nostre entorn no tenia ni llengua ni història. Per això, les lectures suplien el que no podien posar els llibres de text, i un dels gèneres més necessaris i esponerosos fou la novel·la històrica, que inicia per Maria Novell amb *Les presoneres de Tabriz* (1967), que és constant en Oriol Vergés de qui en destacaríem *La ciutat sense muralles* (1978), i que és apassionant amb *L'Ocell de Foc* (1972) d'Emili Teixidor, sense oblidar que el degà de la literatura infantil catalana contemporània, Josep Vallverdú, també ha aportat obres brillants a aquest gènere, com ara *Un cavall contra Roma* (1975). Dins de les necessitats didàctiques que motivaven l'edició en català també hi havia la geografia, i allí va destacar, pel ressò obtingut, *El viatge prodigiós d'en Ferran Pinyol* (1971-78), sèrie de Robert Saladrigas.

D'aquesta necessitat de "dir" se'n desprengué, molt conseqüentment, el neguit de "dir la veritat", i com que la veritat d'aquells anys era dura, la literatura va ser realista i la tasca dels novel·listes catalans consistia a explicar als lectors les desigualtats socials i les misèries humanes. De manera que, mentre els adolescents d'altres contrades s'enfilaven potser a les Torres de Malory per a llegir-hi els misteris dels *Cinco Secretos*, els alumnes de les escoles catalanes "progres" ens conscienciàvem a consciència. El món de la immigració, del treball infantil i de les deficiències psíquiques va arribar als parvularis de la mà d'en Francesc Candel, *Una nova terra*

(1967), *Avui començo a treballar* (1969), i de Josep M. Espinàs *Els germans petits de tothom* (1968); i els batxillers vam trobar molt dignes les obres de Josep Vallverdú *L'home dels gats* (1972), sobre la intolerància, o *Les rates malaltes* (1968) d'Emili Teixidor, sobre la immigració. Tot i que els llibres que ens fascinaren de debò eren un xic més patufetistes i amb menys gori-gori, emotives històries com *El zoo d'en Pitus* (1966) de Sebastià Sorribas, o de bons i dolents, com *La casa sota la sorra* (1966) de Joaquim Carbó, autor també de *La colla dels deu* (1969), totes elles obres amb arguments com de cine de barriada.

Perquè, en el fons, els infants acostumen a ser populistes i ni la meitat de "bons ciutadans" del que voldrien els mestres i acadèmics lletraferits. De manera que, quan aquest període tocava a la fi, els més joves autors havien fendit una escletxa en el bloc de la pedagogia literària: allí hi havia els noms d'Empar de Lanuza, que amb *El savi rei boig* (1979) va retornar als infants el goig pels protagonistes dels contes tradicionals i va fer entrar la llengua valenciana al redol de la literatura infantil. El mateix que va fer Gabriel Janer Manila amb un altre rei, *El rei Gaspar* (1976), on el realisme es va fusionar amb la màgia fantàstica, ampliant el cercle de la literatura infantil catalana fins a les Balears. Obiols, amb el seu rodarià llibre de contes *Ai, Filomena, Filomena!* (1977) i Joles Sennell amb *La guia fantàstica* (1977) van airejar, entre els uns i els altres, aquelles edicions tant de pupitre, tant de cara a uns mestres que s'afartaven de recomanar el *Manuscrit del segon origen* (1974) de Manuel de Pedrolo, una obra no pas escrita per als adolescents, però que agradà molt, perquè era ecologista, de ciència-ficció i una miqueta eròtica, però és que tota la societat s'estava ventilant molt, i allí hi havia cantautors i "teiatrerus", músics, metges, funàmbuls i pallassos, entrant i sortint de les escoles i de les places perquè ja ningú no tenia por de res, ni de publicar llibres fats molt populars –ai, *Teo* (1977), Teo, quantes atrocitats no s'han fet en nom teu!–. Franco havia mort i notàvem que tots alhora, com per la Sagrada Família, anàvem a canviar les directrius de qualsevol mena, encara que fossin didàctiques.

## 5. Un poc de tot (molt poc?)

Els anys 80 van ser, literàriament, molt explosius i variats. Llibres sense text, com la col·lecció *Pau i Pepa* de Marta Balaguer i Montse Ginesta; llibres iconoclastes com *La bruixa Avorrida*, d'Enric Larreula i Roser Capdevila (1986) o com *Les tres bessones* de Mercè Company i la mateixa satírica Roser (1983). Llibres audaços i malabars com els *Pip* de Ricardo Alcántara i Gusti, i llibres amb versos ditiràmbics com el *Llibre de vòlics, laquidambres i altres espècies*, de David Cirici i Marta Balaguer (1986). *Nonsense* a la valenciana com *Les aventures d'en Potaconill*, de Carles Cano i Paco Giménez (1983), i espectacularitat a dojo com a *L'abecedari dels diumenges* d'Empar de Lanuza i Carme Grau (1988), a més de les boniques i variades readaptacions dels readaptats contes populars, tot això per als lectors incipients.

Col·leccions i editorials es multiplicaven, s'editava a tot color. Tothom s'associava, ens ficàvem a l'IBBY, en definitiva, es professionalitzava l'ambient. Ai, mareta! Mira que publicar novel·la de lladres i serenos per a la canalla... Però és que si no, ells s'aferraven a Agatha Christie i no la deixaven anar! Els agrada el gènere, ves què hi farem... I heus aquí un *Felip Merlot* (1977) de Joaquim Carbó, o un *L'assassí viu a Bellvitge* (1987) d'Andreu Sotorra, o les apropiacions de les novel·les negres de Pedrolo o Fuster, però sobretot, l'èxitàs d'en Flannagan, personatge que Andreu Martí i Jaume Ribera van començar a fer sirgar amb el títol de *No demanis llobarro fora de temporada* (1987) i que encara té corda per estona.

Els vuitanta, amb bona llei de continuïtat, també van fer molt pel gènere fantàstic al qual el malaurat Joan Barceló ens va obrir els ulls el 1979 amb els seus *Ulls de gat mesquer*. Això dels ulls es porta molt, darrerament, perquè aquí tenim els *Ulls de fum* de Rosa M. Colom o els *Ulls d'ocell* d'Antoni Garcia Llorca, ambdós del 1996. Però dins aquest gènere, i als anys 80, també hi hauríem de posar en Vicent Pascual –*El guardià de l'anell* (1983)– o Josep Franco –*L'últim roder* (1986)–, o la tothora excel·lent Mercè Canela amb *Els set enigmes de l'iris* (1984), per exemple. I és que, d'alguna manera, hi va haver un cert retorn als contes de fades, retorn marcat per les ganes de jugar-hi, de renovar-los... Renoven fantàsticament bé la veta literària de la tradició autors com Miquel Desclot –*A la punta de la llengua* (1980)–, Miquel Rayó, amb la trilogia que comença amb *El raïm del sol i de la lluna* (1983), o el més tardà Pep Coll de *Què farem, què direm?* (1992).

Totalment d'esquena a la tradició, sense crear gènere però sí addicció, hi ha la demolidora obra de Maite Carranza, un petardet que va explotar el 1986 amb *Ostres, tu, quin cacau!* i que va tenir propina el 1991 amb *Vols una cleca ben donada?* Obres que no sé si definir com a satíriques o com a sardòniques. I, en la mateixa línia, les obres de Carles Cano a la col·lecció "No vull..." o Vicent Pardo amb *Una escola blanca...* (1994).

Si l'adolescent superava el gènere policíac, el fantàstic i el postmodern, es topava amb la novel·la realista on es radicalitzaven les postures. Valga'm Déu, quin enre-

43

nou! Per primera vegada la influència del que es feia a Madrid va ser grossa. I és que Michi Strausfeld i els juvenils d'Alfaguara tenien un gruix innegable. Els catalans van trobar un tercer predicador del denominat realisme crític digne del Tribunal de la Inquisició: eren Mercè Companys amb *La imbècil* (1986), Francesc Sales i el seu *Un estiu a Biern* (1987) i Gemma Lienas amb *Cul de sac* (1986). Tot i que les millors obres realistes del moment no siguin seves, sinó de Josep Albanell –*El Barcelonauta* (1977)–, de Miquel Obiols –*El tigre de Mary Plexiglàs* (1987–, de Maria Barbal –*Pedra de Tartera* (1984)–, de Jaume Cela –*El doble secret de l'àvia* (1991)– i d'Enric Larreula –*Els arbres passaven ran de finestra* (1995)–. D'un altre tipus de realisme se'n va dir màgic, i d'aquest em sembla que en Gabriel Janer Manila en té l'exclusiva, amb *El palau de vidre* (1989) o amb *Han cremat el mar* (1993). Sigui com sigui, el realisme va acabar sent el gran protagonista de les col·leccions juvenils, i aquesta novel·la juvenil va passar a ser la gran beneficiada institucional i oficial dels estímuls per a escriptors.

Tanmateix, com ho puc dir? Quina tramuntanada va permetre l'eclosió d'uns llibres tan estranys que ni se sap si són llibres o joguines, ni si són per a infants o per a adults, però que, de ben segur, són els millors, els més "épatants" i les joies de la corona de la meva biblioteca? El pinacle d'or, el castell de focs, el zenit d'abans de la devallada editorial... N'hi ha –n'hi va haver– més, però almenys prenguin nota, senyors, d'aquests tres: de Josep Palacios, però encara molt més de Manolo Boix, la meravella de *La serp i el riu* (1986); d'Els Comediants en comandita, però amb molt pes d'en Jordi Bulbena el *Sol, solet* (1981), i del mateix equip, però per llegir a les fosques, *Somnis* (1987).

Després d'aquests somnis o quimeres editorials, hi va haver la baixada de teló dels noranta, tan bons minyons, ells, quan ja va quedar clar que la literaura infantil i juvenil era el reducte i la fortalesa de les editorials de text, i que per llegir-la calia animar-la. Va quedar clar que aquesta literatura juvenil no té límits (Colomer demostra que qualsevol tema, per llòbrec que sigui, hi ha tingut lloc), que la literatura infantil no en té més que el de trobar-li el to (i el de ser menys valorada, premis canten), i dins dels gèneres, hom no pot sinó apreciar que s'han tornat més dúctils, menys engavanyats per exemple, la novel·la històrica, que cada cop és més novel·la, com a *Les portes del temps* (1995) de Mercè Canela o al *Memorial de Tabarka* (1993) de Ponç Pons, que els llibres per a menuts són cada cop més simpàtics, menys durs –*El regal* de Gabriela Keselman i Pep Montserrat (1997)–, en definitiva, que els autors ja no tenen altres "deures" sociomorals per fer quan escriuen per al poble baixet, que no siguin els de trobar un editor amb un departament de vendes que rutlli.

A finals de segle, es considera que aquesta literatura balla només per a i amb l'escola, que un il·lustrador té més mèrit que un escriptor, que els llibres han de ser bonics i barats –adéu-siau, àlbums del meu cor!–, que és més orientatiu classificar-los per gèneres i per edats, i que el sistema es retroalimenta a si mateix (cada cop em fa més la impressió que sempre estic llegint la mateixa història). Ja no hi ha lloc per a individualitats com la d'Apel·les Mestres, ja no hi ha una Mancomunitat que s'impliqui i faci implicar-se en el món cultural infantil –la política cultural dels tres governs autònoms no s'ocupa ni poc ni gens de la literatura infantil i juvenil, (34% del pastís editorial), i es limita a complir amb els tràmits de torn i encara gràcies–, els grans autors per a adults ja no accedeixen a escriure per a infants (diuen que és molt difícil). I, com a autor, l'ideal és aspirar a una –en diuen així– "obra de consum, però digna", perquè en el punt de mira hi ha els grans èxits de popularitat de Jordi Sierra i Fabra o de Glòria Llobet. Així està bé, la màquina funciona tota soleta, està ben engreixada, és ben normal, ben usual...

Tan normal que algú es va adonar que, amb tanta classificació per gèneres, ens en faltaven dos: la poesia i el teatre, per acabar d'arrodonir el pastís. Això del teatre és més pelut, perquè els infants veuen el teatre al carrer, atès que el gruix de les obres són espectacles d'animació i aquest tipus d'espectacles no es poden transcriure, però alguna coseta hi va haver –*El retaule del flautista* (1968)– i hi haurà... Pel que fa a la poesia, òndima, noi!, els noranta se'ns han tornat poètics, vés qui ho diria! Olga Xirinacs –*Marina* (1986), *Cavall de mar* (1997)–, Miquel Desclot –*Bestiolari de la Clara* (1992), *Oi, Eloi?* (1996)–, Maria Beneyto –*Poemes de les quatre estacions* (1993)–, Josep Sala Valldaura –*Tren de paraules* (1996)– Núria Albó, Joana Raspall, Ricard Bonmatí, Francesc i Carles Pérez no em deixaran mentir. I això és nou i bell dins del panorama, si més no, des de la guerra ençà.

Arribats en aquest punt dolç, em fa basarda pensar que ha quedat tant per dir o explicar i que hi ha tants llibres i tants autors que he oblidat citar, que més em val, poèticament callar, perquè

*darrera la porta hi ha un plat de confits,*
*on tots els llaminers s'hi llepen els dits.*

## 1.3. La poesia per a infants: un gènere entre el folklore i l'obra d'autor

Margarida Prats Ripoll
*(Universitat de Barcelona)*

L'oferta de llibres de poemes per a infants en llengua catalana ha estat sempre esporàdica. Aquest fenomen, però, es pot fer extensible als llibres de poesia infantil de llengua castellana i a d'altres literatures europees, sobretot a les de l'àrea mediterrània. Tanmateix, aquesta escassedat d'oferta de llibres de poemes per a infants, que es reflecteix en la migradesa de col·leccions i en l'escassa durada de les poques que arriben a funcionar, es refereix als poemaris d'autor. Ara, si tenim en compte les antologies i les obres de folklore, l'escassedat de llibres no és tan penosa. I, atesa la importància d'aquestes publicacions en la difusió del gènere poètic per a infants, seria bo plantejar-nos si cal incloure-les o no en el corpus de llibres de poemes adreçats als infants.

En el nostre cas, admetem com a àmbits del gènere tant les obres concebudes per a infants des de la seva creació com les antologies d'autor, les de folklore i les mixtes. L'única restricció que posem és que la presentació material correspongui a la dels llibres per a infants; per tant, no hi inclourem les compilacions amb lletra menuda i sense il·lustracions, ni els reculls didàctics, plens d'instruccions per a educadors, ni els cançoners on la notació musical primi per sobre del text i les il·lustracions.

Tenint en compte els criteris exposats per a la delimitació del corpus, presentem una visió panoràmica dels llibres de poemes per a infants en llengua catalana, des dels inicis del gènere fins a l'acabament del segle XX.[1]

---

1. Per a l'elaboració d'aquest estudi hem partit de la gènesi valorativa de M. Desclot (1993) i ens hem servit de les bibliografies de Rovira i Ribé (1972) i de la de *Pouem poemes*; així com de les de Rosa Sensat, IME, i Santa

## 1. Un segle de poesia per a infants[2]

### 1.1. *Precedents: 1865-1904*

Entre 1865 i 1892 aparegueren els primers llibres de poemes per a infants en llengua catalana, escrits per autors lligats al moviment de la Renaixença. Són llibres de format petit i escasses il·lustracions, i tenen en comú un to didàctic i moralitzador.

L'any 1865 aparegué el primer, *Lo llibre dels àngels*, de F. P. Briz escrit en "vers català ab diferents metros". El mateix autor publicà, l'any 1881, *Lo llibre dels noys* en edició bilingüe, la catalana era en vers. Aquest mateix any, es publica *Faules i símils* de mossèn Jaume Collell, a Vic; aquesta obra, ampliada, fou reeditada l'any 1904 a Barcelona per l'editorial Gili. L'any 1892, A. Bori i Fontestà publica *Lo trobador català: llibre de lectura en vers destinat als colegis de noys i noyas de Catalunya*, obra reeditada d'una manera ininterrompuda fins a l'any 1920.

L'any 1874 aparegué *Cançons i jocs*, l'únic recull de folklore infantil d'aquest període, recopilat per F. Maspons i Llabrós.

### 1.2. *Desenvolupament: 1904-1939*

Les transformacions culturals, socials, polítiques i tècniques del segle XX incideixen en la producció i difusió dels llibres per a infants. En el cas de llibres de poesia, comença un període ric i variat, la producció es multiplica i s'aconsegueix un nivell remarcable, tant literari com artístic en la majoria dels llibres.

Al llarg d'aquest període, es reediten obres de l'etapa anterior; ara, però, els formats són més grans i s'hi afegeixen il·lustracions. També es continua lligant el gènere poètic amb l'aprenentatge de la lectura. El bienni 1917-1918, s'editaren a càrrec de la Mancomunitat tres llibres de lectura sota el títol de *Llibre de poesia per a servir de lectura a les escoles de Catalunya*.[3]

Pel que fa a les antologies de folklore, A. Capmany i F. Baldelló publicaren l'any 1923 *Cançons i jocs cantats de la infantesa*, amb il·lustracions d'Enric Moneny, i l'any 1928 es reedità l'obra de folklore infantil de F. Maspons amb il·lustracions d'"Apa".

Quant a les antologies d'autor, l'any 1917 se'n publiquen dues: *Infants i flors*.

---

Creu, i de la base de dades en què estem treballant en relació amb el projecte d'investigació *Poesia i educació a la ciutat de Barcelona, avui*, de la Divisió V de la UB.

2. Per a l'establiment dels períodes, hem partit de l'estudi de T. Rovira (1988), hi hem afegit el darrer període i hem modificat les dates del penúltim.

3. Els llibres eren una tria de l'obra poètica de J. Pijoan, J. Maragall, i M. A. Salvà.

*Poesies*, tria d'Ignasi Iglesias i portada de J. Obiols, editada per l'Ajuntament de Barcelona, i *Poesies catalanes per als nens* d'editorial Muntañola. Cap de les dues no duu il·lustracions, però, la inclusió en el títol dels destinataris en la segona, i el pròleg adreçat als infants, de la primera, mostren com aquestes tries foren fetes per a un públic infantil. L'any 1935, Joventut publica una antologia mixta: *Cançoner de Nadal. Antologia de cançons i poemes nadalencs adreçada als infants de Catalunya*, amb tria de M. Font i il·lustracions de Barradas, una edició feta amb gust.

S'inicien les traduccions. M. Manent publica un aplec de *Nursery Rhymes* a la revista *Jordi* l'any 1928, i l'any 1932 es publica l'*Antologia de Goethe* que la Generalitat dedica a les escoles de Catalunya, on trobem una tria de balades, cançons i poemes, traduïts per J. Lleonart, J. Maragall, A. M. de Saavedra, M. Manent i J. Bofill i Ferro.

Al llarg de les primeres dècades del segle XX es publiquen les *Cansons per a la mainada*, escrites i il·lustrades per Apel·les Mestres i musicades per D. Mas i Sarracant, i diversos cançoners de Narcisa Freixas: *Cançons d'infants, 1ª sèrie, Cançons d'infants, 2ª sèrie, Piano infantil, Petites recreacions per a infants*; la compositora musica alguns textos populars i poemes de diversos autors i Torné Esquius hi fa les il·lustracions. L'any 1928 s'aplega tota la producció de N. Freixas a *Edició d'homenatge*.[4] En els llibres de cançons trobem textos populars i obres de diversos poetes –Nogueras Oller, Maragall, Carner, A. Mestres, A. Masriera, J. M. Guasch, J. Verdaguer, J. Collell i F. Sitjà–; en les sèries de piano tots els textos són del darrer poeta esmentat.

L'obra d'autor, deslligada dels cançoners, no s'inicia fins la dècada dels trenta. Just a l'inici, el 1930, l'editorial Políglota publica *Cuques de llum. Poemes per a infants*, de Salvador Perarnau i il·lustrat per A. Fernández. En el període de la Guerra Civil, a pesar de la reducció de la producció de llibre infantil, es publiquen dues obres més de l'autor esmentat: *El senyor pèsol i altres plantes. Poemes per a infants*, il·lustrat per Junceda, i *Ales humanes*; els llibres aparegueren els anys 1937 i 1938, respectivament, i foren editats en la col·lecció d'obres per a infants del Comissariat de Propaganda de la Generalitat de Catalunya. Dins la mateixa col·lecció aparegué l'*Auca del noi català antifeixista i humà*, amb il·lustracions de J. Obiols i text en quatre llengües: català, castellà, francès i anglès.

---

4. El cançoner de Mestres no duu data de publicació. Les obres de N. Freixas es publicaren l'any 1909 i 1918. Pel que fa a l'edició d'homenatge, inclou quatre sèries de cançons i una segona sèrie de *Piano infantil* composta per *Llibre de nines* i *Llibre de les danses*.

## 1.3. El desert de la postguerra: 1940-1961

La riquesa i varietat del període anterior s'estroncà a partir de 1939, a causa de la prohibició del nou règim polític de l'ús de la llengua catalana. En el camp de la literatura infantil i juvenil en general, i de la poesia, en particular, no podem parlar ni d'edicions clandestines ni d'edicions de l'exili; per tant, hi ha una interrupció total de les edicions de llibre infantil. Al llarg de 22 anys només es publica un llibre, *Faules*, de F. Soldevila, il·lustrat per P. Gargallo, el 1948. Deu anys més tard, l'editorial Millà publica l'opuscle *Poesies per a infants pròpies per a recitar, serioses i humorístiques per a nois i noies*, sense il·lustracions i amb lletra menuda.

## 1.4. Una lenta recuperació: 1962-1977

La recuperació s'inicia lligada als intents de redreçar la llengua catalana a l'ensenyament, clandestinament, primer, i sota l'empar del Libro Blanco, a partir de 1970. En aquest període, els textos poètics van jugar un paper emblemàtic en la lenta penetració del català a les escoles, com revelen antologies i llibres de lectura apareguts entre 1968 i la dècada següent.

L'any 1963, l'editorial Millà reedita el llibre de Bori i Fontestà de finals de segle XIXè, sota el títol *El trobador català*, respecta el corpus textual i només adapta el llenguatge a les normes fabrianes.

*Lectures de poesia* de J. Molas amb il·lustracions de F. Todó –antologia temàtica amb poemes d'autor–, inaugura les publicacions d'aquest període, l'any 1968. L'any 1976 surt a la llum una nova antologia de poemes d'autor, es tracta de la tria de poesia epigramàtica feta per M. Desclot i il·lustrada per F. Rifà *La casa de les mones*. També s'editen dos reculls de folklore els anys 1975 i 1977, respectivament, *Olles, olles de vi blanc*, tria d'E. Valeri i A. Lisson i il·lustració de C. Solé Vendrell; i *Jocs i cançons per a infants*, tria i il·lustracions de M. Llimona.

Al llarg d'aquest període només es publica un poemari d'autor, *Museu zoològic* de J. Carner, il·lustrat per J. Ll. Granyer, l'any 1966.

## 1.5. L'expansió: 1978-2000

A partir de l'entrada en vigor del decret que permet fer l'ensenyament en català, la publicació de llibre infantil de poesia augmenta de manera progressiva.

Quant a les antologies de folklore infantil, al llarg de la dècada dels vuitanta, els anys 1981, 1982 i 1989, n'apareixen tres reculls a cura de C. Alcoverro i il·lustrats per C. Peris i D. Senserrich, i al llarg de la dècada següent n'apareixen cinc de publicats per La Galera, i un *Cançoner* dins la col·lecció "El tinter dels clàssics", on es reprodueixen diverses peces del *Cancionerillo catalán* de Milà i Fontanals. L'any 1990, editorial Susaeta publica un recull d'endevinalles del folklore mediterrani.

Pel que fa a les antologies mixtes, que inclouen poemes d'autor, mostres de folklore infantil i poemes creats per infants, l'any 1978 apareix *Recull de poemes per a petits i grans* de M. A. Pujol i T. Roig amb il·lustracions de N. Granger. Una altra mostra d'antologia mixta, amb textos d'autor i mostres de textos de poesia popular, són les set antologies temàtiques a cura de M. E. Valeri i il·lustrades per F. Rifà, M. Ginesta, P. Reznocková, I. Bordoi, S. Ferrari, A. Tomàs i N. Ruiz, dins "L'esparver Poesia" d'Edicions de la Magrana, durant el bienni 1986-87.

En relació amb les antologies d'autor, cal esmentar *Viatge poètic per Catalunya* de J. Molas amb il·lustracions de R. Capdevila, *El curs de l'any. Recull de poemes*, a cura de F. Salvà, les dues antologies a càrrec de J. Ballester i M. Granell publicades per Tàndem i els deu títols inclosos en la col·lecció "El Tinter dels clàssics" de PAM, apareguts a cavall entre les dues darreres dècades –1985-1993– i on només hi consten els noms dels il·lustradors.

L'any 1980, sota el títol *Espígol blau*, editorial Joventut recupera els poemes traduïts per M. Manent a la revista *Jordi* l'any 1928, i els publica amb exquisides il·lustracions de M. Tobella.

Quant a l'obra d'autor, al llarg d'aquest període augmenta d'una manera espectacular en relació amb d'altres èpoques. L'any 1981, surt el primer llibre *Petits poemes per a nois i noies* de J. Raspall, il·lustrat per A. Fernández i editat per Daimon. Aquesta autora, la més prolífica del gènere, publica cinc llibres més la dècada següent: *Degotall de poemes*; *Bon dia, poesia!*, *Com el plomissol: poemes i faules*, *Pinzellades en vers*, il·lustrats per G. Garcia, i *Versos amics*, publicats per Ala Delta, La Galera, Baula i PAM.

L'any 1984, *La pluja boja* de J. Vila, enceta la publicació de poemaris d'autor al País Valencià. Dos anys més tard, *Abecedari de diumenge* d'E. de Lanuza, il·lustrat per C. Grau, guanya el premi Tirant lo Blanc. En la dècada dels noranta, l'editorial Tàndem publica *Poemes de les quatre estacions* de M. Beneyto, il·lustrat per L. Bellver, i *Les endevinalles de Llorenç* de Ll. Giménez, il·lustrat per M. Gibert i C. Major, llibre enginyós i original que ha estat guardonat per l'Institut Interuniversitari de Filologia Valenciana, Serra d'Or i el Ministeri d'Educació i Cultura per les millors il·lustracions 1998. L'any 1998, Bromera publica *Quines bèsties!* d'A. Albalat, il·lustrat per G. Miquel.

L'any 1986, s'inicia una magnífica col·lecció, "La poma verda", però només pot treure tres poemaris: *Música mestre!* de M. Desclot, *Bon profit* de M. Martí i Pol, i *Marina* d'O. Xirinacs, amb il·lustracions de F. Rifà, C. Solé i A. Balzola, respectivament. L'editorial Barcanova, la dècada dels noranta, ha reeditat els llibres de Martí i Pol i Xirinacs amb l'afegit d'un poemari nou a cadascun. Així, a *Marina* s'hi ha adjuntat *Cavall de mar*, i a *Bon profit!*, *Per molts anys!*

Miquel Desclot publica dos poemaris, *Bestiolari de la Clara*, il·lustrat per L. Jover, i *Oi, Eloi?*, els anys 1992 i 1995, respectivament; la *Cantata del mussol en sol* i una recopilació de cançons populars aplegades sota el títol *La cançó més bonica del món*, il·lustrats per F. Rifà i Ll. Jover, respectivament, els anys 1997 i 1998.

La darrera dècada del segle és rica en bestiaris, s'inicia amb *Estimades feres* de R. Bonmatí, continua, el 1992, amb *Alfabestiari* de F. Pérez i Moragón i C. Pérez, i el 1995 amb *Bestiesari* d'E. Larreula, i *Endevina endevinaràs quin animal seràs* de J. F. Delgado, il·lustrats per F. Rovira i R. Capdevila, respectivament. En aquest conjunt de bestiaris cal sumar-hi els de Desclot i Albalat, esmentats anteriorment, i les reedicions dels de Pere Quart i Carner, el primer amb les il·lustracions de X. Nogués de la primera edició, i el de Carner, il·lustrat per F. Infante. Altres poemaris publicats la dècada finisecular són: *Salom, el caminant* de S. Espriu, 1994, *Sons i cançons*, 1988, de R. Mathieu, *Tren de paraules* de J. M. Sala-Valldaura, 1997, *Vine lluna* de J. Casadesús, 1999, il·lustrats per E. Virgili, M. Ginesta, C. Porta i R. Creuet, respectivament. Tanca el segle *Els secrets del mussol* escrit, il·lustrat i recitat[5] per D. Basomba.

Al llarg d'aquesta dècada també es publiquen una trentena de narracions rimades, entre les quals hi ha mostres remarcables com *El vampiret Draculet* de P. Pons; *El forçut manyós i el lleó xerraire* de S. Comelles, *L'any del blauet* de J. Cabré, *L'any de l'esquirol* de T. Duran, *L'amiga més amiga de la formiga Piga* d'E. Teixidor i la sèrie de la *Rata Marieta* de Masgrau i Plana.

Quant a les reedicions, cal esmentar-ne dues: *Museu zoològic* de Carner i *Espígol blau* de M. Manent, il·lustrats per L. Farré i T. Martí, respectivament.

---

5. El llibre es ven acompanyat d'un CD amb els poemes recitats; la primera edició del doble poemari de Martí i Pol *Bon profit* i *Per molts anys* també duia un CD amb els poemes recitats i algun de cantat.

## 2. Característiques literàries

### 2.1. Antologies de folklore

Aquestes antologies acostumen a ser de dos tipus. Unes apleguen diversos subgèneres i ordenen els textos recollits seguint el creixement de l'infant, com és el cas de l'obra de Maspons. D'altres separen els subgèneres en llibres diferents i ordenen els textos segons centres d'interès, com les antologies a cura de C. Alcoverro, o també organitzen els textos del subgènere ordenats per funcions com *Moixaines d'infant* de R. Ros.

Entre les antologies de folklore i les d'autor, trobem un conjunt d'antologies temàtiques on la presència de textos provinents del folklore va acompanyada de textos d'autor, com les publicades per La Magrana a cura d'E. Valeri, i d'altres on als textos de folklore i d'autor s'hi afegeixen creacions d'infants, com a *Recull de poemes per a petits i grans*.

Els subgèneres dels quals s'han fet més antologies han estat endevinalles i cançons –bressol, de falda, de màgia, de joc– seguits d'embarbussaments.

### 2.2. Antologies d'autor

Ens sembla oportú de destriar les antologies que apleguen obres de diversos autors i que les estructuren segons un criteri temàtic, dels llibres solts que presenten una tria d'autor. Tot i que les unes i les altres permeten una aproximació als poetes triats com a lectura del públic infantil, en el primer cas la tria va lligada al tema que estructura el llibre, mentre que en el segon allò que es prioritza és l'obra del poeta.

Podem establir diversos graus d'acceptació dels poetes en funció de la seva presència en la tria dels antòlegs . En primer lloc situarem el conjunt de poetes presents a totes les antologies consultades, des de 1917 a la darrera dècada del segle: Verdaguer, Maragall, Carner, Guerau de Liost, M. A. Salvà, i Costa i Llobera; els casos de J. M. de Sagarra i J. V. Foix es poden ajuntar en aquest primer bloc, ja que d'ençà de la publicació de poemaris són inclosos en les antologies. En segon lloc, trobem dos poetes presents en gairebé totes, es tracta de J. Salvat-Papasseit i de M. Manent. En tercer lloc situarem aquells poetes que o bé són recuperats després de períodes en què no apareixen, o bé són afegits en les tries temàtiques de M. E. Valeri o bé s'inclouen dins la col·lecció "El tinter dels clàssics": Turmeda, T. Catasús, M. Torres, C. Arderiu, J. Brossa, J. Vinyoli; així com mostres de la nova cançó –Serrat,

P. Riba, Sisa–. El conjunt de poetes esmentats pot ser el punt de partida per establir un "cànon" de poetes per a infants en la nostra cultura.

Quant a les diverses opcions en l'estructura del corpus, van lligades als criteris de selecció i als objectius de l'antologia. Aquests criteris, de vegades els trobem exposats als pròlegs; quan no hi són escrits explícitament, es poden reconstruir a partir de l'estructura temàtica del volum i dels textos que s'hi ha incorporat. Així, I. Iglesias, escriu, al pròleg d'*Infants i flors*, que ha fet un aplec de les poesies cabdals de diferents autors que es refereixen als infants, en conseqüència presenta els poemes un rere l'altre. J. Molas, a *Lectures de poesia*, tria vint-i-un poetes nascuts a les diverses contrades dels Països Catalans que tenen un tret en comú: "Tots canten amb profunditat la vida de l'home i la bellesa de la terra, la nostra terra", com llegim en la nota introductòria. Les obres d'aquests poetes són agrupades en blocs temàtics. Finalment, el *Recull de poemes per a petits i grans* de M. A. Pujol i T. Roig, és el resultat de l'experiència d'un grup de mestres que treballen poesia a l'escola, tal com podem llegir al pròleg : "Tenim a les mans un recull, acurat i ordenat, de poesia per a nens i nenes, no una antologia d'especialistes que recerquen exhaustivament les publicacions, sinó l'antologia d'un treball d'anys i anys, això sí de mestres de l'escola; el seu objectiu final és incitar els infants a la construcció de la poesia, com a procés de formació i de comunicació personal". Aquests mestres han distribuït els poemes en cinc blocs: l'univers, les estacions, la natura, els animals, la humanitat.

## 2.3. Poemaris d'autor

L'evolució dels llibres d'autor adreçats als infants es caracteritza pel pas progressiu dels textos amb un marcat to moralitzador a aquells altres on predomina el joc amb les paraules per tal d'aconseguir emocionar els lectors, sia per la via lírica o humorística, sia cercant la complicitat a partir de la reescriptura de textos del folklore infantil.

Als inicis del gènere, hi podem situar l'obra de J. Collell, en alguns textos de la qual la gràcia literària predomina per sobre de l'afany moralitzador; aquest afany minva encara més en l'obra de S. Perarnau, fins a arribar a la producció de la darrera etapa on ja n'és exclòs. Entre els autors que conreen la vena lírica hi podem situar M. Beneyto, O. Xirinacs, J. Raspall, J. Casadesús; trobem mostres de poesia humorística, i fins i tot hilarant, en els poemaris de J. M. Sala-Valldaura i E. Larreula; en el magnífic poemari d'Empar de Lanuza hi conviuen el lirisme, l'humor i el joc verbal, una part del qual es basa en trets del folklore infantil –cançons eliminatives, enumeratives, elements fantàstics dels contes meravellosos, etc.– Entre els autors que han basat la seva obra en la reescriptura del folklore infantil, sia d'un subgènere, sia de diversos, podem esmentar Ll. Giménez i F. Delgado. En l'obra de M. Desclot, l'humor va acompanyat d'enginyosos jocs de paraules, de reescriptura de textos de folklore infantil i de poemes de poetes d'altres cultures que s'han adreçat als infants –Walter de la Mare, Gianni Rodari, A. A. Milne, J. Prévert, R. L. Stevenson, R. Piumini i T. Hugues.

Podem situar els inicis de la utilització de textos folklòrics infantils en l'obra d'autor al primer terç del segle XX, concretament en autors com A. Mestres i J. Carner; tanmateix, tant en el cas de les cançons del primer, com en el de les glosses del segon, la xarxa de relacions amb la literatura de tradició oral no era tan complexa com en l'obra dels poetes del darrer terç del segle XX.

Pel que fa a les relacions a partir de gèneres, els poetes utilitzen l'estructura fixada en els següents subgèneres del gènere líric: cançó de bressol, cançó màgica, cançó-joc, embarbussament, endevinalla. Les endevinalles són la mostra més estesa, en trobem en poemaris d'O. Xirinacs, M. Desclot, J. M. Sala-Valldaura, Ll. Giménez i J. F. Delgado. Sovint la il·lustració s'afegeix com a font d'informació al lector per establir interrelacions. També hi ha força referències a textos folklòrics coneguts. Aquestes relacions d'hipertextualitat poden establir-se a diversos nivells de complexitat; en trobem exemples senzills en poemaris de J. Raspall i de més complexos en Desclot, Empar de Lanuza i Sala-Valldaura. Finalment, citacions literals d'un fragment de text folklòric en textos de Desclot, Sala-Valldaura i Raspall (Prats, 2000).[6] En l'estructura dels poemaris podem distingir les obres de tema únic de les d'opció miscel·lània; en el primer cas, trobem obres sobre el mar, els aliments, les hortalisses, els instruments musicals, el cicle anual, els animals; en el segon, els temes esmentats s'alternen amb les festes i els jocs i els sentiments. La cançó, l'epigrama, la faula, l'endevinalla sovintegen en els poemaris, en canvi, hi escasseja la poesia visual, una mostra de la qual trobem a l'obra de Sala-Valldaura. Pel que fa a la mètrica, hi predomina el metre regular, la rima consonant i els versos entre quatre i vuit síl·labes.

Oriol Izquierdo (1999)[7] analitza l'obra d'autor de la darrera dècada, critica la

---

6. Trobareu exemples comentats de transtextualitat entre folklore i poemaris d'autor en Prats, "El patrimoni rimat a les portes del nou mil·lenni", *Faristol* 37, 11-15.

7. Vegeu "Versos menuts. L'obra dels poetes d'ara per als infants d'ara", *Faristol*, 35, 4-7.

insuficiència de col·leccions de poesia, la falta de professionalitat i rigor d'alguns editors i la baixa qualitat d'alguns poemaris. Izquierdo recorda que el nivell d'exigència del gènere per a infants no ha de ser diferent del de les obres per a adults, assenyala els principals perills en què es cau en algunes mostres –versos mal comptats, falses rimes, ús inadequat de lèxic infantil, cursileria–, i constata les reiteracions de cicles temàtics i l'escassedat de variacions mètriques i d'històries explicades en vers. Tot amb tot, subratlla l'habilitat poètica de Desclot, i valora positivament poemaris d'Olga Xirinacs, Martí i Pol, S. Comelles, P. Pons, Pere Quart i Pérez Mondragon.

## 3. A tall de conclusions

El conjunt de llibres de poesia per a infants editat des de la Renaixença fins a les acaballes del segle XX mostra una evolució notable en l'aspecte material, són importants els canvis de format i de mida de lletra. Les il·lustracions augmenten i s'articulen amb el text, de manera que, entre altres funcions, poden contribuir a subratllar-ne el to irònic o humorístic; també poden aportar elements claus per establir relacions d'intertextualitat i per descobrir la solució d'enigmes.

Pel que fa als corpus dels llibres, és constant la presència del folklore i la de l'obra de determinats poetes. Els canvis més remarcables s'observen en els poemaris d'autor, on es passa de versos moralitzants a poemes lírics i humorístics. Si ens centrem en els poemaris dels darrers vint anys, s'evita caure en la carrincloneria, però s'hi observa poca varietat temàtica i de versificació. El grau de qualitat literària oscil·la força, però bona part de la poesia actual mostra un bon domini del llenguatge poètic, s'insereix plenament en la línia de la literatura per als lectors infantils, on es pressuposen molts coneixements de la literatura de tradició oral, tot confiant que el lector sabrà integrar aquests elements en una xarxa complexa de relacions, i aconsegueix despertar en els lectors aquella emoció del descobriment que és pròpia de la infància; una emoció *"que és joia i somriure i que també té instants de melangia i, de vegades, un bri de joc d'absurd i de por deliciosa."* (Manent, 1980).

# 2.
## L'evolució actual
## de la literatura infantil i juvenil

Els llibres per a infants i adolescents ocupen actualment una part molt important del mercat editorial. La seva oferta de ficció competeix amb els mitjans audiovisuals; el seu ús com a instrument d'oci s'inscriu en un ventall amplíssim de possibilitats en les societats occidentals; la formació lectora dels infants es planteja a través de molts tipus de text; el creixement d'aquesta literatura ha anat diversificant la qualitat, la funció i els destinataris, tot repartint-se en multituds de conjunts i subsistemes literaris. Però enmig de tota aquesta complexitat, les velles paraules de la tradició oral continuen nodrint els nous títols i moltes obres modernes malden per trobar formes de fer experimentar als infants la potencialitat enriquidora de la comunicació literària.

# 2.1. NARRATIVA ORAL I LITERATURA INFANTIL: UN JOC DE COMPLICITATS[1]

CATERINA VALRIU
*(Universitat de les Illes Balears)*

La gràcia, la vivor, la poesia, l'accent grotesc, la tendresa, la plasticitat de les narracions populars seduïren els nostres avantpassats i ens sedueixen encara avui a nosaltres quan les escoltam o les llegim. Les rondalles ens conten històries que parlen simbòlicament de temes que sempre han interessat i fascinat la humanitat: l'amor, la mort, el creixement, la tendresa, la gelosia, l'astúcia, la beneitura, l'afany d'aventura, la màgia, la quotidianeïtat. Els seus personatges, clars i sense doblecs, presenten models de conducta per imitar o per rebutjar: l'enamorat, el coratjós, el perseverant, el savi, el just, el llest i el beneit, l'enginyós o l'ingenu..., són —en definitiva— els arquetips essencials de la literatura. És per això —per la universalitat dels temes i dels personatges, juntament amb la multiplicitat de les formulacions— que les rondalles interessen grans i petits, que ens commouen encara, com només ho poden fer les grans obres clàssiques.

## 1. Les rondalles arrelades al territori

Hi ha, però, un altre aspecte de la narrativa oral al qual voldria dedicar algunes reflexions. Es tracta de la seva vinculació amb la terra i el paisatge. Els estudio-

---

1. Una primera versió d'aquest treball va ser publicada a la reviste *Articles*, 16 (Barcelona, juliol-agost-setembre 1998, pàgs. 69-81) sota el títol "Les rondalles i la literatura infantil".

sos de la literatura popular distingeixen diversos gèneres narratius, entre els quals destaquen les rondalles i les llegendes. A l'hora de traçar la línia divisòria entre aquests dos tipus de narracions solen posar èmfasi en tres aspectes:

*a)* Generalment, les rondalles transcorren en un lloc i un temps indeterminat; en canvi, les llegendes solen tenir una situació i datació més o menys concreta.

*b)* Les rondalles són presentades com a relats fantàstics i les llegendes com a verídics.

*c)* Els protagonistes de les llegendes solen ser personatges individualitzats, els de les rondalles són models genèrics.

Habitualment, la majoria d'aplecs de rondalles inclouen –malgrat el seu títol general– tota mena de materials narratius populars: rondalles, llegendes, coverbos, faules, etc., i un nombre considerable d'aquestes narracions estan situades en indrets concrets de la geografia que ha solcat el recol·lector. Per les seves especials característiques, les llegendes són les més vinculades al territori, però fruit de la voluntat del narrador de fer més propers i entenedors els relats, les referències geogràfiques sovintegen també en les altres narracions. En paraules de Gabriel Janer Manila:

> ...les rondalles varen mostrar-me que la imaginació sovint cerca suport en la realitat de l'entorn immediat, en el paisatge natural dels homes. I vaig entendre que allò que produeix la fantasia, vinculat al medi, forma part de l'ecosistema sobre el qual recolza. La natura és plena de remors, d'ombres inquietes, de presències subtils. El paisatge esdevé, aleshores, un equilibri de segles, el resultat d'un llarg diàleg entre l'home i la realitat sobre la qual ha vingut a plantar-hi les seves quimeres. (1986:20)

Aquest anostrament espontani de l'imaginari universal de les rondalles, refermat per la tradició, dóna com a resultat una relació afectiva amb l'entorn. El paisatge natural i el social –avencs, roques, muntanyes, camins, cases, esglésies– en convertir-se en escenari i testimoni de fets llegendaris, pren una dimensió diferent, ens resulta més propi i atractiu, esdevé un paisatge habitat pels personatges que la nostra imaginació col·lectiva ha conformat. I, aleshores, ens arrela al país.

A partir d'aquesta idea, la vinculació afectiva al territori a través de la literatura popular, varen nèixer, per exemple, les excursions de les rondalles per l'illa de Mallorca.[2] El plantejament és molt senzill: es tracta d'una ruta de passeig que visita

---

2. La primera notícia sobre una excursió que seguia d'una manera sistemàtica la ruta de les rondalles

els llocs on se situen algunes rondalles i, un cop allà, es narra la història corresponent. Els itineraris possibles són moltíssims i cadascú els pot dissenyar segons el seu gust o necessitat. Només cal un bon coneixement del corpus de rondalles mallorquines, un mapa de l'illa per situar la trajectòria i saber contar la rondalla en arribar el moment, encara que sempre podem optar per la solució de llegir-la en veu alta. Les possibilitats pedagògiques d'aquesta proposta són infinites i abracen tots els àmbits del disseny curricular, des de la llengua a la geografia, la història o l'economia. Les excursions possibiliten una singular conjunció per a treballar alhora la realitat i la fantasia, la facultat d'observar i la capacitat de fabular, són –per tant– una eina plaent i eficaç per acostar els alumnes a la seva realitat natural i a l'herència cultural.

No obstant això, la conjunció entre universalitat i especificitat que conforma el tarannà de cada rondalla no rau només en la localització geogràfica, sinó també en el llenguatge, l'onomàstica i la descripció de costums i formes de vida, però tot això ja hauria de ser objecte d'un altre estudi.

## 2. La narrativa oral arrelada a l'imaginari col·lectiu: el seu ús a la literatura d'autor

És molt interessant veure quin és l'ús literari, ideològic i –per què no– sentimental que es fa dels materials populars per part dels autors contemporanis. A grans trets, crec que l'actitud dels autors en usar l'herència popular tradicional es podria classificar en quatre grans grups: l'ús referencial, l'ús lúdic, l'ús humanitzat i l'ús ideològic.

### 2.1. L'ús referencial

Amb aquesta etiqueta designaríem l'ús dels elements populars d'una manera molt semblant a com es troben en la tradició, sense sotmetre'ls a cap tipus de distorsió ni donar-los nous continguts. La perspectiva és la mateixa que la de les rondalles i la caracterització dels personatges s'ajusta als tòpics establerts. Els agressors són dolents *per se*, les bruixes representen les forces negatives, les fades són bones,

---

mallorquines data de 1977, amb motiu del Congrés de Cultura Catalana, i es féu a partir de la proposta del Dr. Josep A. Grimalt. Després, se n'han fetes d'altres.

els gegants tenen força sobrehumana, el protagonista és valent, mai no dubta i al final el conflicte sempre és resolt amb la imposició del bé sobre el mal. En la mateixa línia, els animals desenvolupen el paper referencial que la tradició els ha assignat: les guineus són astutes, els llops ferotges, els bous pacients, els lleons superbs i poderosos, etc. Per exemple, Mercè Canela, a la novel·la *Els set enigmes de l'iris*, usa un gran nombre d'elements populars sense modificar el seu sentit originari –la filadora que veu el futur, el serpent com a agressor, les pomes màgiques, el càstig de ser transformat en estel, etc.– per construir un bell relat iniciàtic.

A la literatura catalana, les referències a les pròpies rondalles o a les més conegudes universalment en escriure per a infants i joves, és una tendència que apareix a partir dels anys setanta i pren força en els vuitanta, sovint com una contribució conscient de l'autor a la difusió del patrimoni folklòric, que és vist com un bé que cal recuperar.

## 2.2. *L'ús lúdic*

Correspon a aquelles obres de literatura infantil i juvenil que prenen els elements de les rondalles i els inverteixen, capgiren, barregen, descontextualitzen o reinventen amb una intenció essencialment festiva, desinhibidora o iconoclasta. A vegades, aquesta inversió es fa a partir d'unes premisses ideològiques molt concretes, d'altres, pel simple plaer del joc i en ocasions té els dos components.

Potser, per explicar millor aquesta actitud, ens caldrà mirar enrere i veure com s'ha anat desenvolupant aquesta línia. Ja en el s. XIX i principis del s. XX alguns autors prenen elements habituals a les rondalles meravelloses i en fan un ús còmic, que s'oposa al tradicional per la via de l'humor, però això solen ser pinzellades breus que resten dramatisme a situacions concretes. És el cas de la serp grossa i fumejant –talment un drac– que troba Pinocchio i a la qual no gosa enfrontar-se. La bèstia es mor no per l'atac de l'heroi, sinó de rialles en veure com Pinocchio –en botar espantat– ha quedat amb el cap clavat al fang i les cames enlaire. En la mateixa línia, podríem citar el mal geni de la fada Campaneta (o Dringuets) que contrasta amb el seu aspecte eteri i dolç, la figura mansa i plena de flocs del lleó "covard" que acompanya Dorothy a Oz, la imatge ridícula del cocodril que persegueix inútilment el capità Hook perquè el tic-tac dins la panxa el delata, etc.

Però el veritable ús capgirat del elements de la rondalla popular es desenvolupa a la literatura infantil i juvenil, sobretot a partir dels anys setanta, i cal inserir-lo en els corrents contestataris i renovadors nascuts del maig del 68, que s'enfronten als convencionalismes socials i culturals i els qüestionen. Especialment, a partir de les propostes de Gianni Rodari articulades d'una forma més o menys sistemàtica en la coneguidíssima *Gramatica della fantasia*, publicada a Itàlia el 1973. L'autor suggereix diverses tècniques per a crear històries, moltes d'elles basades en la manipulació dels contes populars. Per constatar-ho, basta llegir alguns dels títols que encapçalen els diversos apartats del llibre: "Les rondalles com a matèria primera", "La Caputxeta Vermella en helicòpter", "Les rondalles al revés", "Amanida de rondalles", "Calcant rondalles", etc. Les propostes de Rodari –que podem veure perfectament exemplificades en els seus llibres per a infants– tenen una extraordinària acceptació entre els autors, els il·lustradors, els narradors i també els mestres que treballen la creativitat literària dels seus alumnes. Així és com la literatura infantil contemporània s'omple de llops pacífics, de caputxetes blanques, de fades xafarderes, de bruixes tendres o avorrides, de dracs desganats que no estan per princeses, de prínceps indecisos i de princeses malcarades.

Aquesta tendència, que al principi suposà una alenada d'aire fresc en una literatura ancorada en el realisme i de poca volada imaginativa, ha donat algunes obres originals i atractives, però –per la seva facilitat aparent– ha estat explotada fins a l'infinit, se n'ha fet ús i abús d'una forma indiscriminada i sovint s'ha caigut en la superficialitat més banal. Quan el capgirament és només un joc que acaba en ell mateix –o encobreix una evident manipulació ideològica– la qualitat literària se'n ressent i el resultat són llibres absolutament prescindibles, calcats sobre un mateix patró i on la força de la rondalla resta totalment perduda i només queda la reiteració maquinal de l'estereotip capgirat.

## *2.3. L'ús ideològic*

En aquest grup incloïríem aquelles obres de literatura infantil i juvenil que prenen els elements de les rondalles i els reutilitzen, dotant-los d'un contingut ideològic ben determinat amb una intenció essencialment formativa o adoctrinadora. És obvi que tota obra literària vehicula uns determinats continguts ideològics i les narracions folklòriques no en són una excepció; malgrat això, els autors han usat sovint les rondalles –o alguns dels seus elements– com a receptacles on abocar una ideologia ben concreta, allunyada del sentit originari de l'herència popular. Com exemple del que deim, recordem les afiligranades i cortesanes rondalles reelaborades per les *precioses* de la cort de Lluís XIV de França, amb uns valors sovint divergents dels populars.

Aquest ús ideològic sol recórrer a les tècniques d'inversió i descontextualització comentades en l'apartat anterior. És per això que una línia i l'altra presenten nombroses interseccions. De fet, si ens centrem en les obres publicades a la segona meitat del segle XX, veurem que el context literari i social on sorgeixen és el mateix. A les dècades dels cinquanta i seixanta predomina el realisme en la literatura infantil, els contes populars són objecte de crítiques i el que es fa és suavitzar i edulcorar les versions de rondalles populars per tal d'eliminar-ne la violència o els referents considerats escabrosos, escatològics o simplement inconvenients. És a dir, se sotmeten a un procés d'infantilització que –tanmateix– ja feia molts anys que havia començat.[3]

A partir de la dècada dels setanta, però, les rondalles són reivindicades com a elements imprescindibles en el creixement psicològic dels infants, sobretot des de la publicació de la interpretació psicoanalítica que en fa Bruno Bettelheim (1975) al seu famós llibre *The Uses of the Enchatment*, i creix extraordinàriament el nombre d'autors que fan ús de l'herència popular en els seus llibres, en un retorn a la fantasia entesa com a alliberament i com a eina de canvi.

Dins el corrent de la literatura antiautoritària s'escriuen contes feministes, pacifistes, antimilitaristes, col·lectivistes, etc. Un exemple ben clar d'això seria la col·lecció italiana "A favor de les nenes" (d'Adela Turín i Nella Bosnia) que –com el seu títol indica– és dedicada a publicar contes en els quals el paper de la dona és alliberar-se de les traves socials i culturals que són un llast per al seu desenvolupament personal. No tots els títols s'inspiren en la tradició popular, però quan ho fan posen l'accent en el capgirament del rol de princesa passiva que espera ser rescatada per un príncep blau.

Altres vegades, el missatge ideològic és de caire ecologista. Amb la intenció de conscienciar els infants dels problemes ecològics que patim per la irreflexió dels humans, molts autors usen els personatges màgics –que originàriament són representacions antropomòrfiques i animistes de la natura– per mostrar la necessitat inajornable de viure més en harmonia amb la mare terra. Així, els éssers diminuts que habiten els boscos –nans, gnoms, follets, petites fades, homenets i donetes de colzada–, els gegants guardians, les sirenes, les dones d'aigua i, fins i tot, algunes bruixes –perdut el seu caràcter esquerp o feréstec–, es relacionen amb protagonistes humanitzats i els fan saber els perills que corre la humanitat si segueix destruint els hàbi-

---

3. Recordem que els germans Grimm quan publiquen la primera versió del seu recull no l'adrecen específicament als infants; serà alguns anys després quan se'n farà una nova versió "més adient" per a joves lectors.

tats naturals. Un exemple clar d'aquest ús el trobam a la novel·la *El raïm del sol i de la lluna* de Miquel Rayó. En algunes obres, els personatges o les estructures populars vehiculen missatges de caràcter solidari o democratitzador, encara que aquests siguin valors poc tractats a les narracions populars, i els problemes es resolen mitjançant el diàleg i la tolerància, mentre que a la rondalla la resolució vendria sempre a través de l'enginy o la màgia. Un exemple clar seria la narració "El savi rei boig" d'Empar de Lanuza.

També podem considerar que fan un ús ideològic de la tradició popular els autors que –a través dels models tradicionals– reivindiquen el dret a la imaginació en llibertat. El cas més clar en aquesta línia és la famosa *Història interminable* (1982) de Michael Ende, que fou un extraordinari èxit editorial i s'ha convertit en un clàssic de la literatura juvenil fantàstica. La lluita d'Atreiu i Bastian per salvar el regne de Fantasia, en una clara i bella al·legoria de la imaginació humana, va commoure milers de lectors i retornà la fantasia a un lloc d'honor en la literatura juvenil. La reivindicació del dret a imaginar sol anar sempre unida –en aquestes obres– a la reivindicació de la narració oral com a punt de retrobament amb la memòria col·lectiva i l'intercanvi generacional. La narració entesa com una riquesa cultural que ens humanitza i que cal salvar de la desaparició i l'oblit.

## 2.4. L'ús humanitzador

Sota aquest epígraf encabiríem aquelles obres que prenen els personatges de les rondalles i els humanitzen. És a dir, els donen cos i volum i els fan partícips de sentiments i actituds plenament humanes, més enllà d'actuar com a arquetipus plans, com ocorre a les rondalles. Aquesta no és una tendència nova, recordau –per exemple– la bella història d'*El gegant egoista* d'Oscar Wilde, o *El fantasma de Canterville*, del mateix autor. Són relats que intenten defugir el maniqueisme de bons i dolents, d'agressors i víctimes, de personatges moguts per un destí inamovible i inqüestionable, que indefectiblement condueix al triomf de l'heroi i el càstig de l'oponent.

Aquesta línia és molt més evident en les novel·les juvenils que en els contes per a les primeres edats, car implica una riquesa de matisos i un desenvolupament de l'argument que sol ser difícil d'encabir en poques pàgines. Els personatges predilectes en aquest cas són –indubtablement– les bruixes. Les bruixes mantenen els trets convencionals d'hàbitat i aparença física –lletjor, brutícia, elaboració de pòcimes i ungüents– però manifesten també tota una problemàtica psicològica derivada de l'aïllament en el qual estan condemnades a viure i del rebuig social que provoquen. Sovint, sota l'aparença de bruixa s'amaga una dona dissortada i sàvia, coneixedora dels secrets de la natura, sensible i capaç d'actuacions nobles.

Els gegants també solen ser presentats com a models de solitud i d'incomprensió, cors bondadosos i ingenus sota una aparença ferotge, a la recerca de l'amistat i la comprensió. I encara hi podríem afegir els genis –tristos per estar condemnats a la solitud estreta d'un cofre o una ampolla–, les fades que aspiren a ser humanes, l'home del sac que rapta els infants tan sols per gaudir de la seva companyia i foragitar així la soledat, els reis de voluntat democratitzadora, els prínceps que no volen ser desencantats, temerosos d'haver d'assumir les responsabilitats que la vida comporta, les bruixes que oculten la seva condició per por a l'escarni, etc. En definitiva, el canvi en els rols tradicionals no per la via de l'humor, sinó per la del sentiment i la sensibilitat, en un intent d'estimular la reflexió i la capacitat crítica mitjançant el trencament de l'estereotip.

## 3. Conclusions

Per acabar, només voldria posar damunt la taula algunes reflexions –vinculades a l'exposició anterior– que fa temps que em preocupen:

1. L'imparable procés d'infantilització, estandardització i banalització de les rondalles que –a força d'utilitzar-les indiscriminadament com a recurs creatiu o comercial– es trivialitzen fins a perdre tota la força que com a herència cultural de la tradició popular havien servat al llarg dels segles. La literatura infantil i juvenil, quan no té un bon nivell de qualitat, té part de culpa en aquest procés.

2. L'empobriment cultural que suposa la reiteració sistemàtica d'algunes rondalles que s'han fet molt populars –de Perrault i dels Grimm, bàsicament– en detriment de la variació i també de la coneixença de les formes més autòctones que ens arrelen al nostre patrimoni cultural. El món editorial, però també els llibreters, els mestres i els pares haurien de ser conscients d'aquest problema i posar els mitjans per tal de solucionar-lo.

3. La confusió que es provoca entre els lectors més petits quan s'abusa sis-

temàticament de la inversió i el capgirament dels rols tradicionals perquè sí, sense proposar alternatives vàlides o eliminant els referents negatius, d'altra banda tan necessaris per a poder entendre els positius, cosa que mena a vegades a deixar de banda rondalles plenes de força simbòlica i a substituir-les per descafeïnats contes moderns.

No vull, però, ser pessimista. Estic convinçuda que —malgrat els entrebancs derivats dels vertiginosos canvis socials— les rondalles ens continuaran acompanyant durant molts d'anys, i encara que també ho facin en nous suports tecnològics la paraula viva seguirà sent el mitjà de transmissió predilecte dels infants, perquè res no pot substituir-la. Que els vells temes i motius que recreen continuaran colpint els nostres sentiments i estimulant la nostra imaginació, que els artistes s'hi inspiraran i els estudiosos intentaran desvetllar els secrets que des de sempre ens amaguen. En definitiva, crec que per molts d'anys encara, els homes i les dones d'aquest planeta ens deixarem seduir per la saviesa i la màgia d'aquestes velles i belles històries.

## 2.2. PERSPECTIVA DE FUTUR: LES PROPOSTES NARRATIVES AL FINAL DEL SEGLE[1]

GEMMA LLUCH
*(Universitat de València)*

El 1989, tant Pedro Cerrillo,[2] en les Jornades convocades per la Universitat de Castilla-La Mancha, com l'editorial de la revista *CLIJ*,[3] coincidien a tancar la polèmica viva durant la dècada dels vuitanta sobre si existia la literatura per a infants i sobre si podíem considerar literaris aquests textos. És paradoxal el fet que en tota la polèmica ningú no recordara que la comunitat científica (en aquest cas, els mateixos que intervenien en la polèmica) és qui decideix la literarietat d'un producte.

I com es decideix què és literari? Al llarg de la història de la literatura el criteri de decisió ha canviat, però no el fet que sovint el cànon literari haja estat establert en funció d'uns paràmetres ben subjectius com ara l'opinió sobre la qualitat estètica, l'originalitat o certs inconfessables elitismes de classe que han situat fora determinades manifestacions massa populars o massa obedients amb pautes de gènere: les anomenades manifestacions paraliteràries que sovint utilitzen uns valors no assumits o no legitimats per les pautes clàssiques de prestigi (Maingueneau i Salvador 1995:197).

---

1. Les dades que avui exposaré ací no són originals, la major part provenen de la conferència que vaig pronunciar en les *7s Jornadas de Bibliotecas Infantiles y Escolares* dedicades al tema *Literatura para cambiar el siglo. Una revisión crítica de la literatura infantil y juvenil* organitzades per la Fundación Germán Sánchez Ruipérez i publicades posteriorment; he ampliat l'estudi sobre la col·lecció Pesadillas, he afegit l'anàlisi del llenguatge utilitzat a l'obra *Manolito Gafotas* i és nou el discurs teòric que subjau i que, d'alguna manera, va nàixer durant les xerrades i els debats durant i després de les jornades. Per tant, el meu agraïment, entre d'altres, a Raquel López Royo, Luís Miguel Cencerrado i Rafael Muñoz.

2. "Literatura infantil y universidad" dins CERRILLO, P. i J. GARCÍA PADRINO (1999): *Literatura infantil.* Cuenca: Universidad Castilla-La Mancha, pp. 11-20.

3. *Cuadernos de Literatura Infantil y Juvenil* 4 (Marzo) 1989, p. 5.

Si la dècada dels vuitanta discutia sobre si els textos adreçats als infants i joves eren literaris, la dels noranta s'ha centrat en un altre aspecte: quina literatura per a infants és bona i quina dolenta. Abans d'avançar en la resposta a la pregunta, cal aturar-se en els aspectes subjectius del binomi "literatura bona vs. literatura dolenta" i potser és millor utilitzar-ne un altre avaluable amb criteris objectius com ara "textos amb trets comercials vs. textos amb trets literaris".

Aquesta línia de pensament té una conseqüència clara: la dessacralització de la frontera de la literatura amb altres manifestacions discursives però, com recordaven Maingueneau i Salvador (1995:198), tampoc no cal anar a l'altre extrem i enderrocar amb inconsciència un edifici simbòlic com és el de la institució literària que, si més no, podem intuir com a prototipus d'uns valors històrics o nacionals i d'un enriquiment estètic amb potencialitats alliberadores.

El problema que planteja la literatura per a infants és que a hores d'ara encara no tenim clar quines obres o quins paràmetres conformen aquest edifici simbòlic, tal vegada perquè s'hi parteix dels paràmetres usats per la literatura adreçada a un lector adult. Des del meu punt de vista, un punt de partida no adequat, ja que el nostre lector es troba en una fase d'aprenentatge i de consolidació de la competència lingüística, literària, cultural i vivencial, en definitiva, de l'enciclopèdia cultural, qüestió que òbviament provoca un canvi en el tipus de comunicació literària i, per tant, en els paràmetres que conformen l'edifici simbòlic (Lluch 1998).

Si introduïm un apartat sobre la literatura de fi de segle amb aquestes consideracions és per la forta presència de productes de consum. Ha estat Couegnas (1991) qui ha estudiat una part d'aquest darrer tipus de literatura i l'ha caracteritzada pels trets següents: la tirania de les pautes dels subgèneres, l'ús d'embolcalls editorials típics de la cultura de masses, la il·lusió referencial, el foment d'una recepció acrítica o la mancança d'un distanciament irònic respecte de l'heroi i de la paraula. En definitiva, un model repetitiu i comercial que es troba lluny dels recursos literaris utilitzats per la literatura legitimada, tot entenent per literatura legitimada aquella que l'acadèmia ha acordat considerar-la "literatura de qualitat" independentment del tipus de lector –no podem oblidar la gran quantitat de paraliteratura creada per a lectors adults.

De fet, un cop d'ull a les característiques compartides per una bona part de la literatura per a infants de final de segle ens convenç de l'obediència a unes pautes de gènere que podem determinar a partir dels trets següents:

*a*) Narració d'uns fets lligats, que avancen segons una progressió habitualment lineal, ordenats en una estructura formada per cinc seqüències, la darrera de les quals tanca i resol el conflicte plantejat o canvia la perspectiva que el protagonista té del conflicte i el suavitza.

*b*) Dividida en capítols d'amplitud diferent depenent del temps de concentració dels lectors, de l'edat o del gènere.

*c*) Narrada amb poca presència d'anacronies, quan hi apareixen s'expliciten mitjançant els títols dels capítols, el canvi de tipografia o la veu del narrador.

*d*) Mode i veu de la narració determinats pel subgènere.

*e*) Personatges esquematitzats i caracteritzats per una sola idea o qualitat, fàcilment reconeguts, que funcionen com a arquetipus psicològics i narratius.

*f*) Intencionalitat educativa de l'autor no solament ideològica sinó també lingüística, literària, etc.

*g*) Difusió del llibre en circuits literaris específics, diferents de la literatura adulta i, conseqüentment, adreçada a dos tipus de públic: el lector i el comprador.

Considerem que la literatura per a infants se situa en la frontera literària pel fet que necessita pensar en el lector i adequar-s'hi; justament el lloc més exposat a les interferències i a les tendències evolutives. La literatura de tradició oral, els serials televisius, el cinema produït per a infants i adolescents, els jocs informàtics, la literatura legitimada o els temes transversals prescrits en la LOGSE són alguns dels discursos que influeixen notablement en la literatura de final de segle, com desenvoluparem al llarg d'aquestes pàgines.

Fets aquests aclariments previs, voldríem revisar quins són els trets que, des del nostre punt de vista, han caracteritzat la literatura per a infants i joves a la fi de segle; per a fer-ho partirem de dos corpus: la literatura amb més èxit comercial ,representada per l'obra de R.L. Stine[4] i per la psicoliteratura;[5] i la literatura més acostada a paràmetres literaris, representada pels textos premiats en els darrers deu anys.[6]

---

4. Autor de les col·leccions Malsons, El carrer del terror, Fantasmes de Fear Street, Els thrillers de R. L. Stine.

5. Tipus de llibres anomenats també intimistes, psicològics, relat intrapsíquic, de superació de problemes, novel·la pedagògica. A Lluch (1996), els hi vaig analitzar d'una manera més exhaustiva.

6. Informació dels números monogràfics que la revista *CLIJ, Cuadernos de Literatura Infantil y Juvenil* dedica anualment al comentari dels premis atorgats durant l'any.

## 1. Els paratextos

A principis d'aquest segle naix la literatura per a infants en català, i com recorda Castillo (1997) l'editorial Baguñá fou qui en publicà la primera col·lecció: el 1907 Josep Baguñá inicia l'edició de Biblioteca Patufet amb un format específic per a infants, paral·lelament, s'editaren traduccions de la literatura juvenil del XIX en col·leccions adreçades als adults.

En acabar el segle, el més destacable és el fet que no es publique cap llibre fora d'una col·lecció. Les editorials dissenyen amb cura les característiques de les col·leccions tot i que, llevat d'alguns casos, no fan més que copiar-ne trets. Per exemple, la diferència entre la majoria de les col·leccions la dóna l'edat del lector i no el gènere, com ocorre en les col·leccions d'adults, o la tendència a la reducció dels grups d'edats als quals s'adrecen.

La conseqüència és clara: l'editorial exerceix un forta influència en el tipus de llibre que compra el pare o recomana el mestre perquè els orienta a triar el que ha decidit com a més adient per al lector i, d'altra banda, perquè provoca una codificació del text creat per l'autor ja que ha d'adequar-se a les característiques predeterminades per l'editorial: el format, la gamma de colors usats a les cobertes, els tipus i nombre d'il·lustracions que hi apareix, el tipus de tapes o el nombre de pàgines són peritextos conformats depenent de la franja d'edat del públic al qual s'adreça la col·lecció.

Si entrem en detalls, les característiques de la majoria de les col·leccions publicades per les editorals de literatura són les següents (Lluch 1998:77-98):

a) *L'edat del lector*. En tots els casos s'especifica l'edat del lector amb uns textos del tipus "A partir d'ics anys" que apareixen en la coberta del llibre i sovint també s'utilitzen colors o anagrames per marcar-ne visiblement la diferència.

b) *El format*. En les col·leccions per a adolescents el format correspon al llibre de butxaca; les col·leccions per als més menuts s'orienten cap a un format més quadrat i gran enquadernat en cartoné i materials no tòxics. El nombre de pàgines també varia depenent de l'edat des de les 16 o 22 pàgines en les col·leccions de més menuts fins a les no més de 100 en les col·leccions juvenils. Sovint en les col·leccions dels més menuts el nombre de pàgines depèn del nombre d'il·lustracions que conté, i en la majoria dels casos és fix per a tots els volums de la col·lecció.

c) *La coberta*. Es repeteix en cada llibre de la col·lecció; és el primer que veu el públic del llibre i, per tant, acumula la part més important d'informació: nom de l'autor, títol del text, il·lustració, nom i anagrama de la col·lecció i de l'editorial, resum del llibre o la informació sobre l'edat del lector recomanat. En els llibres adreçats al públic més infantil apareix la il·lustració del protagonista del conte, la informació adreçada al públic que compra el llibre, l'adult, i a més de descriure'n el contingut explicita la finalitat, sovint educativa, de la col·lecció, també s'hi incorporen indicacions sobre com utilitzar els llibres.

d) *La il·lustració* de la coberta. En el cas de les col·leccions per als més menuts, majoritàriament representen el protagonista de la narració. A mesura que les col·leccions són dedicades als més grans, la il·lustració desapareix o és substituïda per una fotografia.

e) *El nom*. A més de les característiques físiques, l'editorial també utilitza un nom per a identificar-la més clarament i té característiques semblants a les del títol d'un llibre, només que identifica tots els volums que pertanyen a la col·lecció. La tria del nom és acurada i sovint crea un tot amb el nom de l'editorial, com per exemple, les col·leccions El Tricicle, La Bicicleta Groga i La Moto de Tàndem Edicions. Amb aquesta tria, l'editorial manté una perfecta sincronia entre tots els seus productes. Els noms més habituals expliciten el lector al qual s'adrecen, sobretot en el cas de les col·leccions adreçades als lectors més petits i als més grans, com Columna Jove, de literatura juvenil, o Primera Biblioteca dels nens, per als més menuts.

f) *L'anagrama*. El nom de la col·lecció cerca la repetició de l'acte de compra i la identificació del lector o el públic —depenent de l'edat— amb els diferents títols que oferta; és un guiatge o un pont entre el comprador i el text, i entre la resta dels títols publicats. Però, a més d'identificar-se amb un nom, la col·lecció s'ha d'identificar gràficament i materialment per guanyar individualitat a la prestatgeria de la llibreria o als catàlegs. Per tant, no és estrany que, a més del nom, l'editorial utilitze un vocabulari de colors o de formes geomètriques concretes en el llom o en les cobertes que identifiquen gràficament —i sobretot sense equívocs— el producte. Aquest emblema, a més del nom de la col·lecció, i en ocasions el de l'editorial, han passat a la coberta tot ocupant-hi un lloc distintiu, sobretot els referents a la col·lecció, que sovint formen part de la il·lustració que hi apareix.

g) *Les sèries*. Com ja hem dit adés, les necessitats del mercat han obligat a determinar cada vegada més l'edat del lector al qual s'adreça el llibre i açò ha dut a tancar més la franja d'edat proposada per l'editorial. La principal opció de les editorials ha estat crear sèries dins de les col·leccions que marquen —més detalladament que la col·lecció— l'edat del lector potencial del text i, conseqüentment, la proporció entre imatge i text i el nombre de pàgines. Aquesta opció, permet mantenir el disseny general de la col·lecció ja que la diferència entre les sèries rau en la utilització de colors diferents o en els textos que indiquen l'edat. Així, tot i satisfer les necessitats del mercat i oferir el producte diferenciat, s'assegura la identitat i la fidelitat a una col·lecció durant una franja d'edat més gran.

h) *La tipografia*. Un altre peritext que té força importància és la disposició del text en la pàgina i el tipus de lletra triat. És una pràctica habitual en col·leccions per als primers lectors no tallar una oració completa perquè aparega en una pàgina, per facilitar-ne la lectura a un lector que encara no té adquirida una bona competència i necessita tenir tota la unitat de sentit en el mateix camp visual. També la tria del tipus de lletra depèn del tipus lector, per exemple, és habitual la utilització de la lletra cal·ligrafiada imitant la realitzada a mà en el cas dels llibres per als més menuts; en la franja d'edat fins dels 6 als 8 anys, per exemple, s'amplia l'espai d'interlineat per permetre una lectura més senzilla.

En un altre moment, ja vam dir (recordant les paraules de Genette 1987) que en la literatura per a infants, el millor proxeneta és la col·lecció perquè és a partir d'aquest paratext que el text s'ofereix al lector i a partir del qual es realitza el contracte de lectura. Però, a més a més, pensem que per les característiques tan marcades —no solament formals sinó també discursives— que proposa, determina en massa ocasions que l'autor acoble el text a les característiques marcades per la col·lecció (nombre de pàgines, temàtica, nombre d'il·lustracions, etc.), per tant, la col·lecció dóna, abans d'iniciar-ne la lectura, abundants instruccions. Si s'aconsegueix l'objectiu, s'hi crea un lector addicte que accepta el contracte de lectura proposat per tota la col·lecció, que s'implica en l'acte de lectura en saber que tots els llibres li seran comprensibles, que serà capaç de conèixer el vocabulari que s'hi utilitza; un lector que, abans de començar a llegir-ne qualsevol text, compta amb múltiples informacions subministrades pel fet que el llibre apareix publicat en una determinada col·lecció que ja coneix i que valora.

Potser la idea més interessant és que la col·lecció —creada segons els criteris descrits— genera un cert nombre de satisfaccions, més enllà de les purament materials, són satisfaccions simbòliques relatives principalment a l'anticipació d'un plaer que el lector sap que serà atès.

## 2. Característiques discursives

En aquest apartat només parlarem de la situació inicial del relat, del tipus de conflicte més sovintejat o del tractament del temps narratiu, aspectes que, al nostre parer, són els que aporten una major innovació en la literatura de final de segle.

### *2.1. Situació inicial*

El 1980, Margaret Kimmel[7] afirmava que cada vegada més s'escriu per a lectors de televisió, és a dir, per als nens d'avui, amb moltes hores d'audiència televisiva; comentava com la literatura infantil del segle XIX i XX a Amèrica era més descriptiva, més imaginativa i, en 1980, la primera frase era la més important, "no podem esperar fins al darrer capítol per atraure el lector, hem d'acaçar-lo en la primera pàgina", el "responsable" d'aquest estil d'escriure és la televisió.

Aquesta afirmació, realitzada en 1980, sobre la literatura infantil americana, la podem aplicar a la literatura de finals de segle: tant a la comercial com a la premiada, en ambdues, els inicis tenen la finalitat d'acaçar el lector, d'enganxar-lo en la lectura del text, finalitat ben diferent de la narrativa anterior.

Recordem com la situació inicial funciona en tot text narratiu com un marc que presenta els personatges, l'ambient, etc. Si recordem la narrativa dels clàssics del XIX, per exemple *La volta al món en 80 dies* de Jules Verne, podem comprovar com tot el primer capítol es dedica a la presentació detallada dels protagonistes: descripció física, psicològica, costums, etc. Però, per continuar amb exemples concrets, en l'obra de R. L. Stine la situació inicial s'obvia perquè recorre a llocs comuns coneguts pel lector, ja que formen part de la seua enciclopèdia cultural elaborada per textos cinematogràfics (les pel·lícules que en la darrera dècada el cinema americà ha adreçat als adolescents) o per les vivències personals (són adolescents que, com els protagonistes, s'enamoren, ixen de nit, desobeeixen els pares, etc.).

Però, a més, aquest producte comercial es caracteritza per un altre tret força innovador: en la coberta apareixen una sèrie d'oracions simples (subjecte, verb i complement) juxtaposades que, en poques paraules, resumeixen la segona seqüència narrativa, és a dir, l'inici del conflicte. Recurs narratiu semblant al que utilitza qualsevol serial televisiu a la manera de *Periodistas, Plats bruts,* etc., quan abans dels crèdits resumeix en uns minuts l'inici del conflicte lligant amb el programa anterior i amb la intenció que l'espectador

---

7. *Quimera* 51, veg. LLUCH, G. (1988).

no canvie la cadena. La situació inicial no cal explicitar-la perquè ja és coneguda per l'espectador que segueix la sèrie, per tant, s'hi obvia. Tot i que l'exemple comentat és extrem, és suficientment significatiu per mostrar un tret molt sovintejat en la literatura de final de segle i que, a més, la diferencia de l'escrita anteriorment.

## 2.2. Tipus de conflicte

Els conflictes s'han "domesticat", s'han fet casolans, com si els filibusters o els caçadors de balenes haguessen ingressat a la llar del jubilat sense cap possibilitat de narrar les seues aventures als néts. La novel·la més comercial no ix del barri ni de l'aula de l'institut: les relacions amb els enamorats, amb els pares o professors, els problemes amb les drogues, l'alcohol o l'alimentació poblen les pàgines. I quan l'"aventura" entra en escena sovint recorda massa la pantalla del televisor al voltant del sofà.

En la majoria dels casos, el conflicte es resol en les pàgines finals, unes vegades perquè desapareix i d'altres simplement perquè s'enfoca des d'un altre punt de vista de manera que, tot i que el conflicte persisteix, ja no angoixa el protagonista.

## 2.3. Temps

Majoritàriament, s'hi segueix una progressió lineal, és a dir, el temps de la història s'organitza segons el del relat i, en aquest cas, les anacronies (canvis de l'ordre del temps) que hi apareixen majoritàriament són parcials, és a dir, només abracen una part de la llacuna informativa sense connectar amb el relat base.

En tots els casos, hem observat l'ús d'un marcador temporal que explicita no solament l'anacronia sinó també la distància que hi ha entre el moment en el qual es produeix el relat (l'*ací* del personatge principal) i el moment al qual s'ha retrocedit en el temps (l'*aleshores*). Són marcadors temporals que funcionen com unes ajudes didàctiques que faciliten la comprensió del text. Per exemple, en la novel·la *La espada y la rosa*[8] hi ha un moment que la narració retrocedeix en el temps i el narrador explicita aquest canvi amb un marcador temporal: "Hace unos once años, cuando yo llevaba muchos viviendo en esta soledad…", el relat continua amb un canvi de temps; posteriorment, quan el narrador retorna al temps zero de la història, usa de nou un marcador discursiu: "*Ahora*, mientras contemplo…".

---

8. Martínez Menchén, Antonio (1993): *La espada y la rosa*. Madrid: Santillana, 1998, p. 13.

En els casos que apareixen anacronies totals, és a dir, canvis en l'ordre del temps que afecten la història, també es recorre a aquestes ajudes didàctiques que informen el lector sobre el canvi de temps narratiu. La forma que prenen pot ser: el títol del capítol, l'oració que inicia el capítol, el narrador o el canvi de tipografia; així, d'una manera visible s'avisa el lector sobre el tipus de lectura que ha de realitzar.

Aquests mecanismes d'ajuda semblen necessaris sobretot a partir de les aportacions de la psicologia cognitiva (Lluch 1998), que ens informen de les dificultats que els nens i preadolescents tenen a l'hora de reconstruir relats que no segueixen una progressió lineal.

## 2.4. Conclusions sobre el discurs

Podem afirmar que la literatura que segueix uns paràmetres més comercials es caracteritza per una tendència a la repetició, element discursiu que contribueix a la producció de significats de sentit clar, a la creació de pautes dins del relat que relaxen la lectura, a la vegada que l'aturen per tal de crear un suspens. És a dir, hi apareixen incansablement procediments, llocs i decorats semblants, repetides situacions dramàtiques o personatges sense cap tipus de distància irònica o paròdica que poguera atraure o generar una reflexió crítica per part del lector. La utilització del clixé (en la presentació dels personatges o de les situacions i conflictes), l'exclusió dels detalls (descripcions, intervencions del narrador no significatius per a la continuació dels fets, etc.), el discurs directe, el vocabulari clar, l'argot juvenil que no exigeix cap tipus d'esforç són alguns dels procediments emprats per crear aquesta lectura acrítica diferent de la proposada per la literatura premiada. S'acaça el lector per a introduir-lo dins de l'obra sense que hi haja reflexió sobre allò que llegeix. Només d'aquesta manera l'horitzó d'expectatives del lector no serà decebut, acostumat com està a la repetició dels trets abans esmentats.

Mentrestant, la literatura premiada prova propostes discursives riques i, de vegades, arriscades com la introducció de diferents tipus de personatges plens de matisos i lluny dels estereotips, descripcions dels sentiments dels personatges o descripcions de paisatges o accions, l'ús d'algunes anacronies totals sempre marcades, l'inici de la narració en diferents moments de l'acció, etc.

## 3. Relacions intertextuals

Si la literatura legitimada deixa que siga el lector qui endevine el tipus de relacions intertextuals que hi estableix, en el cas de la literatura infantil les relacions amb altres textos apareixen en la superfície i no són complexes ni subtils; és a dir, el narrador les explicita clarament. També les finalitats d'aquestes insercions són diferents: en el cas de la literatura més comercial, serveixen per enganxar el lector ja que connecten amb el seu món (cas de les relacions amb els mitjans de comunicació); en la premiada, acompleixen una funció didàctica o informativa, com és el cas dels nombrosos exemples de textos literaris que formen part del currículum escolar i que apareixen inserits en les narracions.

En un cas i en l'altre, és freqüent l'ús de recursos lingüístics o gràfics que indiquen al lector el canvi del mode de lectura, com ara la veu del narrador o d'un personatge, el canvi de tipografia, les notes a peu de pàgina o els apèndixs informatius.

La literatura més comercial no estableix les relacions intertextuals amb altres textos literaris sinó amb textos cinematogràfics; per exemple, l'autor R. L. Stine repeteix alguns dels arguments més coneguts del cinema de terror que en la darrera dècada el cine americà, sobretot, ha adreçat al públic juvenil: *Pesadilla en Elm Street* i les seqüeles amb Freddy, *Scream 1* i *2*, *El muñeco diabólico*, *La noche de los muertos vivientes*, *Sé lo que hicisteis el último verano* o *Aún sé lo que hicisteis el último verano* i amb la xarxa textual creada pel propi gènere. La psicoliteratura, a més del cinema, també les realitza amb altres textos dels audiovisuals com els serials televisius o programes informatius (*Nit de divendres*[9] organitza l'acció seguint l'estructura dels documentals televisius a la manera d'*Informe Semanal* en els quals un narrador en tercera persona relata els fets abans, durant i després del succés i la tanca amb un epíleg-reflexió de caràcter moralitzant; simultàniament, s'intercalen les opinions dels protagonistes de la història aportant el costat humà, directe i subjectiu), però a més dels textos televisius també estableix relacions intertextuals amb el propi espai vivencial de l'adolescent i amb la xarxa textual creada pel propi gènere.

## 4. Tipus de llenguatge

Fins ara hem vist que entre la literatura més acostada a paràmetres comercials i la més acostada als literaris apareixen algunes diferències, però la característica que les allunya clarament és l'ús que hi fan del llenguatge.

---

9. Jordi SIERRA I FABRA. Barcelona: Alfaguara.

## 4.1 Diferents propostes estilístiques

En la literatura més comercial, la fórmula narrativa utilitzada té com a finalitat la identificació del lector amb els protagonistes: un narrador en primera o tercera persona que narra els fets, en els dos casos, els focalitza des del punt de vista del protagonista. Però el discurs directe guanya espai a la veu del narrador, de forma que dóna la veu als personatges que hi intervenen, majoritàriament joves, i que utilitzen un llenguatge col·loquial amb múltiples termes i expressions de l'argot juvenil. Són diàlegs que intenten reproduir la llengua oral creant una il·lusió de transparència i de naturalitat, a la vegada que provoquen una rapidesa de lectura induïda també per la utilització d'un vocabulari proper al lector.

Tal vegada, la característica més notable de la literatura actual és que continua el camí iniciat en anys anteriors a l'hora d'acostar l'estil lingüístic del lector o adolescent, sobretot en la literatura més comercial. Si comparem la traducció de l'obra *El xic nou* (Barcelona: Edicions B) de R. L. Stine amb la de Janer Manila, *El terror de la nit* (Barcelona: Columna), les conclusions que en podem extraure són extensibles a la resta de llibres.

| R.L. Stine | Janer Manila |
|---|---|
| Abundància de discurs directe. | Combinat amb el discurs del narrador. |
| Verbs de locució habituals + complements (adjectius, adverbi, clàusula). | Solucions més complexes. |
| El manteniment de la referència de caràcter lèxic es realitza mitjançant la repetició de vocables, és a dir, quan hi apareix un element que es refereix al protagonista es repeteix el nom. | El manteniment de la referència s'hi realitza amb diferents recursos que provoquen una varietat i riquesa de vocabulari. |
| Poca presència de descripcions de sentiments, estats d'ànim, etc., a excepció d'adjectius com *horroritzat*, *atemorit*, etc. Majoritàriament, les descripcions són de les accions que realitzen els personatges. | Descripcions tant de les accions com dels sentiments que aquestes accions provoquen en els personatges. |
| Frases simples, alguna de coordinada o subordinada relativa. S'hi manté l'ordre prototípic dels elements de l'oració. | Varietat d'oracions de tot tipus. S'hi canvia l'ordre dels elements per aconseguir efectes estilístics diferents. |

En definitiva, mentre la literatura comercial usa un estil pròxim a l'utilitzat en els textos expositius o periodístics, el de la premiada és més pròxim al que considerem llenguatge literari.

## 4.2. *Un exemple:* **Manolito Gafotas**

Tot i que es tracti d'una obra en castellà, voldríem il·lustrar aquest apartat amb l'anàlisi més detallada de l'obra d'Elvira Lindo, *Manolito Gafotas*,[10] èxit de vendes a la fi del segle i caracteritzada per l'ús que fa del llenguatge: una imitació del llenguatge oral que conforma l'idiolecte del protagonista prèviament popularitzat en les emissions radiofòniques. D'entre els trets que el particularitzen, en destaquem:

*a)* Imitació de les expressions idiomàtiques usades en programes televisius adreçats no exclusivament als nens com els telediaris, la publicitat i pel·lícules habituals de *Sesión de tarde*: "jorobar los mejores momentos Nescafé"; "con suma urgencia", "se mascó la violencia", "un árbol del lejano oeste", "momentos de gran tensión", "quemaduras de primer grado", "una operación a vida o muerte".

*b)* Ús d'expressions pròpies de l'argot col·loquial i vulgar que sovint els adults consideren incorrectes com "el tío" per adreçar-se als adults; expressions actuals com "cómo mola", "mola un pegote", "fijo que se hubiese llevado el primer premio, para tirarse el rollo", "qué morro", "chachi", "te come la moral", "anda, vete, salmonete"; frases fetes com "el Imbécil es culo-veo-culo-quiero" que, de vegades, fins i tot les explica: "se me va la'olla a Camboya, o sea, que me quedo colgarrón". En aquest cas, sovint se canvia alguna paraula de la parèmia amb una finalitat humorística: "lo he visto con mis propias gafas", que poden explicar-se per si el lector no ha percebut l'efecte: "El autocar se paró en redondo –¡ay!, no, se paró en seco." p. 93.

*c)* Barreja d'expressions col·loquials amb d'altres formals de manera que el contacte provoca la rialla: "Resulta que el Imbécil es un niño que a los cuatro años que tiene no controla sus esfínteres como a mi madre le gustaría. Lo diré en términos científicos para que lo entiendas: el Imbécil se mea en la cama", p. 31.

*d)* Imitació del registre oral amb l'ús d'expressions típiques com la repetició de seqüències: "y por ejemplo, otro ejemplo", "más mayor", "cuerpo corporal", o l'ús de paronímia (substitució d'una paraula per un terme fonèticament paregut, però de significat diferent): "hecha un obelisco [basilisco]", "el efecto mancebo [placebo]", "se puso como una hiedra [que se subía por las paredes]".

*e)* Ús constant d'expressions hiperbòliques: "Es así, lo han dicho científicos de todo el mundo" p. 27; "yo vivo en el tercero, como saben todos los españoles" p. 94; "Tenías que haber visto la cara que puso mi abuelo cuando vio que España entera estaba en el salón de mi casa." p. 133; "Al Orejones, como sus padres se han sepa-

---

10. Madrid: Alfaguara, 1994 (2000).

rado, le ha llevado su madre a la psicóloga para que no tenga un trauma terrible y de mayor no se haga un asesino bastante múltiple" p. 30; "'No llames a tu hermanito Imbécil', me dice toda España", p. 31; "Mi abuelo me ha gastado esa broma, sin exagerar, unas ciento cincuenta mil quinientas veinticinco veces" p. 54; "me puse a llorar a ver si así evitaba que me condenaran a muerte", "Así estuvimos por lo menos cinco ratos. Permaneceríamos allí días, horas, meses, incluso años".

*f)* Expressions utilitzades reiterativament de forma que conformen l'ideolecte del personatge com "desde el principio de los tiempos", "el mundo mundial".

*g)* Barbarismes d'influència anglosaxona: "Por algo eres el *boss*, el jefe", "hasta que salga un *The End* como una catedral",

## 5. La ideologia

Deia Kimberley Reynolds (1994: 9) que quan llegim la literatura del passat i sobretot aquella que havia d'integrar els joves en la societat, ens és més fàcil reconèixer-ne les tendències ideològiques que en els textos del nostre propi període. Hem de recordar que tot text és ideològic i si tenim més dificultat a reconèixer la postura d'un text contemporani és perquè els missatges estan en concordança amb el nostre punt de vista i, per tant, ens sembla una postura més "natural".

En principi, la ideologia dels autors actuals sembla correspondre als trets següents: pacifista, respecte a la diversitat, llenguatge políticament correcte, condemna de l'abús de l'alcohol, recuperació i superació de les contradiccions de la vida, etc. En la literatura premiada també es proposa una valoració del nostre passat històric (sobretot en la que situa l'acció en èpoques anteriors), de la literatura com a ajuda per a ser lliures, de la tradició oral com a font de saber o dels avis com a transmissors de saviesa tradicional, literària, històrica i vivencial.

Una ideologia políticament correcta que valora el món de la literatura i el saber però que correspon no tant a la dels lectors com a la que els adults volem que tinguen els nens i adolescents. Paradoxalment, les propostes realitzades per autors tan populars com Roald Dahl s'allunyen de la ideologia anomenada políticament correcta. L'anàlisi d'alguns exemples de *Manolito Gafotas* ens mostra els trets dels valors proposats que, aparentment, són una subversió dels defensats per la majoria.

*a)* Paròdia d'elements "sagrats/tòpics" en la literatura infantil o/i visió autocrítica del món de l'adult a través de la mirada d'un nen que no té les limitacions o filtres ideològics que li "prohibeixen" utilitzar determinades expressions o realitzar determinats comentaris, sobretot en una literatura com la infantil tan ideologitzada; per exemple, els professors no responen al prototipus de la ideologia políticament correcta: la professora d'ètica *"lo único que nos enseña es repetirnos mil veces que, como sigamos siendo ese pedazo de bestias que somos, al bajar al patio acabaremos siendo unos delincuentes"* p. 53; a l'escola usen la disfressa de coloms de la pau per dur-se'n el primer premi i el crit de guerra triat per la professora és *"grito de guerra: Los vamos a machacar"* p. 108; o la situació familiar amb pares separats és utilitzada com a element d'humor: *"La madre del Orejones mola un pegote porque está divorciada y, como se siente culpable, nunca le levanta la mano al Orejones para que no se le haga más grande el trauma [...]. Mi madre tampoco quiere que me coja traumas pero, como no está divorciada, me da de vez en cuando una colleja."* p. 11.

*b*) Ús d'expressions religioses descontextualitzades amb una intenció que podria considerar-se "irreverent": *"aquí en la Tierra y en el espacio sideral"* p. 65, i del terme *"imbécil"* per a dirigir-se al germà.

*c*) Exemples d'un comportament gens exemplar dels pares: des de l'ús de la violència amb els infants: *"La colleja es una torta que te da una madre [...] no es porque sea mi madre, pero la verdad es que es una experta como hay pocas."* p. 12 [las madres prefieren] *"que te rompas algo de tu propio cuerpo a que te rompas algo de la ropa. Lo de la ropa lo llevan fatal."* p. 15; fins a l'ús de la mentida com en el capítol vuit: *"No sé por qué lo hice"*.

*d*) Canvia la funció tòpica d'elements habituals de la literatura infantil de manera que la televisió s'insereix en la vida dels nens com a *"una parte más del cuerpo"*: és una referència per a mesurar el temps històric: *"es una canción muy antigua, de cuando no había váter en la casa de mi abuelo y la televisión era 'muda'"* p. 13, o el temps de la vida quotidiana, així les coses passen després del segon telediari. La realitat copia la televisió: *"Le había contado las cosas como en las películas"* [a la psicòloga], p. 34, que reflecteix la visió d'una persona que mira la realitat a través dels paràmetres televisius de manera que la lògica televisiva se superposa a la vital: [es troben un presentador d'un telediari en un bar] *"Ya no podía irme hasta que no se levantara, porque en mi colegio dicen que hay muchos presentadores de los telediarios que no tienen piernas y que por eso se hacen presentadores de los telediarios, porque las piernas no les hacen falta. Mis amigos no me hubieran perdonado jamás que yo me hubiera ido sin comprobarlo."* p. 22. O, per contra, la cultura clàssica és un model de cultura avorrida i allunyada: [visita] *"al Museo del Prado ese"*, p. 58; *"en ese museo ves un cuadro y ya te haces a la idea de todos los demás porque se parecen bastante"*, p. 60; [Las

Meninas] *"es un cuadro en el que Velázquez retrató a todas sus gatas"*, p. 60; [Las tres Gracias] *"Las melonas antiguas estaban desnudas y tenían un cacho piernas... Las tres gordas"*, p. 60.

## 6. Conclusions

Volem destacar dos trets del mercat editorial que han condicionat tota la producció de la fi de segle: la forta presència d'una literatura més acostada a paràmetres comercials i el fet de basar el mercat editorial fonamentalment en una oferta excessiva de novetats.

Considerem que és necessari diversificar més les propostes, tot i que defensem que qualsevol manifestació cultural ha d'oferir tipus diferents de literatures perquè han de ser els lectors i els moments lectors els que triaran un tipus de literatura o una altra. Els lectors infantils i juvenils no són diferents dels adults quan ambdós cerquen una lectura fàcil de camp i de platja, trien el llibre o la col·lecció pel tema o l'argument, per la facilitat de lectura atès el llenguatge senzill i reconegut, per la utilització de llocs comuns al lector, és a dir, els personatges, els arguments i la manera de narrar ja són coneguts pel lector de manera que es troba davant d'una cosa ja vista, per tant, gratificant i senzilla. No hi ha cap altre secret, un tret vell i eficaç.

Encara que les novetats són necessàries, la política editorial dominant fa que els títols perdurin poc en el mercat i desapareixen ràpidament els llibres de qualitat. Per tant, es fa necessària la consolidació d'uns clàssics, la creació d'una tradició de llibres de qualitat, però també l'educació dels lectors i dels intermediaris (mestres i pares) en uns paràmetres de qualitat que els orienten per a la tria de llibres. Paràmetres que alguns adults sovint utilitzen en la compra dels propis llibres i que obliden en la de llibres per als més joves.

En definitiva, pensem que per part de l'editor, és necessari diversificar l'oferta, crear col·leccions en què el criteri de tria dels llibres siga la qualitat, rescatar llibres publicats durant les dècades anteriors i que ara es troben exhaurits. Per part dels docents, interessar-se en la tria d'un llibre de qualitat i no sols en un llibre que afavoresca la identificació i la lectura fàcil. Per part dels mitjans de comunicació, dedicar una secció crítica en els suplements de cultura que informe sobre les novetats i sobre el valor dels llibres.

# II
## LA SOCIETAT DEL SEGLE XX I LA LITERATURA INFANTIL I JUVENIL CATALANA

# 3.
## LA SOCIETAT ESCOLARITZADA

Al llarg del segle xx, tant l'escola com el contacte social amb l'escrit no han fet sinó anar-se ampliant. Des de la implantació oficial de l'escola obligatòria o la seva extensió real, primer fins als 10 anys, després fins als 12, o als 14 i, molt recentment, fins als 16, les noves generacions han anat passant cada vegada més temps a l'escola, mentre que, alhora, tenien cada vegada més oportunitats de contacte amb el llenguatge escrit en tot el seu entorn social. Un fenomen de tal magnitud havia de tenir per força un gran impacte en els llibres oferts a la lectura infantil i juvenil.

En un cert moment, els llibres per aprendre a llegir, les novel·les morals escolars i les antologies de fragments literaris existents van esborrar les seves fronteres amb la literatura infantil i juvenil. L'escola obrí així les portes al "llibre de biblioteca", però, alhora, la producció va continuar tenint molt en compte les necessitats d'ús educatiu dels llibres pròpies del seu principal seleccionador i comprador. Si l'escola pensà que els nens i les nenes havien d'aprendre a llegir rodejats de llibres "normals" va caldre crear-ne de prou accessibles i interessants per a la lectura autònoma dels petits. Si els valors educatius anaven canviant, els ensenyants volien llibres que els facilitessin aquesta transmissió amb obres que tractessin aquests temes. Si tots els adolescents eren ara a les aules, resultava imprescindible disposar de més obres que les que havien conquistat la lectura del sector juvenil lector en el segle xix.

La influència de l'escola no es pot veure només en el tipus de llibres sinó, fins i tot, en els títols més divulgats. La institució escolar tendeix a fixar un patrimoni, a escollir i a conservar. És un dels mecanismes que permeten posseir uns referents socials comuns. Aquest paper no és còmode en l'actualitat ja que la lectura es veu com un bé de lliure accés i el mercat funciona a base de novetats. Per això, el debat sobre quins títols cal mantenir a l'escola i quina articulació cal fer entre la literatura infantil i juvenil clàssica –tant la universal com la de la pròpia llengua-, la més actual i la literatura canònica adulta, així com quins títols poden servir per adquirir hàbits de lectura i quins per progressar culturalment és un repte ben viu avui en dia.

> **FE D'ERRADES**
> La pàgina 89 ha de ser substituïda per aquesta

## 3.1. ELS VALORS PEDAGÒGICS: DE LA RESISTÈNCIA ALS TRANSVERSALS[1]

RAMON BASSA I MARTÍN
*(Universitat de les Illes Balears)*

La intenció d'aquest escrit és donar a conèixer i destacar els valors pedagògics que la literatura infantil i juvenil catalana ha volgut –i pogut– transmetre durant quasi cinquanta anys, del 1936/39 al 1985, és a dir d'un període de resistència fins a la democràcia.

El llibre infantil és un dels productes de viure en societat i de posseir un llenguatge i una cultura. És possible per la "humanitat" o per la "personització" –terme emprat per A. Sanvisens (1987:131)–, i per tant, un objecte d'estudi des de la perspectiva de les ciències de l'educació, en el sentit que viure en societat suposa també tenir unes pautes de conducta, una transmissió cultural, una acció en el temps i en l'espai, en definitiva, també una forma d'educació. I el que voldríem analitzar seguidament són els principals d'aquests aspectes del missatge educatiu.

Aquesta anàlisi forma part d'un estudi més ampli desenvolupat a Bassa (1994; 1995). L'estudi de camp fou realitzat a partir de l'anàlisi de contingut de 132 llibres de literatura infantil i juvenil d'autors catalans de l'època franquista (un 85'2% sobre els 155 llibres publicats) i 152 llibres escrits entre 1976 i 1985 (un 38'9% sobre els 391 llibres publicats), la qual cosa fa un total de 284 llibres i representa el 52% per cent de la producció total de 1939 a 1985. La mostra seleccionada reunia les condicions següents:

---

1. Aquest capítol és una versió del publicat a AAVV: *Literatura infantil i juvenil actual*, Vela Major, Barcelona: Barcanova, 1999, amb el títol "El missatge educatiu de la literatura infantil", 7-30.

> **FE D'ERRADES**
>
> La pàgina 137 ha de ser substituïda per aquesta

| Any | Nombre de títols |
|---|---|
| 1930 | 308 |
| 1936 | 865 |
| 1940 | 0 |
| 1950 | 43 |
| 1960 | 183 |
| 1970 | 450 |
| 1975 | 611 |
| 1980 | 1.722 |
| 1985 | 3.471 |
| 1990 | 4.838 |
| 1995 | 5.193 |
| 1996 | 6.064 |
| 1997 | 6.856 |
| 1998 | 7.318 |

Si comparem les dades de l'any 1975 i les del 1980, ens adonem del considerable increment experimentat a partir del moment de la instauració de la democràcia, que suposa un augment del 182% en la producció del llibre infantil i juvenil en llengua catalana. A partir d'aquesta data, i gràcies a l'impuls editorial de les dues últimes dècades, l'augment es constata, any rere any, fins a arribar al 1999, any que registra un increment del 4,8%, respecte l'anterior, en el volum de llibres infantils i juvenils en tot l'Estat. Catalunya, aquest mateix any 1999, va ser la Comunitat autònoma on va augmentar més la producció editorial del sector infantil i juvenil que se situava en el 52,96% de la producció total de l'Estat amb un 22,4% de llibres en llengua catalana.

Les dades proporcionades pel Gremi d'Editors de Catalunya, que agrupa la major part de les editorials que publiquen llibre infantil i juvenil en català, corroboren les dades aportades per l'ISBN pel que fa a l'edició del llibre infantil i juvenil a Catalunya, que representa la meitat de l'edició respecte del total de l'Estat.

## 3.1. ELS VALORS PEDAGÒGICS: DE LA RESISTÈNCIA ALS TRANSVERSALS[1]

Ramon Bassa i Martín
*(Universitat de les Illes Balears)*

Al llarg del segle xx, tant l'escola com el contacte social amb l'escrit no han fet sinó anar-se ampliant. Des de la implantació oficial de l'escola obligatòria o la seva extensió real, primer fins als 10 anys, després fins als 12, o als 14 i, molt recentment, fins als 16, les noves generacions han anat passant cada vegada més temps a l'escola, mentre que, alhora, tenien cada vegada més oportunitats de contacte amb el llenguatge escrit en tot el seu entorn social. Un fenomen de tal magnitud havia de tenir per força un gran impacte en els llibres oferts a la lectura infantil i juvenil.

En un cert moment, els llibres per aprendre a llegir, les novel·les morals escolars i les antologies de fragments literaris existents van esborrar les seves fronteres amb la literatura infantil i juvenil. L'escola obrí així les portes al "llibre de biblioteca", però, alhora, la producció va continuar tenint molt en compte les necessitats d'ús educatiu dels llibres pròpies del seu principal seleccionador i comprador. Si l'escola pensà que els nens i les nenes havien d'aprendre a llegir rodejats de llibres "normals" va caldre crear-ne de prou accessibles i interessants per a la lectura autònoma dels petits. Si els valors educatius anaven canviant, els ensenyants volien llibres que els facilitessin aquesta transmissió amb obres que tractessin aquests temes. Si tots els adolescents eren

---

1. Aquest capítol és una versió del publicat a AAVV: *Literatura infantil i juvenil actual*, Vela Major, Barcelona: Barcanova, 1999, amb el títol "El missatge educatiu de la literatura infantil", 7-30.

*a*) Ser llibres d'imaginació dedicats als infants. No són objecte d'aquest estudi, per tant, ni els llibres de text, ni els llibres de lectures ni de poesies escollides, ni els llibres de coneixements.

*b*) Escrits després del triomf del règim franquista. És a dir, que els llibres escrits abans de 1936-39 i publicats durant el franquisme en queden exclosos.

*c*) Llibres per a infants en edat escolar obligatòria. Els llibres per a infants menors de set anys i els llibres d'imatges n'han quedat exclosos.

*d*) Escrits originalment en llengua catalana. Les adaptacions de qualsevol tipus no entren en aquest estudi.

Es tractava d'estudiar el model d'intervenció que segueix un país que té la seva llengua i la seva cultura prohibides a l'escola i a altres mitjans de difusió. És a dir, es van analitzar deu camps agrupats en deu sistemes ideologicoconceptuals per veure més clarament el contingut ideològic que transmeten els llibres. Els deu models o sistemes ideologicoconceptuals emprats foren els següents:

1) El món familiar.
2) Visió del nin / la nina. Paper de l'home i la dona (el gènere).
3) El món interior de la persona: relacions personals. Sentiments. Valors eticosocials.
4) El món de la institució escolar.
5) El món imaginari i mitologicoreligiós.
6) El món del treball. L'organització social i política.
7) El pensament ecològic. La natura.
8) El món cultural: ciència, tècnica. L'art.
9) El concepte de país.
10) El món exterior (països, gent).

## 1. De la resistència individual a la intervenció socioeducativa col·lectiva (1939-1961)

El cas del llibre per a infants en català, a partir de 1936-39, amb l'aparició del règim franquista, és una situació molt especial. Certes àrees i formes d'intervenció li estan vedades pel fet de ser escrit en llengua catalana, la qual es troba prohibida, com veurem a continuació, i d'una manera especial als mitjans de comunicació i a l'escola. Aleshores, aquesta interrelació educació-societat no pot produir-se a l'interior del sistema escolar, i cal cercar, tenir o crear noves formes d'intervencionisme socioeducatiu. L'escoltisme català, l'aparició de les escoles actives i els llibres per a infants seran algunes d'aquestes formes d'intervenció socioeducativa, d'intentar *"fer país"*.

Des de la forma d'organització i resistència dels grups catalans durant la primera dècada del franquisme –bàsicament mitjançant les reunions clandestines a cases o despatxos particulars, on s'inicien des de les primeres classes particulars de català fins al principi de la recuperació cultural i lingüística–, els inicis d'aquest redreçament són lents, perquè la situació política de control i censura dificulta enormement l'existència d'iniciatives públiques i d'institucions relacionades amb la llengua, la cultura i les publicacions en català; per aquest motiu, un dels llocs d'aixopluc és l'Església, que conservava l'autonomia per crear i mantenir les seves pròpies institucions educatives i de publicacions. Per això, en aquestes circumstàncies sociohistòriques neixen l'Acadèmia de la Llengua Catalana (1953), el CC (1954), Pax Christi, l'Acció Catòlica i els seus moviments, la Confraria de l'Escola Virtèlia, l'Escoltisme Català i l'Escoltisme Catòlic de Mallorca (1956).

Fins l'any 1957 no podem parlar més que d'un model d'intervenció socioeducativa *individual*, en el qual, si bé no hi ha un model pensat o concretat col·lectivament per fer una intervenció socioeducativa, ateses les circumstàncies polítiques, sí que hi ha accions individuals de persones i editors relacionats amb els primers nuclis de resistència cultural (Sales, Arimany, Soldevila, C. Riba, entre altres), sense els quals encara hauria estat molt més difícil la represa del llibre infantil i juvenil català, i moltes altres àrees de la cultura catalana. Per això, ho he anomenat com a forma d'intervenció socioeducativa *individual*.

A partir de 1957, s'inicia el primer redreçament cap a la construcció de la intervenció socioeducativa *grupal*. Els contactes i esforços dels anys anteriors comencen a donar els seus resultats des del moment que es creen editorials com Estela (1958), Nova Terra (1959), Edicions 62 (1962), institucions com l'Òmnium Cultural (1961) o l'Obra Cultural Balear (1962) i sorgeixen fenòmens culturals més amplis com la "Nova Cançó". Darrere d'aquestes editorials i institucions hi ha petits nuclis que fan de l'edició en català un dels seus elements de resistència i lluita contra el franquisme. Per aquest motiu em referesc a una intervenció socioeducativa *grupal*, tot i que encara que no s'ha desenvolupat com ho farà dins la dècada dels seixanta, ja hi ha grups que han vist que cal ajuntar esforços i comencen a publicar, entre altres llibres, les primeres obres per a infants en català.

Les característiques principals d'aquest període són:

*a*) Censura prèvia del contingut de les publicacions.

*b*) Prohibició d'editar llibres en llengua catalana que siguin d'autors "clàssics" fins ben entrada la dècada dels cinquanta, i a vegades amb l'ortografia prefabriana.

*c*) Escassíssima producció editorial per les dificultats polítiques (controls, censures, permisos) i econòmiques (tiratge, obtenció de paper...).

*d*) En conseqüència, poca producció en el camp de la literatura catalana.

*e*) Una vigilància o censura especial sobre els llibres infantils, particularment a partir de l'any 1952 amb la creació de la *Junta Asesora de Prensa Infantil*, dependent del Ministerio de Información y Turismo, que prescriu unes "Normas" entre les quals està prohibit "l'exaltació del divorci", o les publicacions "que van en desprestigi de l'autoritat dels pares, mestres, de les autoritats civils o *de la patria: el derrotismo*". Normes completades l'any 1955 amb un *decret sobre les Publicacions Infantils*.

Tot aquest conjunt de factors fa que sigui difícil saber exactament la producció de llibres i opuscles en català que hi hagué durant aquest període. Unes primeres dades aproximatives sobre aquesta producció publicades per F. Vallverdú (1987: 111-118) donaven uns resultats molt negatius, que estudis posteriors han corregit més positivament:

| Any | Producció total | Llibres d'autor català |
|---|---|---|
| 1936 | 865 | - |
| 1939 | 0 | - |
| 1944 | 5 | 4 |
| 1945 | 5 | - |
| 1946 | 12 | - |
| 1947 | 53 | - |
| 1950 | 43 | - |
| 1953 | 137 | - |
| 1960 | 183 | 173 |

Font: Francesc Vallverdú (1975: 106; 1987)

L'escassa varietat temàtica d'aquest període i el fet que moltes de les obres siguin reedicions d'abans de la guerra o adaptacions de rondalles, contes populars i faules, dificulten l'anàlisi del contingut, o per dir-ho més adequadament, és una època de resistència cultural i d'una forta censura per tocar temes actuals, i aleshores aquest doble fet fa que el llibre infantil es dediqui a temes històrics sobre el passat dels Països Catalans, sobre la seva època d'esplendor i sobre la literatura popular i tradicional. Podríem dir que les obres de literatura infantil d'aquest període correspondrien a l'imaginari col·lectiu i històric, al que havien estat els catalans en altres temps més favorables.

Així, d'entre les 19 obres pròpiament de literatura infantil, set són obres basades en el conte o la rondalla populars; quatre són obres de temàtica religiosa escrites entre 1956 i 1959 per Aurora Díaz-Plaja; tres tenen un infant com a protagonista; altres tres són obres amb protagonistes animals; i una és una novel·la policíaca infantil. Les temàtiques tractades són:

*a*) Abundància d'obres basades en el conte i/o la rondalla popular.

*b*) Els temes del món religiós també tenen un paper important, tot i que no es tracta de la temàtica exaltadora del *"nacionalcatolicisme"* de l'època, sinó d'un caire més narratiu que presenta històries a l'entorn de Nadal, el "Rei Negre" o esdeveniments religiosos en els quals intervenen infants (Bernadette o els tres pastorets de Fàtima).

*c*) El "món de l'infant" és present mitjançant tres obres, totes del País Valencià, on l'infant és el protagonista.

*d*) Els temes del "món imaginari" tenen una subtemàtica específica: els animals com a protagonistes de les històries.

*e*) La temàtica de "la natura" només té una o dues obres específiques. La primera, dedicada al mar: *Contes de la mar exacta*, de Josep Serra i Estruch (1958); la segona, de Lola Anglada (1947), té, en els seus *Contes meravellosos*, referències contínues a la natura i els animals.

Podem concloure aquest període de la postguerra i la primera represa observant com neix d'una voluntat de resistència, lligada a persones que varen viure el període d'abans de la Guerra Civil, o relacionada amb nuclis culturals catalanistes i de defensa de la llengua i la cultura catalanes.

## 2. El desplegament de la intervenció socioeducativa en el llibre infantil i juvenil català (1962/63-1970)

Si bé la represa la iniciï l'any 1962, per l'aparició d'un clima de sensibilització sobre la necessitat de llibres en català per als infants i adolescents i la demanda de publicacions en revistes especialitzades, no és fins l'any 1963 que podríem considerar que ens trobam de ple dins una nova etapa per al llibre infantil català de postguerra.

Per tenir una idea i poder-nos situar en aquest període, vegem les dades que reprodueixen Vallverdú i el Servei del Llibre de la Generalitat de Catalunya sobre el nombre de publicacions per als anys 1962-1974.

| Any | Publicacions en català |
|---|---|
| 1960 | 183 |
| 1962 | 270 |
| 1963 | 309 |
| 1964 | 368 |
| 1965 | 430 |
| 1966 | 548 |
| 1967 | 469 |
| 1968 | 460 |
| 1969 | 393 |
| 1970 | 450 |

Font: F. Vallverdú (1987: 113)

Durant aquesta etapa –en la qual s'ha creat una nova situació econòmica que es concreta en el primer "Plan de Desarrollo" de 1962–, el sistema escolar anirà sofrint correccions que prepararan la nova Llei General d'Educació de 1970. Així, s'allarga l'escolarització fins als catorze anys (Llei de 29 d'abril de 1964); desapareix el batxillerat laboral; es posa en marxa el Pla d'estudis de Magisteri de juny de 1967, que marca un canvi total respecte als plans de formació inicial dels mestres i s'acosta –sense arribar-hi– al Pla professional de 1931.

De l'any 1968 a 1973 s'entrà, educativament parlant, en l'etapa de la reforma educativa. Així, l'any 1970 s'aprovava la Llei General d'Educació, amb la primera referència, en una llei educativa espanyola de la postguerra, a l'aprenentatge de les llengües de l'Estat. La Llei General d'Educació substitueix el terme "llengües vernacles", utilitzat fins llavors, per les paraules *"cultivo, en su caso, de la lengua nativa"*.

Des de la plataforma pública d'una de les poques revistes en català, *Serra d'Or*, sorgeix l'any 1962 l'atenció d'un col·lectiu de persones –Joan Triadú entre els més destacats– entorn a la necessitat de llibres en català per als infants, com una manera d'aconseguir el que l'escola no dóna: lectors en català. Però no és fins l'any 1963 que aquesta urgència d'intervenir socioeducativament mitjançant el llibre infantil català sobre la recuperació lingüística i formativa dels infants troba la seva màxima expressió. L'aparició, el mateix any, de l'editorial La Galera i els premis per a obres destinades als infants i adolescents, com són el "Josep M. Folch i Torres" i el "Joaquim Ruyra", respectivament, marquen el moment més evident d'aquesta voluntat d'intervenció socioeducativa *grupal*.

Naixia un tipus de llibre per a infants, pensat tant per a la lectura individual, com per poder ser aprofitat a les escoles, però escoles i mestres partidaris de la lectura en català, és a dir, escoles lligades amb la renovació pedagògica catalana, i per tant, amb el pensament pedagògic català, i vist amb bons ulls pels grups catalanistes i antifranquistes del moment. Amb la qual cosa, el període iniciat l'any 1963 té una gran importància sociològica i històrica per a la construcció definitiva del model d'intervenció socioeducativa sobre el llibre infantil i juvenil català de postguerra, ja que funcionarà sense gaires problemes durant quinze anys, és a dir, fins al moment en què el català entra oficialment i obligatòriament a l'escola, el curs 1978-79. L'editorial La Galera (1963), l'aparició de la institució de mestres Rosa Sensat (1965), de "Coordinació Escolar" (1967) –que aglutina la majoria d'escoles actives privades– i l'ampli èxit de les Escoles d'Estiu i els cursets sobre lectura i llibres per a infants acabaran de difondre aquesta línia i concepció socioeducativa entre els mestres més preocupats per la renovació pedagògica de l'escola.

Les conclusions que se'n desprenen, després de l'anàlisi sociològica del contingut dels llibres i dels premis de la mostra d'aquest període, són les següents:

*a)* Un paper preponderant de la intervenció socioeducativa, mitjançant la participació en l'elaboració de llibres per a infants, de mestres i educadors lligats a la recuperació de la renovació pedagògica catalana. Més de la meitat de les obres de literatura infantil són escrites pels seus membres.

*b)* Pel que fa al missatge educatiu:

Sobre el "món familiar": hi ha un escàs tractament en el text de l'estructura familiar, que surt reflectida amb pocs detalls. Tampoc no hi ha cap temàtica conflictiva ni de desavinences.

Sobre "la visió del nin i de la nina": el missatge educatiu va dirigit a donar un model d'infant d'un determinat tipus. És un model on els nins i les nines protagonistes realitzen, en general, el que he qualificat de "bones accions", és a dir, aquelles actuacions que van destinades a ajudar els altres (fer un zoo, un festival...). Acostumen a ser accions col·lectives i tenen un caire cívic que suavitza el caire exemplarista o moralista. Respecte al sexisme, en el tractament dels infants conviuen dos models de tractament: un de segregacionista, amb rols diferents i colles i classes separades per a nins i nines, juntament amb llibres amb un missatge educatiu més igualitari i mixt, com el cas d'Àngels Garriga, mestra del temps de la Segona República. La visió de la dona es presenta encara molt relacionada amb la feina dins la llar: estar a la cuina, escurar, preparar l'esmorzar, etc.

Sobre el "món interior" de la persona: els valors personals i eticosocials que destaquen més són: l'amistat, la col·laboració, la generositat i la realització d'accions solidàries.

El "món de la institució escolar i educativa": gràcies als mestres que havien participat en la renovació pedagògica catalana, com Àngels Garriga o Artur Martorell, juntament amb les noves fornades que s'incorporen a la creació d'escoles privades, del que a partir de 1967 seria el moviment de "Coordinació Escolar", podem dir que el tractament de l'escola és de les temàtiques educatives més avançades en la literatura infantil catalana. Els nins i les nines que hi apareixen, en general, són els de les escoles actives esmentades, per això surten a les obres realitzant observacions d'animals, tenen aquaris a la classe, anoten temperatures, exerceixen càrrecs i funcions a la classe, etc., la qual cosa reflecteix la ideologia del pensament pedagògic català dels anys seixanta.

Respecte al "món imaginari i mitologicoreligiós": una de les temàtiques amb més èxit és la personificació d'animals, d'éssers inanimats, plantes, etc., de clara influència de la rondallística popular. En canvi, no hi apareixen fades ni gnoms, llevat d'alguna aparició esporàdica del personatge de la bruixa. També el missatge religiós resultant de l'anàlisi socioeducativa de la mostra revela que és una temàtica reduïda i poc tractada. Es troba lligada majoritàriament a les festes de Nadal dins el cicle de l'hivern. Poques obres tenen un missatge directament religiós.

Sobre "el món del treball i l'organització social i política": les professions i els oficis concrets resten poc especificats i més aviat lligats a la vida del camp i a un ambient rural. L'ambient urbà es reflecteix més a les obres amb una colla com a protagonista. A pesar de la censura franquista, el llibre infantil català, tímidament, això sí, ja entra en la presentació de problemes socials i polítics, com el barraquisme, l'assassinat, la gent pobra, el tràfic d'esclaus, la descolonització, l'expropiació legal, i presenta alguns exemples d'organització assembleària, com en *El país de les cent paraules*, de Marta Mata (1968), i la crítica al poder absolut i al tirà, com fan Joaquim Carbó (1966) a *La casa sota la sorra*, o Montserrat Mussons (1968) a *Silenci al bosc*, on surt la primera vaga de silenci de la literatura infantil i juvenil catalana de postguerra.

"El pensament ecològic i la natura": ja podem parlar d'un missatge ecologista lligat a dues temàtiques principals: la natura i els seus elements (la successió de les estacions i del temps; la pluja personalitzada; el cicle de l'aigua o la vida dels animals), i del contacte amb la natura a la contaminació d'aquesta, arribant a una primera denúncia de la pol·lució en l'obra d'Emili Teixidor (1968) *Les rates malaltes*.

Sobre "la cultura, la ciència i la tècnica i l'art": el món de la ciència i la tècnica surt a poques obres: a *La casa sota la sorra*, de Joaquim Carbó (1966), els coneixements tècnics d'un grup nazi han servit per construir una ciutat fàbrica davall el desert. Però és a *Dídac, Berta i la màquina de lligar boira*, d'Emili Teixidor (1969), on trobam una visió amenaçant de la ciència, amb màquines destructores, i la mecanització i la televisió que maten la imaginació. En l'aspecte cultural destaquen la importància de la paraula o de la lectura (Aurora Díaz Plaja, 1967: *Entre joc i joc... un llibre*; M. Mata 1968: *El país de les cent paraules*), enfront de "l'escola del silenci" del sistema i l'ordre franquista. La visió de l'art es desenvolupa igualment lligada a les activitats escolars de la pedagogia activa.

"El concepte de país". És tractat amb les novel·les de fons històric, situades en el temps dels almogàvers, al segle XIII, o a la Catalunya prehistòrica. Però també una altra forma de transmetre la visió de "país" és la novel·la de temàtica realista contemporània on surt la immigració, el barraquisme, la identitat cultural o la integració, com a les obres de Francesc Candel (1967; 1969) *Avui començo a treballar* o *Una nova terra*. Fins l'any 1968 no apareix en els llibres infantils catalans una referència a la Guerra Civil; es tracta de l'obra d'Emili Teixidor *Les rates malaltes*. Ja hi ha referències a la llengua i la cultura catalanes, però lligades a les festes tradicionals i a la descripció geogràfica i dels costums.

"El món exterior". A les obres d'aquest període surten: el continent africà; una illa de Grècia; o la Mediterrània al temps dels almogàvers. També l'espai exterior. I entre les gents, surten referències i estereotips, com: semblar andalús, pel físic; la raça àrab és desconfiada; la promiscuïtat dels grecs; els gitanos que viuen en tribus; els negres, o crítica contra el racisme i la segregació a Sudàfrica.

## 3. Un període de retraïment (1971-1975)

En contra del que podria semblar en un principi, després de la represa a partir de 1962, el període de 1971 a 1975 coneix un cert retraïment o recaiguda pel que fa a la producció de llibres infantils en català d'autors autòctons, és a dir, que no siguin traduccions d'autors estrangers.

|      | Producció total | Llibres d'autor català | INLE |
|------|-----------------|------------------------|------|
| 1970 | 450             | 309                    | 426  |
| 1971 | 452             | 325                    | 326  |
| 1972 | 444             | 331                    | 307  |
| 1973 | –               | –                      | 483  |
| 1974 | –               | –                      | 577  |

Font: F. Vallverdú (1975: 106-107)

Uns quants factors pens que ho poden motivar:

*a*) La dedicació de les persones lligades a la renovació i el pensament pedagògic català a la producció de material per a l'ensenyament, a l'organització de cursets, a la planificació i realització de les Escoles d'Estiu, a les demandes socials sobre qualitat de l'educació, a realitzar conferències i altres qüestions semblants.

*b*) La situació política dels darrers anys de règim franquista que, enfront de l'oposició democràtica, es replega en l'immobilisme polític. També, alguns dels principals animadors culturals es dediquen a la militància política i a l'oposició democràtica d'aquest anys.

*c*) La facilitat d'acudir a les traduccions estrangeres, que comencen a arribar amb els dibuixos i el disseny organitzats.

Les característiques generals dels llibres d'aquest període són:

*a*) Sobre el model d'intervenció. Els factors esmentats al principi fan que ja només un 50 per cent dels autors siguin del sector de l'ensenyament; pren força majoritària el sector d'escriptors més professionalitzats, que composen quasi l'altra meitat d'autors que publiquen llibres infantils.

*b*) Pel que fa al missatge educatiu:

Sobre el "món familiar" i la visió del nin i de la nina: la temàtica és més reduïda, però amb un paper més real i no simplement de rerefons. Hi ha un pare geniüt, un nin orfe, un fill únic d'un pare ric que s'escapa de casa a *L'Àlex, el 8 i el 10*, d'E. Teixidor (1971). La funció de la mare ja és de treball o d'activitat fora de casa. Si es troba a casa, pot no dedicar-se a les feines de la llar, sinó a llegir.

La temàtica dels infants com a protagonistes surt d'una manera o d'una altra a la meitat dels llibres d'aquest període. Les colles són un dels aspectes temàtics que no deixa de sortir en els llibres per a infants i ja són mixtes. El tractament de la visió de les nines és un poc menys discriminatori, però encara tòpic i amb representació de rols diferenciats per sexes, tret de l'extraordinària obra de M. A. Capmany (1971) *Quim/Quima*, una autèntica peça mestra de la novel·la juvenil en la qual, amb una clara influència de Virginia Wolf, el personatge torna home o dona segons l'època, i alhora recorre els fets més importants de mil anys de la història de Catalunya. No hi ha gaires indicadors de diferències en el paper de l'home i de la dona: moltes de les tasques les realitzen indiferentment homes o dones: treballar, vendre, ajudar a arranjar la casa...

Sobre el "món interior" de la persona: el sentiment d'amistat es vincula més entre persones que entre persones i animals. El sentiment de l'estimació en relació amb el tema eroticoamorós de parella només surt tractat en una per a públic juvenil. També apareixen estats d'ànim. Els valors eticosocials es basen a ajudar els altres.

"El món de la institució escolar" tracta el tema de l'escola activa, de la diferència entre l'escola pública i la privada, de les escoles tancades de pobles petits. Els mestres actius que es troben corresponen al futur i són de l'espai exterior. En canvi, els mestres de l'època són o paternalistes o despreocupats. També es fa alguna referència als minyons de muntanya i a muntar unes activitats d'esplai per a uns infants de poble.

Respecte al "món imaginari i mitologicoreligiós" es troba lligat a la personificació d'animals, d'una banda, però també, a partir de mitjan dècada dels setanta, destaquen dues obres ben diferents de tractament, que pertanyen a dos gèneres que seran més desenvolupats: una del gènere de viatges, com *El meravellós viatge de Nico Huehuetl a través de Mèxic*, d'Anna Murià (1974), sobre un cavall volador, i que pren un caire mitologicocosmològic mexicà; i de l'altra, de Josep Albanell (1975): *Un llibre amb cua*, que ja mostra en potència tot el gènere fantàstic –en clau d'humor i d'un cert surrealisme– que sorgirà després, i del qual Josep Albanell, amb el pseudònim de Joles Sennell, serà un dels màxims exponents.

Sobre el "món del treball i l'organització social i política" hi trobam denunciats l'analfabetisme i el barraquisme i la pobresa, tant d'aquí com del Tercer Món. El pensament ecològic té tres tractaments possibles: la natura com a escenari; l'atac a la natura; i el retorn a la defensa del poble rural. El camp de la ciència i la tècnica no té gaire tractament.

Per tractar el "tema del país", els autors catalans continuen adoptant la novel·la amb fons històric. El gènere és inexistent a les Illes i el País Valencià i a Catalunya es tracta l'època romana i el segle XVII, en temps de les revoltes pageses i de les lluites entre senyors.

El "món exterior" també es troba relacionat amb la novel·la de viatges, així es tracten determinats països d'Europa, Àsia, Mèxic, Àfrica, fets històrics com la conquesta de Mèxic per Hernán Cortés, l'Estat francès i els seus camps de concentració del 1939; Espanya a l'edat mitjana; pel que fa a la gent, el futur de la Terra és una unió mundial. Les obres serveixen per donar a conèixer la geografia i la història d'altres països.

## 4. Del desenvolupament a l'auge (1976-1985). Un canvi de protagonista en la intervenció socioeducativa: les editorials

El darrer període comprèn cronològicament deu anys: des de l'any 1976 al 1985. Les dades oficials sobre el llibre infantil i juvenil en català continuen essent difícils d'obtenir, ja que les fonts de l'INE no coincideixen amb les de l'INLE-ISBN.

| Any | INE | INLE-ISBN (Inclou còmics) |
|---|---|---|
| 1975 | 82 | – |
| 1980 | 332 | 301 |
| 1981 | 262 | 312 |
| 1982 | 378 | 352 |
| 1983 | 644 | 450 |
| 1984 | 554 | 665 |
| 1985 | – | 747 |

FONT: F. Cendán (1986: 100-101)

En aquest període, el llibre infantil té l'estímul social que suposa per al llibre infantil i juvenil català la incorporació obligatòria del català al sistema d'ensenyament arreu dels Països Catalans El creixement espectacular de les edicions de llibres per a infants en català, especialment a partir dels anys vuitanta, indica que les editorials han descobert el llibre infantil com un objecte de consum o de negoci. I es produeix un desplaçament del protagonisme en la intervenció socioeducativa cap a l'Agència Educativa de les editorials. D'altra banda, apareixen nous premis per a obres de literatura infantil i juvenil, augmenten molt les traduccions de llibres infantils i juvenils estrangers enfront de la producció autòctona, i hi ha una renovació temàtica, de tendències i, fins i tot, de disseny en el llibre infantil i juvenil.

Les conclusions generals d'aquest període són:

*a*) Es nota el canvi que prendrà el model d'intervenció, on destacaran la recerca de la imaginació i dels aspectes fantàstics en el Llibre infantil català. Pensem que és el moment de l'arribada del Moviment Cooperatiu a les Escoles d'Estiu de Barcelona, i el coneixement de l'obra literària de Gianni Rodari, que influirà molt en el tractament de la fantasia, sobretot, a través de la seva *Gramàtica de la fantasia*, publicada el 1976 en la traducció castellana, que despertarà l'interès per la creació imaginativa entre els mestres i els seus alumnes.

*b*) Pel que fa a l'anàlisi del missatge dels continguts:

Hi ha un gran canvi en una sèrie de temàtiques, com el "Món Familiar" i el "Món Imaginari", l'aparició de la línia fantasticosurrealista, de la fantasia moderna o realisme fantàstic.

El missatge referit a l'estructura i el funcionament del món familiar troba un tractament més real. El pare ha passat, de ser un element d'adorn, a tenir un paper més actiu a la llar, més afectuós amb els fills i, fins i tot, més col·laborador en algunes tasques de la casa. La mare, per la seva part, no es troba relegada a llar, sinó que surt a treballar, encara que segueix tenint una funció important en les feines de la llar. La funció biològica ja es tracta amb normalitat, amb detalls sobre l'embaràs i el part. Els fills presenten alguns problemes generacionals, manca d'enteniment no greu, i fins i tot un suïcidi juvenil, ja més dins els llibres de la dècada dels vuitanta.

Tot i que el nin i la nina segueixen essent els protagonistes principals de bastants de llibres, el missatge educatiu, és a dir, el comportament que s'espera d'ells, ja no és un model de bona conducta, poden dir mentides o fumar, fins i tot surt un atracament. La colla, com a protagonista principal d'obres, ha disminuït molt, encara que segueixen amb bon èxit de vendes els llibres de colles dels períodes anteriors. Encara hi ha algunes colles, continuació de sèries d'èpoques anteriors, que no són mixtes.

Sobre les relacions personals, els sentiments i els valors eticosocials. L'amistat segueix essent el sentiment més destacat en els llibres de literatura infantil i, surt més en obres amb temes imaginaris, meravellosos, fantàstics, amb personificacions d'animals o éssers, que en obres de temàtica realista. Però, on hi ha hagut el canvi més espectacular de tots els períodes, és en le tractament del tema de l'amor en l'aspecte eroticosexual de parella. Encara que no moltes, ja hi ha obres en les quals les relacions sexuals s'escriuen obertament. Segurament la nova moral de l'època i la desaparició de la censura han possibilitat aquest trencament, que encara no és molt ampli.

El model educatiu que es presenta, més que parlar de l'escola activa, el que fa en aquest període és criticar la monotonia i l'avorriment de l'escola tradicional, així com també les condicions materials i pedagògiques (p.e. nombre d'infants) de les aules. El mestre és presentat amb un missatge doble: per una part, hi ha mestres esforçats que animen els alumnes, enfront d'altres més còmodes que van a passar les hores. Sorgeixen problemes professors-alumnes i, fins i tot, un cas de suïcidi d'una adolescent per males qualificacions escolars.

El "Món Imaginari" i el "Mitologicoreligiós" podem dir que és el Sistema Ideologicoconceptual amb els canvis més marcats. S'introdueixen nous gèneres, també augmenten les personificacions d'animals i d'objectes inanimats (unes línies; una gàrgola; o les estàtues d'un dimoni i un arcàngel) i, d'una manera especial, el tractament d'éssers imaginaris del món dels contes meravellosos, de la rondallística, dels mites, del món de la fantasia, com barrufets, bruixes i fades. Sorgeix la construcció d'històries completes, semblants a un cicle, com per exemple, el cas de la trilogia de Miquel Rayó (1983-1986). També hi ha la introducció del gènere o la tendència fantasticosurrealista, on predomina l'humor, l'absurd i la fantasia desbaratada amb els principals exponents del gènere com són els autors Joles Sennell i Miquel Obiols. Destaca, també, les obres amb temàtica de defensa de la imaginació, de la fantasia de la construcció de mons imaginaris, o bé la temàtica fantasticosimbòlica a l'obra de Joan Barceló. D'altra banda, cal destacar l'aparició d'un nou realisme, que adopta una tendència de realisme crític o de realisme poètic en l'obra de Janer Manila. Pel que fa referència al "Món Religiós", destacaria com, una vegada més, el missatge directe té ben poc tractament en la literatura infantil i juvenil catalana, encara que hi hagi algunes referències al diable, però tractat en un sentit antropològicocultural.

Sobre el "Món del treball, els oficis i les professions i l'organització social i política", podem dir, en un sentit genèric, que és breu. Surt escrita la paraula vaga, possiblement per primera vegada en un llibre infantil català, a l'obra de Joaquim Carbó (1977c: 34) *L'home de Múnic*. Escàs tractament realista dels oficis (pagès, pastor, carter, actor de teatre, futbolista, psicòleg, periodista o mestre) i pel que fa als *problemes socials i polítics*, han desaparegut les referències al barraquisme i a l'analfabetisme, enfront dels nous temes com les condicions infraestructurals dels barris suburbials de les ciutats, la immigració, la pobresa, i també l'especulació urbanística i immobiliària, amb una crítica als abusos de poder i d'autoritat.

La temàtica ecologista, almenys quantitativament, no demostra tenir encara un fort arrelament dins el missatge educatiu de la literatura infantil i juvenil catalana.

El "Món Cultural", també presenta pocs indicadors en conjunt. El missatge de la visió de la Ciència i la Tècnica s'agrupa entorn de dos gèneres: les novel·les amb referències científiques i la novel·la de ciència-ficció. Mentre el primer gènere, la novel·la de ficció-científica, és poc nombrós i es troba estabilitzat, la novel·la de ciència-ficció sofreix un lleuger augment a partir dels anys vuitanta i apareixen els ovnis i extraterrestres. Hi ha poc tractament de l'Art i les manifestacions artístiques. En canvi, hi ha més referències al món de la literatura, als personatges clàssics o a defensar la lectura.

El missatge sobre els Països Catalans continua sota la forma del gènere de la novel·la històrica. Vint-i-cinc obres de caire històric català es poden trobar en aquest període, amb diverses obres dels principals autors, com, per exemple, els cicles històrics d'Oriol Vergés. Un altre tema tractat és la *immigració* als Països Catalans de la mà de dos autors destacables: Joan Barceló i Gabriel Janer Manila que tracta el tema d'un immigrant que fa de rei a *El Rei Gaspar* (1976), el d'una àvia immigrada i el seu nét ja nascut a Mallorca que retornen a trobar el seu passat en l'obra *La serpentina* (1983b) i ja més posteriorment en *El palau de vidre*. Sobre la Guerra Civil i el franquisme destaquen les obres *Pedra de tartera* (1985), de Maria Barbal, i *El fantasma del Fluvià* (1981), de Joaquim Soler i, fins i tot, hi ha una referència a l'intent de cop d'estat del 23F a *La casa sobre el gel*, de Carbó (1982).

La descripcipció de països exteriors als nostres, no és molt gran. Hi ha la línia dels llibres de viatges arreu del món que presenten altres costums i paisatges, però concentrats en uns pocs autors, com Robert Saladrigas i el seu personatge, en Ferran Pinyol. Pel que fa a la presentació de la història d'altres països, destaca durant aquest període democràtic la crítica contra el colonialisme espanyol a Amèrica i contra alguns reis (Reis Catòlics) i institucions com la Inquisició. També surten la visió d'algunes races, com els gitanos i els negres, a diverses obres de Carbó.

## 5. A tall de conclusió

Després d'aquest recorregut, podríem concloure que el llibre infantil i juvenil català és una forma d'intervenció socioeducativa, en el sentit que els elements socials del pensament pedagògic català cerquen una manera, primer, de resistir a la censura i a les prohibicions franquistes, i després, de poder reprendre una reconstrucció cultural i lingüística catalanes. És a dir, el llibre infantil i juvenil català rep la influència d'uns elements socials i d'uns elements educatius que persegueixen la formació social dels individus. En aquests moments, és també un objecte de consum i de negoci. Corren uns altres temps diferents, i haurem de continuar estudiant les tendències més actuals, tal com ja s'ha iniciat amb Colomer (1998; 1999).

## 3.2. ELS LLIBRES PER A PRIMERS LECTORS

MONTSERRAT CORREIG
*(Universitat Autònoma de Barcelona)*

ÀNGELS OLLÉ
*(Universitat Rovira i Virgili)*

Durant anys i anys els primers llibres que els nens es trobaven a les mans eren els *Beceroles*, llibres per aprendre de lletra, i el catecisme. Saber llegir i escriure eren els passaports que permetien sortir difinitivament de la classe dels "cagons". L'escola, que era la l'única responsable d'aquest aprenentatge, tenia unes eines imprescindibles –avui, encara de rabiosa actualitat–: el guix, la pissarra i el llibre. D'aquest trio, el més valuós –pel seu cost i pel seu prestigi social– era el llibre. N'hi havia un per curs i gràcies, i aquest es llegia, rellegia i memoritzava durant les monòtones hores de classe. En acabar el curs, pares i mestres quedaven satisfets quan comprovaven com els nens i les nenes repetien com un "lloro" alguna pàgina del llibre, llavors tenien la seguretat que els nens li havien tret tot el suc possible.

La popular frase "passar la pelegrina" usada fins fa uns anys, era aplicada per dir com una feina havia estat llarga i difícil. *La Pelegrina* era el nom d'un llibre de lectura. Passar la pelegrina ens remet a aquella dita castellana que "la letra con sangre entra". A principis de segle, el llibre era una eina imprescindible, però també ho era la duresa de l'aprenentatge.

## 1. Els primers llibres: abecedaris, cartilles, llibres de lectura (1900-1939)

Durant la primera meitat d'aquest segle, al nostre país, els llibres més populars per començar a llegir han estat les cartilles. Tal i com ens diu Caterina Valriu:

> Són abecedaris i cartilles, llibrets d'oracions i d'aritmètica, que facilitaran l'accés al món de la lectura, entre els quals destaca el conegut *Catón* –llibre de màximes morals atribuït al poeta Dionís Cató– en ús des de l'època medieval fins al segle XX (1994:37).

La proposta de les cartilles era oferir el coneixement de les lletres, –nom i so– i la capacitat d'enganxar aquests sons sil·làbicament, per poder llegir paraules, fins arribar a petites frases curtes. Frases que pel seu contingut moral i per la seva construcció gramatical, eren generalment memoritzades sense haver estat compreses. Cal recordar, també, que la llengua d'aquests llibres depenia més dels esdeveniments polítics que de la realitat social dels escolars. La majoria de cartilles de la primera meitat de segle eren en llengua castellana, tot i que fossin d'autors catalans, editades a Catalunya, i destinades a una població infantil rural i catalana.

Malgrat que la realitat era aquesta, hem de deixar constància d'algunes publicacions en català. Aquests llibres mantenien una estructura semblant a les típiques cartilles; la seva qualitat lingüística, però, acostumava a ser molt superior. Ben a començaments de segle (1904) es publica el *Sil·labari Català* de Pompeu Fabra, que com diu Marta Mata:

> fa per primera vegada una presentació exhaustiva i ordenada de tota la problemàtica de la fonètica i l'ortografia catalana aplicada a l'aprenentatge de la lectura (1977:2-4)

Tot i així, la poca preparació pedagògica i lingüística dels mestres d'aquesta època no en van afavorir la utilització. Amb la constitució de la Mancomunitat, l'any 1914, s'impulsa el moviment de renovació pedagògica de Catalunya. Es difon l'obra de Maria Montessori i d'Ovidi Decroly. Els seus plantejaments de l'ensenyament de la lectura van molt lligats als interessos dels infants, ben lluny de les populars cartilles, però malgrat el ressò que arriben a tenir aquests mètodes, els mestres continuen utilitzant les tradicionals cartilles. Al voltant dels anys 20, es publiquen altres llibrets per aprendre a llegir, com *El Cartipàs Català* (1917). Creiem important destacar: *El meu sil·labari* de Joan Profitós i dibuixos de Joan Llaveria ( 1919), i el *Sil·labari Català* de Pau Romera, il·lustrat per Josep Obiols (1922). Uns anys més tard apareixen dos llibres catalans de primeres lectures: *El llibre dels infants* de Joan Profitós i *Les lectures d'infants* de M. Assumpció Pascual ,en dos volums il·lustrats per Josep Obiols i Lola Anglada, respectivament (1929, 1931).

Precisament és en el segle XX on es dóna la paradoxa que, mentre alguns nens i nenes passaven la pelegrina, la infància era reconeguda socialment com una etapa pròpia en el desenvolupament humà. Amb l'adveniment de la República i l'ambient de renovació pedagògica, l'ensenyament de la lectura i l'aprenentatge en català rep un gran impuls. Anna Rubiés experimenta l'aprenentatge de lectura d'una forma goblal i Hermino Almendros introdueix, a les escoles rurals, la impremta Freinet. El resultat d'aquestes metodologies serà la utilització de nous recursos i la publicació de nous materials.

Aprendre a llegir i a escriure ja no es podia quedar en un aspecte mecànic de reconeixement i desxiframent dels signes de l'alfabet, sinó que havia de donar al nou lector tot el que la lectura ofereix al lector adult, sensacions, sentiments, idees..., és a dir, el mitjà per entendre un text.

## 2. Nous mètodes i nous llibres.
## La Renovació Pedagògica (1960-1980)

L'any 1939, acabada la guerra, s'estronca el procés d'innovació i, de retop, els incipients progressos en la didàctica de la lectura. Els mestres es veuen forçats a retornar a la pedagogia tradicional, o sigui al *b-a = ba*, a les cartilles. Així, durant els primers anys de la dictadura, tot el procés d'innovació va quedar arraconat. L'ús de les cartilles es mantindrà durant molts anys.

I no serà fins a mitjan anys 50 que començarà a iniciar-se, d'una forma molt tímida, la recuperació de la tradició pedagògica anterior. Les escoles Santa Anna, Sant Gregori, Talitha i Costa i Llobera, assessorades per Alexandre Galí, segueixen el mètode Montessori. La gran profusió i organització del material de què disposa aquest mètode facilitarà la seva aplicació per part dels mestres d'aquella època, amb molt poca formació lingüística i pedagògica. A les escoles de Jardineres del CICF es coneix i es valora el mètode Decroly. A finals de la dècada es recupera també el Mètode Natural de Célestin Freinet.

Com ja s'ha apuntat anteriorment, en aquestes escoles capdavanteres, la cartilla com a tal, no hi cap. Els nens aprenen a llegir, lentament i ordenadament, a partir de les pròpies poduccions, i la lectura de contes, de llibres de coneixements, etc…, no es podrà fer fins més endavant, fins els 6, 7 o, fins i tot, de vegades els 8 anys. D'altra banda, de quins llibres escrits en català podien disposar els nens i les nenes per fer aquest altre tipus de lectura, més divertida, més autònoma? Hi havia poca cosa al mercat. Hem de destacar d'una forma molt especial les traduccions al català dels *Àlbums* de Père Castor, publicats per l'editorial Estela, i els de *Babar*, traduïts per Carles Riba.

Als anys 60, la mestra i escriptora Àngels Garriga rep l'encàrrec des del ministeri de fer un llibre de lectura, és l'*Ardilla*, en català, el *Beceroles* (1965). Aquest llibre representa un gran canvi en la concepció del llibre de lectura, ja que tot i conservar encara l'aparença de cartilla, els textos que el componen estan ben construïts literàriament i són motivadors per als nens. Dos anys més tard apareix, de la mateixa autora, i dibuixat per Cesc, *Estels*, un llibre superior encara a l'anterior. Els seus textos són rics i variats i molt atractius, i els dibuixos tenen una gran qualitat.

D'aquest mateix any, hem de fer esment, pel seu valor literari i històric, del *Chiribit*, escrit per Marta Mata i dibuixat per Fina Rifà, ja que tot i ser escrit en castellà, va marcar unes línies metodològiques –extretes dels manuals nord-americans de W. S. Gray– que van servir de base per a la confecció de molts llibres de lectura. En destaquem tres aspectes: la utilització de textos significatius, la gradació de les dificultats i la focalització d'un vocabulari controlat.

Per a l'elaboració dels textos es varen utilitzar llistes de paraules basades en un estudi de freqüències: 2.000 paraules en castellà –i d'altres en català– que es consideraren el *vocabulari bàsic*. D'aquest conjunt de paraules encara se'n va fer una selecció més restringida, de 100 a 150 paraules que constituiren el *vocabulari mínim* (uns anys més tard aquests vocabularis, classificats per temes i graduats per edats, es van editar. Van ser molt utilitzats tant pels mestres, en el treball diari de la classe, com pels autors de material didàctic per a nens i nenes). Els primers textos introduïen poques paraules i es repetien amb una certa freqüència. A poc a poc, d'un text a l'altre, s'anaven incorporant noves paraules.

A la meitat d'aquesta mateixa dècada apareix una nova editorial, La Galera, amb voluntat de dedicar-se específicament al llibre infantil. Sorgeix dins un context escolar, els seus impulsors són mestres i educadors, i el seu fundador, l'Andreu

Dòria, un pare d'una de les escoles més implicades en la renovació pedagògica. La seva primera col·lecció, adreçada a primers lectors, «La Galera d'Or», representarà una fita important en l'incipient món de la literatura infantil a Catalunya. La majoria d'autors d'aquesta col·lecció són mestres o estan relacionats amb el món escolar. Els protagonistes són animals o màquines: *Una cullereta a l'escola, Tula, la tortuga, Tres avions amics...*, són llibres molt ben rebuts pels mestres, pels pares i, sobretot, pels seus destinataris principals, els infants.

A finals d'aquesta dècada dels 60, molts mestres s'adonen de l'empobriment que pot representar per als nens el fet d'endarrerir tant la lectura de llibres a l'inici del seu aprenentatge lector. I d'aquesta preocupació sorgeixen dues noves col·leccions que publica l'editorial La Galera: «Les coses de cada dia» (1970) i «A poc a poc» (1971).

La primera d'elles, «Les coses de cada dia», està escrita per Rosa Armangué i il·lustrada per Fina Rifà. Neix dins d'un context d'escola d'aprenentatge de lectura global. Consta de 8 llibres que, com el seu nom ja ens indica, tracten de situacions de vida quotidiana: la casa, l'escola, la muntanya... Els protagonistes –nens i nenes d'una edat similar a la dels lectors a qui van adreçats– es mantenen al llarg de tota la col·lecció. Els textos són molt simples, la seva previsibilitat i la freqüent repetició de paraules i frases seran elements que en facilitaran la lectura.

La col·lecció «A poc a poc» consta de 18 llibrets, escrits per Àngels Ollé i il·lustrats per Pere Prats Sobrepere. Aquesta col·lecció sorgeix en una concepció d'escola clarament montessoriana. El plantejament analític del mètode Montessori per a l'aprenentatge de la lectura i l'escriptura és, per tant, la base de la col·lecció. El mètode analític fa la presentació de les lletres una per una i per grups, grups que en el cas de la llengua italiana de Maria Montessori responien a semblances gràfiques. En el cas del català, es van tenir en compte les relacions insegures entre la tira fònica i la gràfica i es va optar per canviar la proposta original i presentar les lletres agrupades segons presentessin més o menys relació entre fonema i grafia.

L'objectiu de la col·lecció és oferir als aprenents la possibilitat de llegir llibres en el mateix moment que comencen a conèixer les lletres, i per això aquests textos segueixen el mateix ordre que segueixen els nens en l'aprenentatge de les lletres. Així, els primers llibrets contindran poques lletres. De mica en mica, el repertori de lletres s'anirà ampliant i els textos, que comencen sent molt breus, s'aniran enriquint gradualment. Les situacions que plantegen són molt variades. Són llibrets imaginatius i divertits i ben construïts literàriament.

Les dues col·leccions van tenir un èxit aclaparador i en pocs anys van envair les nostres escoles. No s'utilitzaven com a llibre de lectura pròpiament dit, però sí com a complement. L'èxit va fer que al llarg dels anys sorgissin molts imitadors —especialement de la col·lecció «A poc a poc»— la majoria de vegades, però, de menys qualitat.

A la meitat de la dècada dels 70 es torna a reivindicar la utilitat del llibre de lectura. El nombre de títols que han anat apareixent des de llavors fins als nostres dies han anat augmentant en una progressió gairebé geomètrica. Molt sovint, els seus autors han estat mestres o escriptors especialitzats en llibres infantils. Parlarem únicament dels dos primers perquè creiem que van ser molt representatius en el seu moment i han servit de model per a la majoria de llibres de lectura que s'han publicat a partir dels anys 70 fins ara.

L'any 1976, s'edita *Foc*, de l'editorial Casals, escrit per Àngels Ollé. Les situacions que s'hi presenten giren al voltant de diferents escenes d'una família formada pels pares, tres germans i una àvia. Abarca el temps de durada d'un curs escolar i hi són representats tant el camp com la ciutat. Els textos, malgrat siguin d'estructura molt senzilla, tenen sempre present la qualitat literària. Al final del llibre hi ha una petita antologia literària (fragments de poesia, bàsicament, relacionats amb el curs de l'any). Aquest incipient interès pel tractament del text poètic i folklòric s'anirà mantenint en moltes publicacions posteriors, fins a arribar, sovint, a aparèixer llibres de lectura construïts exclusivament amb aquest tipus de textos.

L'any 1979 apareix *Tris, Tras*, llibre amb el qual s'enceta la nova editorial Onda. Escrit per M. Mata, J. M. Cormand i M. Correig, el seu resultat és fruit d'un llarg i acurat treball amb mestres dins 'El grup de lectura' de Rosa Sensat. La línia metodològica segueix les pautes marcades pel *Chiribit* en el sentit de treballar amb un vocabulari controlat i acumulatiu. L'ordre d'aparició de les paraules és determinat, en aquest cas, per les dificultats de relació so-grafia. El llibre presenta situacions reals de la vida quotidiana, ubicades totes elles en un mateix barri d'una gran ciutat. Els textos acostumen a ser explicatius —amb molts diàlegs incorporats— i d'estructura molt senzilla. Un element que adquireix una gran rellevància en aquest llibre és la il·lustració. Hi ha la concepció que una il·lustració qualitativament bona i que representi fidelment el que diu el text serà una inestimable ajuda per a l'infant en els seus primers passos en la recerca de significat.

L'èxit d'aquests nous llibres de lectura va suposar l'arraconament de les cartilles al nostre país i l'establiment definitiu dels llibres de contes com a materials complementaris per als primers lectors. Des de diverses posicions pedagògiques i literàries s'aconsellava utilitzar contes en les diferents etapes d'aprenentatge de la lectura.

En el llibre *Quins llibres han de llegir els nens?,* trobem aquests comentaris:

> En aquest nivell, quan el nen està tractant de resoldre les enormes dificultats que li comporta la lectura, convé donar-li llibres atractius, que l'ajudin a resoldre alguna de les seves dificultats i que deixin la impressió, després de la lectura, d'haver donat un pas important... Continuem recomanant com a base el llibre de contes... Considerem que els contes per a nens transmeten ja a la mesura infantil tots els valors humans, ètics i intel·lectuals que el nen és capaç d'assimilar ara (1981:69).

Però tots sabem que qualsevol narració, conte o història conté les seves implicacions ideològiques. Així, en aquella societat dels anys 60 i 70 assedegada de canvis, certes representacions de la realitat quotidiana –el paper de la dona, el món del treball, etc.– van aixecar crítiques a certs textos. Gay, Pascual i Quitllet, en el llibre *Societat catalana i reforma escolar,* alerten que en alguns d'aquests llibres s'hi poden perpetuar uns comportaments sexistes:

> L'home i el nen apareixen lligats a les activitats productives, al moviment, se'ls atribueix la decisió, la iniciativa, la força, ells cobreixen les necesitats de les dones. El pol oposat, a la dona, a la nena, corresponen les situacions estàtiques, estar a casa, servir (1973:250).

D'altra banda, aquesta mateixa societat canviant presentava noves necessitas pel que fa a la utilitat de la lectura en la vida pràctica dels nous lectors. Així es van anar integrant noves tipologies de textos en els llibres de lectura. Aquestes tipologies es mantindran durant molts anys.

> La familiarització de tots els nens amb el món de l'escrit haurà de constituir el primer objectiu de l'actuació escolar en l'ensenyament de la la lectura... La familiarització ha d'abastar tots els objectes de lectura (llibres, anuncis, rètols, etc.) (Colomer i Camps, 1991, 69).

També hi altres elements constituents del llibre que recullen els canvis tecnològics: millora en la impressió, en els materials (paper més gruixut, satinat, cobertes plastificades). Es constata una certa generositat en la distribució del text, els llibres d'aquells anys estan plens de dibuixos a tot color, espais en blanc... Sembla, doncs, que finalment es va arribar a entendre que els llibres en si mateixos també havien de ser adequats als lectors usuaris.

Als anys 80 hi ha una gran explosió editorial. Es creen un gran nombre de noves col·leccions de llibres. L'allau de publicacions d'aquests anys, però, no aporten gaires novetats. Els que van destinats a primers lectors, com ja hem dit abans, acostumen a seguir pautes de programació fonètica continuant amb el planteig de la col·lecció «A poc a poc». Quant al contingut, trobem una constant repetició de situacions de la vida infantil i una tendència a l'ensopiment de les històries:

> [...] l'interès a relacionar les primeres lectures del nen amb les seves vivències han presentat una vida familiar poc real, sense les tensions i angoixes amb què el nen creix cada dia..., el nen veu que en aquell món no hi passa res. [...] Els nens ja saben com acabaran aquestes històries dels seus llibres de lectura, perquè el pare, la mare, l'avi, fins i tot, els nens del llibre sembla que són d'una altra fusta, són de llibre. L'interès de saber què passarà, no el susciten aquestes històries, l'exitació de continuar llegint, d'arribar al final, no es manté al llarg del llibre (Ollé, 1984, 33).

## 3. Situació actual: fi i inici de milenni

L'objectiu de saber llegir i escriure s'ha anat modificant, o millor dit, especificant durant aquests cent anys. A començaments de segle, llegir era un element imprescindible per l'accés a la cultura i, per tant, element alliberador de l'home, i ara, quan anar a escola ja és una realitat per a tothom, saber llegir és un objectiu que es dóna per descomptat. Però, actualment, hi ha la preocupació de com fer arribar els nens a la lectura comprensiva, com formar l'hàbit lector, que comporta sempre l'educació literària.

L'interès per la lectura que des de l'escola s'ha generat ha estat ben rebut per uns pares més implicats en l'educació dels seus fills. Aquesta nova actitud dels pares i el rol consumista que ha pres la infància escolaritzada han afavorit l'aparició d'un gran nombre de col·leccions de contes per als primers lectors. Aquestes col·lecions permeten donar suport des de casa a la lectura, o ampliar els textos que comencen a llegir els nens, dins la mateixa aula, en el racó de biblioteca, on els primers lectors es poden llançar a llegir sols. Les noves necessitats han creat èxits editorials, i l'interès per la nova clientela. Només cal observar en alguns catàlegs com la majoria d'editorials de literatura infantil i juvenil tenen més col·leccions obertes per a primers lectors que per a la resta d'edats (La Galera, Edebé, etc.)

Les últimes orientacions pedagògiques que ens han arribat des del constructivisme posen molt d'èmfasi en la necessitat de tenir present el llenguatge escrit que envolta el nen. Cal començar tots els aprenentatges a partir dels coneixements previs, i de la pròpia realitat social, ja que els nostres infants, molt abans de posar-se a aprendre a llegir ja han rebut molta informació sobre el text escrit. Montserrat Fons aconsella:

> ...la possibilitat que l'escolar trobi a dins i fora de l'escola les mateixes fonts de lectura..., i pugui transferir fàcilment els aprenentatges d'un lloc a l'altre (1999:64).

S'està ampliant la llista d'eines bàsiques de l'aprenentatge. Al guix, la pissarra i el llibre hi hem d'afegir altres materials escrits de l'entorn exterior: nom de marques comercials, eslògans publicitaris, rètols de botigues, fullets de propaganda, etc., i de l'entorn de la classe, com la rotulació d'alguns dels seus elements, retolació que, en massa casos, és forçada.

La lectura és funcional en el dia a dia de la classe, i el llibre, en la vida d'algunes aules és més presencial que d'ús. Les noves orientacions sembla que tendeixen a deixar de seguir –de passar– un llibre de lectura. S'espigolen textos, es llegeixen contes, però en alguns casos la lectura en veu alta –en petits grups– ha perdut protagonisme a l'aula i, en conseqüència, també el llibre de lectura. Tot i que la majoria d'aules disposen d'un racó de lectura i de diverses col·leccions de llibres, i malgrat que els mestres aconsellen els pares sobre la necessitat de compartir la lectura amb els seus fills, es pot observar un cert desequilibri entre la presència dels materials escrits no literaris i els llibres. Els nens i les nenes troben per partida doble –al carrer i a l' escola– els textos funcionals (rètols, propaganda, etc.) i, en canvi, no tots els nens troben els llibres fora de l'escola.

## 4. Algunes qüestions per continuar rumiant

Sembla que durant aquests cents anys els "primers llibres" hauran passat, de ser una eina imprescindible per l'aprenentatge de la lectura, a una eina auxiliar. De la cartilla es va passar al llibre de lectura que contenia narracions, contes, alguns poemes etc., i que va caracteritzar una manera de fer la classe de lectura: petits grups, comentaris dels nens, conversa introductòria del text, etc. La lectura guiada amb la mestra facilitava la comprensió del text, establir uns lligams afectius amb els llibres i també permetia anar rebent, d'una manera indirecta però efectiva, la valoració que la nostra col·lectivitat té del llibre com a objecte transmissor de cultura, font de descoberta i de plaer.

No hem arribat, potser, de "passar" un llibre de lectura a passar del llibre de lectura? La realitat inventada, les històries escrites en llibres, o sia la literatura, està perdent protagonisme davant la realitat immediata del nen com a punt de partida de qualsevol nou coneixement? Molts nens saben ben aviat que llegir serveix per conèixer el seu nom, les seves pertinences, etc. Però, i per somniar? Descobrir les capacitats de la imaginació exigeix també el seu temps, la seva dedicació.

Però encara sorgeix una altra qüestió en aquest àmbit de les primeres lectures. Quin paper han fet els llibres de lectura en aquesta tasca d'introduir els infants en el món literari? Aquestes lectures, que en molts casos han estat les primeres, no formen part del que coneixem com a Literatura Infantil? Juan Cervera defineix aquesta literatura, com a literatura instrumentalitzada:

> Bajo este nombre se pueden colocar bastantes libros que se producen ahora sobre todo para los niveles para la educación preescolar e iniciales. Propiamente son más libros que literatura. Suelen aparecer bajo la forma de series en las que, tras coger un protagonista común, lo hacen pasar por distintos escenarios y situaciones: la playa, el monte, el circo... (1991:18).

Però aquesta presa de posició entre el que és o no literatura infantil en funció del seu contingut didàctic ¿ha d'excloure necessàriament el que té de formatiu qualsevol lectura? Marc Soriano opina:

> Si la infància és i queda com un període d'aprenentatge, cosa que sembla ineludible, tot missatge que s'adreci a ella en el curs d'aquest període té necessàriament una vocació pedagògica. La literatura infantil és, ella també, necessàriament pedagògica en el llarg sentit que aquesta paraula pot prendre...(1987:186).

Així, doncs, els contes, les històries ¿no són els materials idonis per descobrir el poder de la lectura? Descobrir les lletres, paraules, frases..., i la seva funció, les maneres com s'organitza una narració mentre es van assaborint històries que ens diuen com som, què fem, que contenen el coneixement de l'*ésser* humà i del món..., no és un objectiu prou valuós? Teresa Duran sí que considera els Sil·labaris i els Abecedaris, com a literatura per a infants:

> ... També un abecedari, sobretot un dels clàssics, seria un document sobre la senyalització alfabètica, però, en la gran majoria dels casos, aquest llibre edulcora el seu contingut informatiu amb una estrofa o creació lúdica, com ja hem dit, i per tant, hem col·locat les beceroles com a primer tast de llibre literari (1995:130).

Però, quin paper faran totes aquestes publicacions en la construcció de l'itinerari lector? Potser caldrà que des del camp dels professionals es comentin aquestes publicacions, és a dir, es vigili la qualitat del tast. Treballar en *el com* haurien de ser els primers llibres, no solament des de la seva lecturabilitat sinó des de la perspectiva literària independentment dels objectius de màxima rendibilitat pedagògica immediata.

¿O potser, sense ni sospitar-ho, ens haurem encaminat a fer de la lectura, que a començament de segle era un somni per a les classes populars i un element de la utopia alliberadora, una feina feixuga amb objectius funcionals concrets? Perquè solament necessitem unes lectures amb poc nivell literari i l'abús de materials de l'entorn –eslògans, propaganda, etc.– per fer de la lectura, no un poder alliberador, sinó més aviat un poder massificador.

# 4.
## LA SOCIETAT DE LA INFORMACIÓ I EL CONSUM

*"Para mí, lo esencial es que existe un lugar al que puede ir la gente cuando tiene ganas de cultivarse o de cambiar, cuando tiene ganas de ser diferente. Algo que la sociedad puede poner a disposición de la gente. Creo que habría que repensar a la sociedad como una especie de biblioteca. Tal como está hecho el sistema, es la gente la que está a disposición de la sociedad."*

[Resposta de Daoud, jove senegalès d'un barri perifèric de París, entrevistat per Michèle Pétit en la seva recerca sobre els nois i les noies que freqüenten les biblioteques públiques. (Pétit, 1999)]

# 4.1. LES BIBLIOTEQUES PER A INFANTS

MÒNICA BARÓ I LLAMBIAS
*(Universitat de Barcelona)*

A principis del segle XX, en una època en què tota cultura i educació passava pel llibre i en un context ideològic influït per les formulacions teòriques del noucentisme, la biblioteca es configurarà com un element essencial per a l'educació del ciutadà i li permetrà d'accedir a aquesta cultura que, en altres èpoques, havia estat reservada a les elits. Per això, tan bon punt Catalunya tingué la possibilitat de dur a terme el programa ideològic d'aquest moviment a través de la institució de govern que era la Mancomunitat, es van impulsar diverses actuacions encaminades a fomentar l'educació en general, bé a través de la creació d'institucions d'ensenyament de grau divers com de la implantació de biblioteques públiques.

## 1. Les bases de les biblioteques per a infants als inicis del segle XX

Els infants, vistos com els ciutadans del futur, seran especialment tinguts en compte en aquestes polítiques educatives i culturals i per a ells es crearan serveis bibliotecaris específics. Així, les noves institucions escolars on s'aplicaven els més avançats mètodes pedagògics del moment seran les primeres de comptar amb biblioteques escolars. Igualment, les biblioteques públiques de la Mancomunitat, creades a partir de 1918, disposaran d'una secció específica per al públic infantil.

Es pot dir, doncs, que, encara que amb cert retard en relació amb els països anglosaxons, les biblioteques per a infants a Catalunya comencen a ser una realitat al primer quart del segle XX i que ja en aquest primer moment els mestres i les bibliotecàries varen començar a plantejar-se de quina manera les biblioteques podien servir a aquests nous lectors i a reflexionar sobre les seves necessitats i, també, sobre els hàbits de lectura dels infants i dels joves (Mañà, 1994).

Per tal de poder donar resposta a aquestes i d'altres qüestions, ja des dels inicis, les professionals que es formaven a l'Escola de Bibliotecàries de la Mancomunitat de Catalunya adquirien durant la seva formació inicial –i també en la continuada– els coneixements i els criteris per a crear i gestionar col·leccions infantils de les biblioteques on, com veurem, varen aplicar moltes de les tècniques d'allò que ara en diríem "animació de la lectura" que arribaven a Catalunya a través de les revistes professionals nord-americanes (Estivill, 1992).

## 2. Les seccions infantils de les biblioteques populars. L'obra de la Mancomunitat de Catalunya (1918-1924)

A Catalunya, els serveis bibliotecaris per a infants neixen en el context de la biblioteca pública, que prendrà com a model l'anglosaxó de les *free town libraries*. Ja en el text fundacional, el *Projecte [...] sobre la instal·lació a Catalunya d'un sistema de Biblioteques Populars*, s'esmenta que "el lliure accés del públic a les prestatgeries, *la secció infantil* i el préstec de llibres, sense demanar més garanties que el coneixement del domicili del lector, són les condicions bàsiques de la nostra organització de biblioteques" (*Projecte...*, 1915). Aquestes característiques es destaquen, precisament, com a indicador de la modernitat del projecte, atès que eren unes pràctiques poc habituals –si no desconegudes– a la resta de l'Estat. Les seccions infantils seran una realitat a les primeres biblioteques populars inaugurades l'any 1918 (Valls, Sallent, Olot i les Borges Blanques) (Rovira, 1994), i han tingut continuïtat d'aleshores ençà (Aloy, 1998).

Com és lògic, i precisament per la seva novetat, la instauració i el funcionament de les seccions infantils varen despertar algunes preocupacions entre les bibliotecàries que hi treballaven, tal com es pot resseguir en els *Anuaris de les biblioteques populars*, en què, periòdicament i des de 1922, apareixen anotacions relacionades amb el dia a dia d'aquesta secció. Aquests testimonis escrits de les bibliotecàries proporcionen dades precises sobre l'èxit d'aquestes seccions però també sobre els problemes que generaren (Mañà, 1999).

De l'èxit d'aquestes seccions infantils de la biblioteca pública en localitats mancades d'altres espais per a nens, ens en donen fe algunes bibliotecàries, que es veuen obligades a limitar l'accés d'aquests lectors:

> Els lectors infants! Són el cavall de batalla de la nostra biblioteca. Ens en vénen tants, que ens hem vist obligades a controlar la seva entrada. És una tasca complicada i àdhuc delicada; els infants que traiem pel seu mal comportament o perquè no saben llegir, tornen a insistir per poder entrar, molts dies seguits, i quan s'han convençut que la nostra resolució és irrevocable, pensen en petites revenges, fàcils de trobar en un lloc com la Biblioteca, de tanta quietud. Per altra banda, els petits lectors mentre estan a la sala es porten bé, i he aconseguit força quietud, però per arribar en aquests resultats hem dedicat forces estones, i és tanta l'angúnia que no molestin els lectors adults, que quasi es pot dir que és excessiva la vigilància, amb perjudici de la llibertat que tot lector ha de tenir a la Biblioteca, encara que sigui un infant. Lluïsa Rivas. "Biblioteca Popular de Calella", *Anuari de les Biblioteques populars*. (1934), p. 227. (Mañà, 2001).

> Algunas veces, como una bandada de pajaritos, han venido algunos párvulos, por el aspecto de los cuales se echa de ver en seguida que ni el alfabeto conocen, pero he creído conveniente no admitirlos, pues, aunque pudieran entretenerse mirando láminas de libros, no creo sea ésta la misión de la Biblioteca.[...] A veces, estos parvulitos demuestran mucha picardía, aunque inocente, claro está. A uno de ellos, de aspecto avispado, y que ya había cogido tres libros del armario, le pregunté: "¿Sabes leer?" "Sí, señora." "Pues bien, lee esto" (era el título de un cuento). Muy serio, fijó la vista en el escrito como si leyera y dijo: "Libro." Le despedí con las palabras de rigor y una observación sobre el vicio de la mentira; pero debo confesar que me hizo mucha gracia. M. Pilar Herp. "Biblioteca Popular de Granollers", *Anuari de les Biblioteques populars*, (1928), p. 98 (Mañà, 2001).

En altres ocasions, això no obstant, els nens són vistos més aviat com un problema o com el causant, fins i tot, de la pèrdua de públic adult. Per això, en algunes biblioteques s'arriba a prohibir la realització de treballs escolars:

> Els infants, principalment els nois més grans, en sortir de l'escola venien quasi

bé tots a la Biblioteca a fer els deures escolars, i ara els ho hem prohibit. Haguéreu vist com entraven com esperitats per prendre els llocs que ells consideraven millors; haguéreu vist l'escampadissa de llapis, carpetes i tinterets [...] Tot això portava gran enrenou, i al final n'han sortit malparades les taules, i més que res, els pàmpols dels llums, en els quals lluïen totes les cal·ligrafies, juntament amb parauletes gens piadoses... I més encara [...] les carteres que tots els escolars portaven, les quals, ultra servir-los per a portar els estris, vàrem poder comprovar que també els servien magníficament per a alleugerir els armaris de la Biblioteca. Francesca Farró. "Biblioteca Popular de Granollers", *Anuari de les Biblioteques populars*, (1934), p. 162 (Mañà, 2001).

[...] un altre dia hi havia a la Biblioteca tants d'infants, arribats de bona hora, que, a més els seus, ocupaven bastants llocs dels adults. Un senyor, en veure que no tenia on seure, marxà malhumorat, tot dient: "Aviat semblarà una escola, aquesta Biblioteca". Mercè Enrich. "Biblioteca Popular de Tarragona", *Anuari de les Biblioteques populars*, (1934), p. 149 (Mañà, 2001).

Però moltes bibliotecàries feien un balanç més positiu de la presència dels nens a les biblioteques i, en relació amb les tasques escolars, contribuïen en la mesura de les seves possibilitats en el que en podríem anomenar una incipient "formació d'usuaris", instruint els nens i les nenes en els rudiments de la recerca o bé aprofitaven per a dur a terme algunes activitats que, des de la perspectiva actual podríem situar entre el bibliofòrum i els clubs de lectors:

Si bé és veritat que els menuts requereixen la nostra constant vigilància, no ens podem pas queixar de llur comportament; a primera hora solen fer les tasques escolars, per les quals moltes vegades són ben exigents a sol·licitar el nostre ajut. Un dia, els hem d'iniciar en el maneig del diccionari; altres, ens demanen, per exemple, un llibre on puguin trobar aranyes per a dibuixar i llur definició, o bé cerquen el conreu del cotó i les indústries que se'n deriven; etc. Trinitat Pi. "Biblioteca Popular de Valls", *Anuari de les Biblioteques populars* (1935), p. 10 (Mañà, 2001).

De tant en tant, per tal que la seva estada [dels nens] no els fos pesada, i acostumar-los al silenci en les hores de lectura, tot distraient-los i instruint-los, els dijous a la tarda, de dos quarts de quatre a dos quarts de cinc, hora d'obrir la biblioteca, els hem reunit [...] Els temes de les nostres converses són variats: un dia relatem biografies d'homes cèlebres; un altre, passos d'història sagrada, invents, etc.; però el que més resultats ens dóna és fer comentaris dels llibres de la seva secció: de la manera de tractar-los, posant-t'ho en pràctica; forma de girar els fulls; disposició en què es troben els llibres en llur secció corresponent; en fi, una sèrie de pràctiques disciplinàries que condueixen al bon règim de llur secció. Rosa Sarrado, "Biblioteca Popular de Pineda", *Anuari de les Biblioteques populars* (1930), p. 108 (Mañà, 2001).

## 3. Les biblioteques infantils durant la II República (1931-1939)

La política bibliotecària iniciada per la Mancomunitat de Catalunya reprengué el seu ritme després de la dictadura de Primo de Rivera, amb la instauració de la República. Aquesta política recuperava l'interès per la lectura dels infants impulsant la creació de seccions infantils a les biblioteques públiques però també donant resposta a les necessitats que, en aquest sentit, manifestava el món educatiu. Al 1932, el Consell de Cultura de la Generalitat de Catalunya va elaborar i aprovar una *Proposta d'organització de les Biblioteques de Catalunya (Proposta...*, 1932) que, en essència, ampliava les atribucions del Servei de Biblioteques amb relació a les biblioteques públiques i establia les bases d'un renovat sistema bibliotecari. En aquest document s'indicava que calia establir biblioteques a les poblacions que ja disposaven d'un Institut d'Ensenyament Secundari i es preveia la instal·lació de sales de lectura per als infants a totes les poblacions de Catalunya, que estarien constituïdes per lots circulants servits per les biblioteques populars que, en aquest cas, actuarien com a centrals. On hi hagués una biblioteca popular, la sala infantil seria una dependència d'aquesta. Les sales de lectura, impulsades per l'Associació Protectora de l'Ensenyança Catalana, havien de constituir una xarxa que es va acabar creant en plena guerra, el juliol de 1938 (Estivill, 1992). Com ja s'havia fet en ocasió de l'establiment de les biblioteques populars de la Mancomunitat, també en la *Proposta...*, es preveien tots els aspectes organitzatius previs a la realització del projecte i, fins i tot, s'indicava que aquesta xarxa havia de dependre del Servei de Biblioteques i que les persones que se'n farien càrrec havien d'obtenir un certificat especial expedit per l'Escola de Bibliotecàries, després d'haver realitzat el corresponent curset. Tal com apunta Teresa Rovira, en aquest període inicial, les realitzacions que afecten preferentment l'àmbit de les biblioteques es complementen amb un increment notable, tant quantitatiu com qualitatiu, de l'edició de llibres infantils en català, fet que generà un interessant debat sobre aquest "gènere" entre els intel·lectuals de l'època i, especialment, entre els pedagogs (Rovira, 1976; Rovira i Ribé, 1972).

## 4. Les biblioteques escolars a Catalunya a principis del segle xx. L'obra del Patronat de Cultura de l'Ajuntament de Barcelona

La instauració i el desenvolupament de les seccions infantils de les biblioteques populars catalanes va córrer paral·lel a una notable, per més que efímera, florida de les biblioteques escolars, enteses com a col·leccions d'obres actuals posades a disposició dels nens i les nenes. Els aires renovadors que arribaven d'Europa i dels Estats Units tingueren efectes en la modernització de la pedagogia catalana i, concretament, en l'aparició de les primeres biblioteques escolars en què els usuaris i principals destinataris dels fons i dels serveis eren els nens. Aquestes biblioteques aparegueren, en primer lloc, en els centres on el professorat més compromès amb la renovació pedagògica assajava profunds canvis en els mètodes docents, sovint sota l'empara de les pròpies institucions –com l'Ajuntament de Barcelona o la pròpia Mancomunitat, primer, o la Generalitat més endavant (Vergés, 1973). Aquests mètodes propugnaven l'aprenentatge actiu per part de l'alumne que havia d'arribar al coneixement a través de l'observació, del descobriment i de les seves pròpies deduccions que es basaven, sovint, en la consulta d'una documentació que forçosament havia d'estar organitzada. A més, i seguint l'ideari noucentista ja esmentat, l'escola havia de posar a l'abast dels nois i les noies la que en aquell moment era la "cultura" per excel·lència, es a dir, la producció literària dels països occidentals i, alhora, havia de facilitar el coneixement de la llengua catalana per mitjà de la lectura de llibres infantils.

La primera realització en aquest sentit parteix de l'Ajuntament de Barcelona, institució que es va mostrar especialment activa en el tema de l'ensenyament, no solament en la construcció d'edificis escolars dignes sinó, també, en la creació d'una Comissió de Cultura que s'ocupava, preferentment, de les qüestions educatives del municipi (Domènech, 1995). Va ser precisament aquesta Comissió que, al 1918, disposà la creació de biblioteques a totes les escoles de nova construcció.

Com a complement d'aquesta iniciativa que només beneficiava els centres de titularitat municipal, al 1921, l'Ajuntament creà, per mediació de la seva Comissió de Cultura les anomenades "Biblioteques escolars circulants", que anaven destinades al conjunt d'escoles públiques d'ensenyament primari de Barcelona. En el text de presentació de la iniciativa, d'una sorprenent actualitat, es justificava la inexistència de biblioteques escolars en l'Espanya del moment, amb els arguments següents:

> Fins no fa molt, ha estat general en les nostres Escoles una certa temença a donar als nois altres llibres que no fossin els de text –temença que ja fa més temps, hagueren de vèncer també les Escoles d'altres països– essent considerats aquests llibres quan no un perill pels alumnes, una causa d'indisciplina dintre la vida de l'Escola. (Ajuntament, 1921).

Aquesta argumentació seguia, tot contraposant l'efecte dels llibres de text amb el d'aquells altres llibres que,

> encara que no es refereixin directament a les matèries de classe, els serveixin de complement i les alliberin d'aquella monotonia, rigiditat i eixerreïment que poguessin tenir usades d'una manera massa isolada (Ajuntament, 1921).

Al mateix opuscle, s'establia un reglament en el qual es regulava el préstec de llibres, i s'incorporaven alguns exemples de documents com ara els carnets de lector, els formularis per a fer enquestes d'avaluació i tota la documentació

> necessària per a facilitar la tasca als mestres directors de l'Escola i assenyalar el camí que la Comissió de Cultura voldria que emprengués aquesta institució (Ajuntament, 1921).

Els lots de llibres constaven de 140 títols, seleccionats d'entre la producció catalana i castellana del moment, i es varen repartir a 20 escoles públiques de la ciutat, triades en funció de *"la major perfecció d'organització de les escoles que ho sol·licitin"*. El fullet indicava quins criteris havien regit la selecció de les obres i així determinava que no eren

> riques sinó humils edicions per donar a conèixer als nois i a les seves famílies com es poden adquirir obres a preus econòmics i a l'abast de tothom. Com tampoc no els ha unificat amb una enquadernació per la mateixa raó, per treure la sensació que tenen moltes voltes les classes humils que els llibres són una cosa de certa oficialitat que

només es poden trobar a les grans escoles i als grans centres culturals, com també per no treure-li aquella fesomia especial que té cada llibre, que ajuda i tot, hi ha voltes, a fer que no oblidem l'encant que ens pugui haver causat (Ajuntament, 1921).

Cada lot de llibres es disposava en uns armaris dissenyats específicament per a tal finalitat i s'acompanyava del catàleg alfabètic d'autors en el qual constava, a tall de signatura topogràfica, el número d'ordre dels llibres als prestatges dels armariets. Juntament amb els llibres, es trametien a les escoles les fitxes dels lectors, el llibre de registre dels préstecs, les fitxes de valoració de les obres llegides i l'esmentada enquesta avaluativa que s'havia de repartir entre els alumnes en finalitzar el curs i on s'havien d'indicar els cinc llibres que més els havien agradat. Cada fi de curs les escoles havien de retornar el lot i havien de complimentar una mena d'informe sobre *"els fruits obtinguts per la biblioteca i les reformes que hi creuen convenients"* (Ajuntament, 1921) i sobre l'estat físic de la biblioteca.

No obstant arribar a totes les escoles públiques de la ciutat, la política de promoció de les biblioteques escolars endegada per l'Ajuntament de Barcelona es va concretar d'una manera més clara en les escoles de titularitat municipal, i algunes d'elles varen fer que la biblioteca esdevingués un eix central de la pràctica educativa. A l'Escola del Mar, fundada en 1922, la biblioteca va convertir-se en el veritable motor per a la lectura i la recerca, com ho demostren els treballs que els propis alumnes elaboraven a partir de la documentació que s'hi podria trobar i, també, les valoracions que els nens i les nenes feien dels llibres llegits (Escola del Mar, 1927 i Escola del Mar, 1936). Aquesta biblioteca era sustentada econòmicament amb una aportació setmanal voluntària –de deu cèntims en aquella època– i els propis alumnes contribuïen en el seu funcionament col·laborant estretament amb el professor bibliotecari (Vergés, 1931a i 1931b).

## 5. Les biblioteques escolars a la Segona República (1931-1939)

Com en el cas de las biblioteques públiques, l'adveniment de la República va significar també un impuls notable de les biblioteques escolars no sols a la capital, sinó a tot Catalunya. Així, les Normes per a l'organització de l'ensenyament secundari a Catalunya, redactades l'any 1931 pel Consell de Cultura de la Generalitat, en l'apartat 16, especificaven que:

Restarà exclòs el llibre de text en la seva forma rebaixada d'ordenador de les lliçons a cada classe. El llibre serà elevat a la categoria d'instrument de treball o de consulta bibliogràfica. En els darrers dos anys, el llibre podrà ajudar a la sistematització dels coneixements adquirits. (Galí, 1979: 320).

Però altre cop no s'arriben a articular els mecanismes necessaris que permetin la creació de biblioteques escolars com les de l'Ajuntament de Barcelona a tot Catalunya i les actuacions es basen més aviat en el voluntarisme dels professors com es desprèn de les paraules de Jordi Rubió, en aquell moment Director del Servei Tècnic de Biblioteques Populars que, en un article aparegut al *Butlletí dels Mestres* a propòsit de les biblioteques escolars, esmenta que

...hi ha mestres que, amb tot i les coercions limitadores de tota iniciativa dels tristos anys passats han sentit finalment les necessitats de l'hora i les han suplertes abnegadament, desvetllant en llurs alumnes un alt sentit de convivència i solidaritat (Rubió, 1931).

Aquesta tasca voluntarista i entusiasta té el seu reflex precisament en una iniciativa de l'esmentada revista *Butlletí dels Mestres*, que als anys trenta realitza una enquesta sobre l'organització de biblioteques escolars i convida els mestres de tot Catalunya a explicar la seva experiència en aquest camp. L'enquesta incloïa dades sobre vuit qüestions bàsiques: com va néixer la idea de crear la biblioteca, com es varen adquirir els llibres, dades estadístiques de les adquisicions, sistema de selecció dels fons, dades sobre el funcionament de la biblioteca, incidències de la seva vida, estadístiques i observacions personals sobre els fruits obtinguts de l'experiència. El resultat d'aquesta sol·licitud va ser la publicació de nombrosos articles en què professors dels més apartats racons de Catalunya exposaven les seves experiències entorn la biblioteca escolar (Bargés, 1931; Gras, 1931; Ejarque, 1931).

Si les petites escoles d'implantació rural havien de recórrer al voluntarisme per crear i fer funcionar les seves biblioteques, no passava el mateix amb alguns centres d'ensenyament que, per una o altra causa, eren considerats l'ensenya de la pedagogia a Catalunya. Ja hem esmentat les escoles municipals barcelonines que, en aquesta nova etapa d'autogovern, continuen gaudint de bones biblioteques escolars. A aquests centres, cal afegir-hi l'Institut Escola de la Generalitat de Catalunya, creat el 26 d'octubre del 1931, segons el model del Instituto Escuela de Madrid, que funcionava ja des de 1918. Evidentment, aquest centre dotat de tota mena de recursos disposava d'una completa biblioteca i en el seu Règim intern consta específicament que

> "els serveis de la biblioteca escolar es regiran per un reglament especial. Atendran a la formació, en els deixebles, d'una capacitat de lector apte per a la crítica i per a extreure de cada lectura el màxim d'eficàcia educativa" (Domènech, 1998: 545).

Aquesta biblioteca tenia una dotació inicial de 200 títols i al gener de 1939 havia arribat als 2000 volums en diverses llengües, especialment en català, castellà, francès i el seu funcionament era similar a la de les biblioteques dels grups escolars del Patronat, però així com aquestes es nodrien de les aportacions econòmiques setmanals dels alumnes, la de l'Institut-Escola era de caràcter gratuït. Segons Salvador Domènech

> "en no comptar amb l'ús del llibre de text clàssic en l'aprenentatge de les disciplines escolars, el paper de la biblioteca escolar a l'Institut-Escola tingué un paper rellevant. Era un component integral del programa docent del centre i, per tant, compartia el compromís de formar els alumnes i d'intentar ajudar-los a pensar amb eficiència i creativitat" (Domènech, 1998: 426).

## 6. Les biblioteques per a infants durant la dictadura (1939-1975)

Després de la Guerra Civil, la titularitat de les biblioteques i d'alguns centres educatius de la Generalitat recaurà, de nou, en les Diputacions provincials i els Ajuntaments, respectivament. En aquest nou context de postguerra no es detecten gaires iniciatives per a la promoció de les biblioteques destinades al públic infantil, tot i que, precisament a l'octubre de 1940, i com a epíleg de la fructífera etapa anterior, s'inaugura la primera biblioteca infantil segregada d'Espanya: la *Biblioteca Popular Juvenil de la Santa Cruz* (des de 1977, Biblioteca Infantil de la Santa Creu). De fet, es tractava d'un projecte que es gestava de feia temps i, amb aquest objectiu, s'havia becat la bibliotecària Lluïsa Rivas per tal que conegués el treball de la biblioteca *L'Heure Joyeuse,* de París, i pogués aplicar les seves experiències a les biblioteques infantils catalanes (Rovira, 1994). Aquesta nova biblioteca es va instal·lar primer a la planta baixa de la Biblioteca Central de la Diputació de Barcelona (avui, Biblioteca de Catalunya), en una petita sala amb entrada pel carrer Egipcíaques, i es va nomenar com a directora la mateixa Lluïsa Rivas. Al principi, la biblioteca acollia lectors infantils i juvenils a les seves dues sales. A l'any següent, al 1941, es va inaugurar el que més aviat era una sala de lectura, la biblioteca de San Pablo, ubicada en el mateix recinte, que va acollir nombrosos lectors juvenils. Aquesta biblioteca de la Santa Cruz que, com veurem, ha estat pionera en molts aspectes, va ser una de les primeres a dur a terme algunes de les activitats que realitzaven les biblioteques infantils a França i als Estats Units, com l'"Hora del conte", trobades amb autors i il·lustradors, celebració de tot tipus d'actes relacionats amb la lectura, etc.

Al 1967, la bibliotecària Teresa Rovira va elaborar un pla que havia de potenciar el caràcter infantil de la biblioteca i, a la vegada, dotar-la del *Centro de Documentación del Libro infantil*, el primer del seu gènere a Espanya (Rovira, 1967). Segons aquest pla, la nova biblioteca s'havia d'organitzar en dues seccions molt diferenciades. A la destinada als nens, es disposaria d'una sala de lectura amb espai per al préstec, però també de la seva saleta per a fer-hi l'hora del conte o per a la realització de les lectures comentades, d'un espai per a exposicions i, fins i tot, per a audicions musicals, dotada de mobles adequats als nens i dotada d'expositors especials per a disposar els àlbums infantils, cosa que en aquell moment constituïa una novetat a Espanya. En aquesta secció, s'establiria també una exposició permanent de les millors obres estrangeres de l'any destinades als nens. Juntament amb la secció infantil, el projecte preveia la instal·lació d'una segona secció destinada als especialistes, com educadors, bibliotecaris, editors, autors, il·lustradors i estudiants. En aquesta secció s'hauria de disposar la col·lecció històrica de llibre infantil en català que s'havia obtingut amb aquesta finalitat de la Biblioteca Central (Biblioteca de Catalunya) i un apartat de revistes especialitzades en llibre infantil. Com veiem, el pla preveia tots els aspectes essencials i, fins i tot, les qüestions relatives al personal. Així, quan Teresa Rovira dissenyava el perfil professional dels qui s'havien d'encarregar d'aquesta biblioteca, sol·licitava que fossin persones coneixedores de la producció editorial infantil i també coneixedores dels nens i que estiguessin disposades a realitzar tot tipus d'activitats destinades als petits lectors. Per als qui s'havien d'ocupar del "Centro de Documentación", Rovira considerava imprescindible un bon coneixement de la història de la producció editorial destinada a nens i joves i plantejava la necessitat de crear una espècie de seminari permanent del llibre infantil a imatge del que hi havia a la biblioteca *La Joie par les Livres*, que funcionava en col·laboració amb l'Association des Bibliothècaires Françaises. La majoria dels

129

aspectes que plantejava Rovira es varen anar fent realitat a partir de l'any 1977, quan la Biblioteca va traslladar-se a la sala gòtica que ocupa encara avui.

D'altra banda, i seguint el model de realitzacions anglosaxones, a la ciutat de Barcelona s'assajaven altres modalitats de biblioteques infantils segregades, com la biblioteca infantil J. M. Folch i Torres, fundada al 1963, i situada al bell mig del parc de la Ciutadella que va estar en funcionament fins al 1992 (Ventura, 1993).

En paraules de qui en va ser la seva impulsora i destacada especialista en llibres per a infants, Aurora Díaz-Plaja,

> los niños aceptan con naturalidad el regalo de la lectura gratuita como descanso de sus juegos. Tras el cansancio físico de corretear entre los bancos... nada mejor que el descanso físico entre las páginas de un cuento, en un local acristalado, lleno de libros bellos y lanzando su mente, hasta entonces inactiva, en un verdadero torbellino de imaginación y poesía (Diaz-Plaja, 1970).

Seguint aquest mateix model, al 1974 es va inaugurar la biblioteca infantil Lola Anglada, ubicada als Jardins Montserrat de la mateixa ciutat de Barcelona, que encara avui segueix en funcionament, per bé que reconvertida en biblioteca pública oberta a tots els públics.

A la resta de biblioteques públiques catalanes, que depenien bé de les corresponents diputacions o directament del Servicio Nacional de lectura, la diversitat era la nota predominant. Algunes disposaven de fons infantils i, fins i tot, de veritables seccions infantils que funcionaven més o menys bé segons la persona que es feia càrrec de la biblioteca. D'altres, mancades com estaven d'una política bibliotecària coherent, varen fer poca cosa més que subsistir a l'espera de millors temps, que arribarien amb la fi de la dictadura.

Pel que fa a les biblioteques escolars, que abans de la Guerra Civil tot just havien començat els primers passos a Catalunya, la involució soferta durant la postguerra va ser radical. La majoria de les biblioteques es varen tancar, i moltes de les col·leccions van ser dispersades, quan no destruïdes. Segons Alexandre Galí

> "les biblioteques escolars circulants varen constituir l'obsessió dels ajuntaments de la Dictadura que les van expurgar de llibres catalans com a cosa nefanda." (Galí, 1978: 299).

Les poques que restaren en funcionament, com podien ser, de nou, les del

Patronat escolar de l'Ajuntament de Barcelona, varen continuar funcionant però amb molta menys empenta. Aquestes eren les excepcions a la norma i, certament, caldrà esperar als anys 50 per assistir al redescobriment de la biblioteca escolar a Catalunya. En aquests anys, aprofitant la tímida obertura política, es varen crear algunes escoles de caràcter privat que, hereves d'aquelles de l'etapa precedent, varen recuperar els seus mètodes educatius, i, per tant, varen impulsar les seves pròpies biblioteques escolars. Així, l'escola Talhita (actualment Orlandai) crea la seva biblioteca ja des del moment de la seva fundació, l'any 1956 (Balaguer, 1978). Posteriorment, aquesta iniciativa serà seguida per altres escoles com Costa i Llobera o Garbí –que recollirà la tradició bibliotecària de l'Antiga Escola del Mar– (Lissón, 1978), per citar les més significatives. No obstant això, a la majoria de centres del país la biblioteca escolar, quan n'hi havia, no passava de ser un espai on es dipositaven alguns llibres, la majoria inservibles per a la funció educativa.

## 7. Les biblioteques per a infants a partir dels anys vuitanta

Com no podia ser d'altra manera, l'arribada de la democràcia va suposar una revalorització de la biblioteca, entesa ara com una eina per a posar a l'abast de tots els ciutadans una informació cada vegada més abundant i diversificada. En aquesta línia, al 1981 el Parlament de Catalunya va aprovar la primera Llei de Biblioteques (*Llei de Biblioteques...*, 1981) que va servir per impulsar la creació de biblioteques públiques a nombrosos municipis i millorar les que ja existien. Aquests darrers vint anys han vist la construcció i la renovació de nombrosos edificis per a allotjar biblioteques i, també, com aquestes introduïen nous formats documentals –enregistraments sonors, vídeos i, més modernament, CD-Rom– i noves maneres d'accés a la informació com ara els serveis de teledocumentació i, especialment, d'Internet. Aquests nous suports han contribuït d'una manera decisiva a donar a conèixer les biblioteques entre el públic juvenil que, tradicionalment, les utilitzava poc.

Els canvis socials han provocat un canvi en la funció de les biblioteques, que ha passat de la conservació de llibres i altres documents a la creació de serveis adreçats als usuaris, amb la prestació de serveis específics a comunitats especials i la programació de nombroses activitats relacionades amb el món de la lectura i la informació (Mañà i Mayol, 1999).

Tots aquests canvis i millores s'han donat també en les seccions infantils d'aquestes biblioteques que, a més d'equipar-se amb mobiliari atractiu i adequat a les necessitats dels infants, han vist millorat i incrementat els seus fons en un moment d'explosió de la producció de llibres infantils, tant en llengua castellana com catalana. En aquests darrers vint anys, a més, les seccions infantils de les biblioteques s'han obert d'una manera decidida als anomenats "pre-lectors" que, acompanyats dels adults, acuden a la biblioteca a mirar un fons bibliogràfic especialment pensat per a la seva edat en un espai propi. Per tal de reforçar aquesta nova visió de la biblioteca i de fer-la present en el seu entorn, s'han dut a terme moltes i molt variades activitats que en molts casos, tenien la lectura com a eix principal. A més de la ja tradicional "Hora del conte", s'han generalitzat els contactes amb autors i il·lustradors, les exposicions, els jocs i concursos a l'entorn de les obres i la creació d'espais de discussió i intercanvi de lectures com els anomenats "clubs de lectors". Algunes d'aquestes activitats han sobrepassat l'àmbit estricte de la biblioteca i, amb la intenció de captar lectors allà on es trobin i de promoure l'hàbit de la lectura entre els nens i joves –però també entre els adults–, han arribat a espais com les platges i les piscines. De la mateixa manera, les biblioteques públiques han programat accions encaminades a formar els nois i les noies en l'ús de la informació i per ajudar-los a utilitzar la biblioteca com a centre d'informació i de lleure. Moltes d'aquestes activitats s'han establert a través dels centres educatius, tot reforçant la relació entre biblioteca pública i biblioteca escolar.

Pel que fa a les biblioteques escolars, la represa generalitzada es pot situar també cap als anys vuitanta, un cop les administracions democràtiques comencen a millorar les estructures de l'ensenyament públic i els sistemes educatius tendeixen a valorar el treball dels alumnes. És, aleshores, quan es comença a sentir la necessitat de biblioteques a les escoles i es comencen a detectar les primeres iniciatives que s'articulen per donar suport a aquests serveis incipients (Baró, 1991).

Malauradament, la primera Llei de Biblioteques (*Llei de Biblioteques...*, 1981) que abans esmentàvem deixava de banda, explícitament, les biblioteques escolars. A causa d'això i de la manca de polítiques específiques des de les administracions, el desenvolupament de la biblioteca escolar ha estat impulsat per iniciativa de les mateixes escoles i per nombrosos mestres i bibliotecaris. Aquests col·lectius, sovint organitzats en grups o associacions més o menys estables i amb la col·laboració puntual de les administracions, han dut a terme una sèrie d'actuacions que en aquests vint anys han contribuït a millorar la situació de les biblioteques escolars a Catalunya. En aquest sentit, cal destacar la labor de la biblioteca de l'*Associació de Mestres Rosa Sensat* que, des dels anys 60, treballa pel foment de la biblioteca escolar i que, a més d'oferir informació i assessorament a les escoles, ha incentivat la formació de grups de treball sobre el tema i ha realitzat una tasca continuada en la formació específica dels "bibliotecaris escolars", a partir dels cursos de les Escoles d'Estiu que organitza l'entitat. L'interès creixent de la comunitat escolar per la biblioteca va portar també a la creació, al 1984, de l'*Associació Servei de Biblioteques escolars l'Amic de Paper*, amb l'objectiu de fomentar la biblioteca escolar i facilitar el seu funcionament quotidià. Aquesta associació ha engegat un seguit d'iniciatives com ara un sistema centralitzat d'adquisicions i tractament de llibres, cursos de formació, assessoraments directes, etc. En els darrers anys, s'ha creat també el grup *Bibliomèdia*, que busca reunir en un mateix àmbit tots aquells professors i bibliotecaris que treballen per la biblioteca escolar per tal d'intercanviar experiències i d'unificar les actuacions davant l'Administració. Arran de les I Jornades de Biblioteca escolar, organitzades el 1999 pel *Col·legi Oficial de Bibliotecaris-Documentalistes de Catalunya*, també es creà un grup de biblioteques escolars dins d'aquesta institució, integrat per representants de tots els col·lectius que treballen en el foment d'aquestes biblioteques.

Malgrat aquestes iniciatives, la situació de les biblioteques escolars a Catalunya continua essent en general precària, com ho mostren els estudis que en els darrers anys s'han dut a terme i que posen de manifest que les mancances principals se centren en l'organització dels fons i en la falta d'un especialista per a la biblioteca (Baró, Mañà i Roig, 1990). Tot i les campanyes encaminades a la millora dels fons, impulsades per l'Associació l'Amic de Paper i dutes a terme per la Generalitat de Catalunya i els ajuntaments, la biblioteca escolar no està encara en condicions d'afrontar el repte de la incorporació de les tecnologies de la informació i, per tant, difícilment pot complir plenament les seves funcions. Però malgrat aquestes precàries condicions que afecten el seu funcionament, les biblioteques escolars han tingut en els darrers anys un paper important pel que fa a la promoció de la lectura com a hàbit entre els escolars: més enllà de la lectura obligatòria, han proporcionat als alumnes la possibilitat d'escollir segons els seus gustos i de llegir segons el seu ritme. És per això que les biblioteques escolars, juntament amb les biblioteques públiques, tenen i tindran sempre un paper determinant en la promoció del llibre i de la lectura.

## 4.2. L'ESCLAT DE L'EDICIÓ: LLIBRES PER A TOT I PER A TOTHOM

ANNA GASOL I TRULLOLS
*(Consell Català del Llibre Infantil i Juvenil)*

La producció editorial de llibre infantil i juvenil en llengua catalana presenta unes característiques similars a la producció de la resta dels mercats occidentals, amb peculiaritats semblants a la resta de l'Estat espanyol pel que fa, per exemple, a la proporció relativament baixa d'editorials mitjanes i/o petites que han desaparegut, absorbides pels grans grups en les últimes dècades, i d'una manera especial els últims anys. Aquest important fenomen de concentració editorial sembla gairebé finalitzat, però podria produir encara alguna sorpresa, vist l'auge cada cop més important del mercat d'Amèrica llatina que atrau, fins i tot, l'atenció de les poques editorials mitjanes catalanes que encara es mantenen a l'hora de temptejar noves possibilitats de mercat, evidentment en llengua castellana.

El que hem dit abans ens du a destacar dos factors importants que marquen d'una manera decisiva l'edició del llibre en català: la dimensió del mercat –de pocs milions d'habitants i lectors-, d'una banda, i la concentració geogràfica, de l'altra.

El primer d'aquests factors suposa una dificultat editorial evident, ja que resulta molt difícil de trobar el punt d'equilibri econòmic en unes edicions de tiratge forçosament reduït. El segon factor, en canvi, permet aglutinar sense excessius costos tots els esforços de promoció i distribució dels llibres.

Una altra característica a tenir en compte és la forta competència de la producció en llengua castellana, una producció que ha experimentat un gran increment a causa del bilingüisme del lector català i de la necessitat de proveir de llibres i de materials de lectura per a edats més baixes que la dels lectors, per als fills dels immigrants provinents de diverses cultures i amb realitats lingüístiques diverses. En altres països occidentals, com Holanda, Portugal, Dinamarca, etc., s'editen materials de lectura, tant d'imaginació com de coneixements, diaris i revistes, expressament pensats per a cobrir les necessitats de tot un munt de lectors: persones d'edat, infants amb minusvalies diverses, immigrants, persones que han patit accidents, etc., amb el nom de materials de "lectura fàcil".

No obstant això, cal considerar l'evolució del lector català el qual, davant d'una obra traduïda, comença a tenir la tendència a triar la versió en llegua catalana.

És significatiu el fet que les editorials d'àmbit estatal segueixen interessades a mantenir i ampliar les seves instal·lacions a Catalunya per editar, també, en llengua catalana. Aquesta ha estat la dinàmica dels grans grups editorials i de comunicació que, amb el pas del temps, han anat adquirint empreses editorials mitjanes i petites amb prestigi i dotades d'un fons que havia aconseguit una forta impregnació en el mercat català, com pot ser la recent absorció d'Edicions de La Magrana pel grup editorial RBA. En altres casos, s'arriba a acords de coedició entre diversos grups del sector d'àmbit europeu, sobretot pel que fa a l'àlbum il·lustrat per als més petits, al llibre-joc que demana una manipulació important i que s'acostuma a fer a països orientals o d'Amèrica llatina, especialment a Colòmbia –el país del món on s'imprimeixen i manipulen més llibres– i del qual només es fa una edició i el llibre de coneixements que cada cop és més neutre per tal que sigui exportable a tot el món.

Aquesta dinàmica de concentració editorial ja comença a tenir resposta en altres comunitats autònomes, en forma de petites firmes editorials independents que potencien nous projectes culturals i fugen de les modes imposades pels grans grups.

## 1. Evolució de la producció en català segons dades de l'ISBN

Un repàs a la producció catalana del segle XX ens permet entendre l'evolució de l'edició del llibre infantil i juvenil i les dificultats editorials per aconseguir la normalització en el sector:

> **FE D'ERRADES**
> La pàgina 137 ha de ser substituïda per aquesta

| Any | Nombre de títols |
|---|---|
| 1930 | 308 |
| 1936 | 865 |
| 1940 | 0 |
| 1950 | 43 |
| 1960 | 183 |
| 1970 | 450 |
| 1975 | 611 |
| 1980 | 1.722 |
| 1985 | 3.471 |
| 1990 | 4.838 |
| 1995 | 5.193 |
| 1996 | 6.064 |
| 1997 | 6.856 |
| 1998 | 7.318 |

Si comparem les dades de l'any 1975 i les del 1980, ens adonem del considerable increment experimentat a partir del moment de la instauració de la democràcia, que suposa un augment del 182% en la producció del llibre infantil i juvenil en llengua catalana. A partir d'aquesta data, i gràcies a l'impuls editorial de les dues últimes dècades, l'augment es constata, any rere any, fins a arribar al 1999, any que registra un increment del 4,8%, respecte l'anterior, en el volum de llibres infantils i juvenils en tot l'Estat. Catalunya, aquest mateix any 1999, va ser la Comunitat autònoma on va augmentar més la producció editorial del sector infantil i juvenil que se situava en el 52,96% de la producció total de l'Estat amb un 22,4% de llibres en llengua catalana.

Les dades proporcionades pel Gremi d'Editors de Catalunya, que agrupa la major part de les editorials que publiquen llibre infantil i juvenil en català, corroboren les dades aportades per l'ISBN pel que fa a l'edició del llibre infantil i juvenil a Catalunya, que representa la meitat de l'edició respecte del total de l'Estat.

> **FE D'ERRADES**
>
> La pàgina 89 ha de ser substituïda per aquesta

## 3.1. ELS VALORS PEDAGÒGICS: DE LA RESISTÈNCIA ALS TRANSVERSALS[1]

RAMON BASSA I MARTÍN
*(Universitat de les Illes Balears)*

La intenció d'aquest escrit és donar a conèixer i destacar els valors pedagògics que la literatura infantil i juvenil catalana ha volgut –i pogut– transmetre durant quasi cinquanta anys, del 1936/39 al 1985, és a dir d'un període de resistència fins a la democràcia.

El llibre infantil és un dels productes de viure en societat i de posseir un llenguatge i una cultura. És possible per la "humanitat" o per la "personització" –terme emprat per A. Sanvisens (1987:131)–, i per tant, un objecte d'estudi des de la perspectiva de les ciències de l'educació, en el sentit que viure en societat suposa també tenir unes pautes de conducta, una transmissió cultural, una acció en el temps i en l'espai, en definitiva, també una forma d'educació. I el que voldríem analitzar seguidament són els principals d'aquests aspectes del missatge educatiu.

Aquesta anàlisi forma part d'un estudi més ampli desenvolupat a Bassa (1994; 1995). L'estudi de camp fou realitzat a partir de l'anàlisi de contingut de 132 llibres de literatura infantil i juvenil d'autors catalans de l'època franquista (un 85'2% sobre els 155 llibres publicats) i 152 llibres escrits entre 1976 i 1985 (un 38'9% sobre els 391 llibres publicats), la qual cosa fa un total de 284 llibres i representa el 52% per cent de la producció total de 1939 a 1985. La mostra seleccionada reunia les condicions següents:

---

1. Aquest capítol és una versió del publicat a AAVV: *Literatura infantil i juvenil actual*, Vela Major, Barcelona: Barcanova, 1999, amb el títol "El missatge educatiu de la literatura infantil", 7-30.

| Any | Nombre de títols |
|---|---|
| 1930 | 308 |
| 1936 | 865 |
| 1940 | 0 |
| 1950 | 43 |
| 1960 | 183 |
| 1970 | 450 |
| 1975 | 611 |
| 1980 | 1.722 |
| 1985 | 3.471 |
| 1990 | 4.838 |
| 1995 | 5.193 |
| 1996 | 6.064 |
| 1997 | 6.856 |
| 1998 | 7.318 |

La producció editorial de llibre infantil i juvenil en llengua catalana presenta unes característiques similars a la producció de la resta dels mercats occidentals, amb peculiaritats semblants a la resta de l'Estat espanyol pel que fa, per exemple, a la proporció relativament baixa d'editorials mitjanes i/o petites que han desaparegut, absorbides pels grans grups en les últimes dècades, i d'una manera especial els últims anys. Aquest important fenomen de concentració editorial sembla gairebé finalitzat, però podria produir encara alguna sorpresa, vist l'auge cada cop més important del mercat d'Amèrica llatina que atrau, fins i tot, l'atenció de les poques editorials mitjanes catalanes que encara es mantenen a l'hora de temptejar noves possibilitats de mercat, evidentment en llengua castellana.

El que hem dit abans ens du a destacar dos factors importants que marquen d'una manera decisiva l'edició del llibre en català: la dimensió del mercat –de pocs milions d'habitants i lectors-, d'una banda, i la concentració geogràfica, de l'altra.

El primer d'aquests factors suposa una dificultat editorial evident, ja que resulta molt difícil de trobar el punt d'equilibri econòmic en unes edicions de tiratge forçosament reduït. El segon factor, en canvi, permet aglutinar sense excessius costos tots els esforços de promoció i distribució dels llibres.

## 2. Producció editorial per segments d'edat

El monogràfic de la revista *CLIJ, Cuadernos de Literatura infantil y juvenil* "Panorama de actualidad" presenta, els darrers anys, de la mà experta de Teresa Mañà, un panorama positiu en l'àmbit geogràfic català, d'unes característiques amb poques variacions, que per als més petits destaca l'aparició de noves col·leccions, en forma de llibres de diversos formats per observar imatges de la vida quotidiana, jugar amb les imatges i les paraules, conèixer els contes clàssics a partir d'unes adaptacions molt senzilles o començar l'aprenentatge de la lectura amb l'ajuda d'animalons coneguts dels infants. Si en un moment donat, entre els anys 1998 i 1999, semblava que es recuperava l'edició d'àlbums d'imatges de creació autòctona, el 2000 va tornar a mostrar un descens en aquest tipus de producció, que, contràriament al que caldria suposar, no va afectar les traduccions d'àlbums francesos, alemanys i anglesos, molt semblants quant a personatges, temàtica i dibuix, amb mostres d'afecte familiar, formes arrodonides i colors suaus.

Sorprèn aquesta dinàmica descendent si tenim en compte que algunes editorials avantguardistes del país veí, com Ipomé, éditions du Rouergue, Sourire qui mord, etc., segueixen oferint als lectors propostes imaginatives amb el propòsit d'iniciar els petits en el domini artístic contemporani a partir de l'observació sovintejada de les imatges d'art amb l'objectiu que en el futur aquesta observació es traduirà en *"una eròtica i una poètica que condueixi a una utopia garantida per la proximitat de l'artista i l'infant destinatari de les seves obres"* com diu J. Béguery-Cuniot (1998). Potser caldria iniciar accions culturals de la mà dels poders públics (conselleries i regidories de cultura i ensenyament en col·laboració estreta amb els serveis culturals d'acció sociocultural) per potenciar tot allò que serveixi per desvetllar l'interès cultural i artístic de l'infant tot proporcionant-li una literatura infantil de qualitat.

Pel que fa als primers lectors, continuen les iniciatives de publicació de col·leccions dels últims anys, amb propostes variades que van des de llibres i col·leccions que presenten per a la lectura llibres amb temàtiques que limiten la part de negociació prevista pel lector, és a dir, llibres molt explicatius o sense suggeriments implícits i sobreentesos, fins a d'altres ofertes obertes, motivadores, negociables, amb una forta càrrega simbòlica que demanen la complicitat i la confiança del lector.

Comencen a sorgir, tot i que d'una manera tímida, col·leccions que amb l'esquer dels valors i les actituds de la Reforma educativa, tracten temàtiques d'interès escolar, social i familiar o abunden en la recuperació dels valors tradicionals, presentant històries que responen més a la necessitat de ser instruments de formació pedagògica i moralitzadora que a la d'esdevenir instruments lúdics amb l'objectiu final de conduir al plaer per la lectura. En aquest sentit, els grups d'assessors experts de les editorials comencen a ser reemplaçats pels prescriptors escolars.

En les altres franges d'edat, continua la dinàmica de les col·leccions infantils i juvenils amb títols d'autors del país i traduccions cada cop més escadusseres –els autors no són coneguts, els prescriptors escolars són cada cop més reacis a fer-los llegir–, reedicions dels clàssics catalans i estrangers més llegits i/o venuts –poc divulgades en general, per la qual cosa passen gairebé desapercebudes–, col·leccions de contes, tradicionals i moderns, narracions breus il·lustrades, novel·les que tracten temàtiques socials i personals que interessen el lector, depenent de l'edat lectora, amb una tendència cada cop més gran a reduir el nombre de pàgines de text.

A banda dels llibres d'imaginació per als més petits, si fem una repassada als gèneres, el mercat actual ofereix pràcticament tot el ventall de gèneres possibles pel que fa a novel·la, i per a totes les edats: realista, social, policíaca, ciència-ficció, terror, psicològica...

Queda cobert a mitges el camp de la poesia amb les publicacions dels darrers anys i amb una voluntat editorial que més aviat sembla reàcia a continuar el gènere, si no és expressament adreçat als estudis de Batxillerat i d'acord amb les programacions oficials. En l'apartat d'imaginació, finalment, l'oferta de teatre queda reduïda a molt poques col·leccions o bé a algun títol inclòs dins d'una col·lecció de narrativa. No sabríem dir si això respon o no, també, a la demanda escolar o a la manca de tallers de teatre infantils en centres culturals i d'esplai.

Els últims anys estan marcats per una forta recuperació dels clàssics de la literatura universal, en col·leccions cada cop menys didàctiques o escolars, en edicions atractives i amb traduccions que han actualitzat el llenguatge, evitant les notes a peu de pàgina, que permeten al lector jove la recuperació, si vol –no oblidem que aquí la lectura és autònoma–, del gust per aquestes fantàstiques lectures.

Caldria fer menció, també, potser per la seva quasi inexistència, dels llibres de coneixements. Moltes són les veus que clamen per a una revisió de la política editorial en aquest sentit, davant el fet que els nostres nens i nenes no veuen reflectit el seu entorn en els llibres informatius que les editorials posen al seu abast. De ben menuts, a través dels llibres que observen, coneixeran més bé l'ós blanc polar que no pas l'ós bru del Pirineu i el clima tropical abans que el mediterrani.

## 3. Internet és o serà una amenaça per als lectors i la lectura?

Ens remetem a les entrevistes a diversos editors de tot l'Estat per la revista *Leer* (2000) sobre els perills que amenacen el món de l'edició tradicional, a banda de les absorcions editorials, les multinacionals, la necessitat d'entrar en el món cada cop més ferotge del màrqueting. Les noves tecnologies permeten la lectura *on line*, la participació del lector en les decisions de l'autor i en la confecció del llibre, o en la seva resolució –Jordi Sierra i Fabra ha experimentat un gran èxit en aquest sentit de la mà de l'editorial Edebé–, els llibres fabricats en el mateix moment de la compra, els llibres electrònics o *e-books*, els llibres regal a través de les pàgines *web*.

Les opinions dels editors respecte això són diverses i contradictòries. Els uns diuen que coexistiran durant uns anys els llibres tal com els coneixem, sobretot per a tots els qui no voldran llegir a través d'una pantalla o per als qui no sabran adaptar-se a les noves formes, i que els nostres fills, en canvi, fills de l'audiovisual, deixaran de banda el llibre que ara coneixem i el consideraran com un objecte d'antiquari. Les editorials, llavors, hauran de competir amb el negoci informàtic i probablement hi haurà empreses editorials que acabaran formant part d'una gran multinacional per convertir-se en macroeditors. D'altres opinen que el futur de l'edició està en la disminució de la producció per tal de seleccionar més i millor.

Tots, però, coincideixen a afirmar que la qualitat de l'obra hauria de ser prioritària, tot i que l'aposta ja impossible d'eludir, per les noves tecnologies, aportarà un complement important a la dinàmica del món editorial. Esther Tusquets, després de quaranta anys de dedicació al món editorial, afirma: *"Seguiran existint els llibres ben impresos en paper per tocar, olorar, llegir al llit. Igual que totes les temptacions"*.

## 4. Mitjans de comunicació i màrqueting

Un estudi del diari "El País"(2001) publicat a Internet donava a conèixer que en un 30% de les llars de l'Estat espanyol no s'havia comprat cap llibre durant l'any 2000, i que el 42% de la població no llegeix mai o gairebé mai. Dels 10.589 llibres adquirits per les famílies durant el primer trimestre de l'any 2000, un 9% eren col·leccionables, fascicles o bé còmics.

Aquest panorama, que varia una mica a les grans ciutats –el 64% dels lectors es troba a Barcelona i el 69% a Madrid– realment resulta contradictori quan parlem, per exemple, del fenomen *Harry Potter*, de J. K. Rowling, amb llibres de 300 i 600 pàgines –sens dubte ben escrits, però que no presenten grans innovacions ni ruptures–, que han aconseguit un èxit editorial aclaparador, fins i tot entre lectors a partir de 10 anys.

Com podem explicar aquest fet i constatar que, en canvi, la major part dels infants lectors catalans no sàpiguen qui és Josep Maria Folch i Torres? Com pot ser que passi desapercebut el Premi Hans Christian Andersen, que és com el Nobel de la literatura infantil i juvenil? Quina repercussió tenen en els mitjans de comunicació els premis literaris infantils i juvenils de cara a ser coneguts pels possibles lectors de la mateixa manera que s'anuncia un premi de la literatura d'adults?

És evident que el sector editorial del llibre infantil i juvenil es promociona ben poc als mitjans de comunicació i que, llevat de la voluntat per continuar la tasca de difusió de les poques revistes especialitzades arreu de l'Estat espanyol –en català només existeix la revista *Faristol*, editada pel *Consell Català del Llibre Infantil i Juvenil*– i de les notícies setmanals de la pàgina de cultura del diari *Avui*, a càrrec d'Andreu Sotorra, el lector i/o el prescriptor té poques oportunitats de seleccionar l'oferta de novetats editorials.

## 5. Els premis editorials: planter d'autors

Un dels elements que ha marcat tendències en l'edició, en la venda i la promoció de llibres i en el comportament lector dels últims anys i que ha propiciat la inclusió de nous autors o d'autors provinents de la literatura d'adults en les col·leccions infantils i juvenils de totes les edats ha estat la convocatòria de premis per part de moltes editorials que han disposat, així, no solament d'unes obres guanyadores i finalistes, sinó d'un planter d'autors i d'originals que els han permès editar títols d'autors del país i promocionar els seus llibres –i el segell editorial– a base de propostes d'animació a la lectura.

La gran quantitat de premis: Ruyra, Folch i Torres, El Vaixell de Vapor, Gran Angular, Columna jove, Lola Anglada, Edebé, Barcanova, etc., en les modalitats infantil i juvenil, propicia una forta demanda d'originals i una gran competència entre les empreses editorials, les agències literàries i els mateixos autors, la qual cosa obliga els autors a diversificar la seva oferta de textos a totes les franges d'edat, de manera que molts d'ells publiquen més d'un títol l'any.

Una variant interessant als premis que atorguen les editorials és el Premi de literatura "Protagonista jove" convocat pel *Consell Català del Llibre per a Infants i Joves*, en el qual els mateixos lectors, des dels 12 als 18 anys, es constitueixen en jurats i valoren 5 obres per franja d'edat, d'entre les editades aquell mateix any –seleccionades prèviament per un jurat d'experts en literatura infantil i juvenil relacionats amb els diferents àmbits de treball, estudi i recerca d'aquesta modalitat de la literatura. Aquest Premi no té cap més remuneració per a l'autor i l'editorial que el reconeixement del públic lector, però podria configurar-se com un premi a la qualitat literària i a l'esforç dels autors per recuperar, com diu Ana María Machado, l'autora guardonada amb l'últim Andersen *"la fidelitat amb l'art, l'artista i el lector, perquè augmenta la pressió dels interessos editorials, que fan l'aposta del mercat i la seguretat"*.[1]

## 6. Lectura: un conjunt de motivacions producte d'un projecte interior

Diu Christian Poslaniec que per arribar a ser lector s'han de tenir ganes de llegir i, en definitiva, s'ha de ser portador d'un projecte interior. És evident que l'adquisició de competències permet crear una estructura mental que motiva a la lectura. És clar que aquestes competències van construint parcel·les del saber que ajuden el lector a tenir domini de la llengua, del llibre i de tot el que l'envolta i el fan arribar a la lectura literària, formant la seva personalitat de lector. Però, també és evident que això no s'aconsegueix només a partir d'editar llibres i distribuir-los en llibreries, biblioteques, centres escolars... –encara que siguin d'una gran qualitat–, sinó que cal crear la motivació que impulsa la lectura, s'ha de provocar el desig de conèixer el que contenen els llibres, és necessari desvetllar la curiositat del lector potencial, no n'hi ha prou amb presentar una pila de llibres que formen part d'una col·lecció, d'un fons editorial, d'un gènere...

No obstant això, quan ja s'han aconseguit crear aquestes condicions i expectatives en els futurs lectors, els llibres hauran de respondre adequadament a les pro-

---

1. Citada a Winston Manrique: "La literatura infantil y juvenil se debate entre la renovación de las formas y el marketing", consultar a www.elpais.es

meses, hauran de ser suficientment motivadors tot sols, com diu Graciela Montes amb *"sorpreses, fent la traveta, presentant esquerdes, paraules inesperades, missatges xifrats, claus amagades rere els textos, desafiaments, cadències, bromes"*. Així un lector creix i *"degusta i paladeja. Més flexible, més disposat a desviar-se si el text promet una descoberta. Més astut, més difícil d'acontentar, fins i tot, ferotge. Un lector a l'aguait. Un d'aquests lectors pertorbables i pertorbadors que fan que valgui la pena escriure"* (1999: 75).

# 5.
## LA SOCIETAT DE LES INTERRELACIONS

L'evolució del món modern ha dut a un tipus de societats caracteritzades per una intensa xarxa d'interrelacions. Físicament reals, a través dels grans moviments migratoris, diferides, a través de la notícia i la imatge de llocs i cultures allunyades i potenciades ara, per la circulació de tota mena de productes, entre ells, els llibres. La literatura sempre ha estat vista com un mitjà d'ampliar l'experiència pròpia amb la incorporació de perspectives individuals o culturals diferents. També ha existit sempre una mena de "rodar" literari a través de les traduccions, versions i adaptacions de les obres que, a partir d'un cert moment, prenen els infants com a destinataris d'aquests moviments de trasllació. I, d'altra banda, els mecanismes literaris interns de reutilització de motius, imatges, personatges o arguments o la creació de noves obres a través de paròdies, respostes, influències i enllaços amb altres obres suposen un dels instruments propis de la creació literària de tots els temps.

Traduccions, reelaboracions i adaptacions formen part de la literatura infantil i juvenil d'una manera cada vegada més accentuada qualitativament i quantitativament.

# 5.1. LA MULTIPLICITAT DE REFERENTS

ANTONIO MENDOZA
*(Universitat de Barcelona)*

L'enfocament intertextual té molt ampli abast i la projecció de les seves relacions, transversals i longitudinals, permet la connexió d'obres distants en el temps, en l'espai i en els àmbits de la producció literària. L'intertextual és, primer, un recurs i, segon, un efecte de la creació literària que posa en relació diferents elements procedents de distintes tradicions i convencions d'allò que, genèricament, anomenem manifestacions culturals. Aquesta afirmació pot ser atesa com un enunciat ambiciós o com una hipòtesi per demostrar, però la perspectiva intertextual ja ha justificat que es tracta d'un fet evident, del qual són responsables tant l'autor com el text i, especialment, el lector amb l'aportació de la seva experiència.

## 1. La presència dels trets intertextuals en la narrativa infantil

Amb freqüència, s'aprofiten les referències i els sabers previs dels receptors per transmetre noves idees i noves intencionalitats a partir dels arquetips i dels models literaris. Els temes, els personatges, els esquemes discursius són transferibles de la literatura per a adults a la literatura infantil i viceversa. El següent fragment pot ser una mostra de com el món de la literatura infantil i juvenil es fa present en la literatura per a adults, en un procés de transtextualització, que per ell mateix justifica la importància de l'enfocament intertextual com a orientació per a l'anàlisi i el comentari de la crítica literària.

> *Germanastra*: Sí. Vet aquí la diferència. Observeu-nos. Una situació patètica. La germanastra malvada divertint-se i obligant a treballar en Ventafocs en les feines més humils del palau. Aquí, oblidat, submergit en la misèria i l'avorriment... Doncs no, no hi passo. Hi ha una petita diferència, senyors. No l'impedeixin tant. Jo ho dic de debò. Vols venir al ball? Ordinari! És dolent. La dolenteria no l'ha deixat créixer. No tan bon nen com sembla, vaja. Del seu primer matrimoni el baró va tenir un fill: Ventafocs de mal nom; Lluís-Carles-Eduard, segons el baptisme. Del segon vaig néixer jo. Apa, marcadeta per tota la vida. Però no ho sóc, perversa. No en tinc de mal cor. Ai, no em creuen. Ventafocs, digues alguna cosa.
>
> Josep M. BENET I JORNET, *La desaparició de Wendy* (1974)

Evidentment, són moltes les referències i les variacions que se'ns proposen en aquest fragment d'una obra que barreja múltiples referents de la literatura infantil i juvenil amb la presència implícita de Peter Pan i la refuncionalització del personatge de Wendy. En aquesta obra, els efectes que pretén aquest joc de referents compartits entre textos indica que el lector adult és el resultat de les lectures prèvies amb les quals ha construït la seva competència lectoliterària, perquè la qüestió és que no hi ha només presències intertextuals en el text, sinó que també hi són en el receptor. Es considera que en el procés de lectura sempre es busca la reproducció d'alguna mena d'estereotips, tal com succeeix en les produccions més habituals o de consum. Aquests punts de partida ens indiquen la pertinença de considerar, en els estudis sobre la literatura infantil i juvenil, els recursos intertextuals i preveure els seus efectes en la recepció, amb les implicacions didàctiques que en puguin derivar-se. I just per aquests fets cal explicitar el fet intertextual en la literatura infantil i juvenil que justificarà després el domini receptor.[1]

---

1. G. Genette (1982) va destacar el caràcter universal de la hipertextualitat, pel que fa a l'essència del fet literari, tot afirmant que *totes les obres són hipertextuals*, encara que aquest fenomen resulti més evident en unes que en altres. El marc teòric de referència l'aporten els estudis sobre el fet de la intertextualitat, entesa com una interconnexió de textos i de significacions.

## 2. El fet intertextual

El terme *intertextualitat* és més ampli, i alhora més matisat, que el genèric influència, perquè en molts casos, es tracta essencialment de fer evident el reconeixement de la copresència i la reelaboració d'altres textos de la tradició cultural, és a dir, l'efecte de la intertextualitat. En aquest sentit, aquest apartat tracta d'explicitar alguns dels seus trets i efectes. Indiquem, però, que a causa del caràcter general del fenomen intertextual, present en moltíssimes obres, ens limitarem a presentar els trets genèrics, a exemplificar-los amb algunes mostres de la producció narrativa, apareguda en tot el segle XX, de la literatura infantil i juvenil catalana.

Segons s'ha explicat des dels criteris seguits per les teories de la recepció i en la construcció de l'intertext lector, les facetes i els components intertextuals són factors que intervenen en la integració de sabers interrelacionats (Mendoza, 2001). La comprensió del fet intertextual ens permet d'entendre i d'explicar per què un receptor pot preveure a grans trets l'orientació d'una narració que tingui per seqüència inicial i final les següents:

> Vet aquí que una vegada era una hostalera molt bonica que tenia una filla que era molt més bonica que no pas ella; i era tanta l'enveja que la mare tenia de la filla, que no va parar fins que la va fer perdre.
>
> (...)
>
> i aleshores el rei va fer anar a agafar l'hostalera; la van portar a palau, i a ella i a la veïna, a totes dues, les van cremar.
>
> I la noia va ser reina, i sempre més va viure feliç.[2]

El lector, davant d'aquest tipus d'inici i desenllaç, pot preveure i recordar esquemes narratius semblants, que d'immediat el porten a trobar relacions amb d'altres contes; la seva experiència receptora segurament l'ajudarà a seguir i avançar-se a la possible trama que aquest conte concret segueixi. Des d'una anàlisi intertextual, la narració s'ofereix com un mosaic de referències, tal com suggereix l'espai entre l'esmentat inici i final. Les reiteracions alternatives dels models que utilitzen claus intertextuals, en diversos nivells del discurs de creació literària, dibuixen una cadena de vincles polifacètics.

---

2. *La filla de l'hostalera*. Les Rondalles Populars Catalanes, ilustrades per en Joan Vila. Barcelona. Estampat d'en Fidel Giró, per a En R. Miquel y Planas, bibliòfil, y a sa costa. Any MCMIX. pp. 33-48.

*2.1.* El fet intertextual és inevitable; les interrelacions textuals romanen en el text i s'ofereixen a aquells potencials lectors que sàpiguen o puguin apreciar-les, segons sigui l'amplitud dels seus coneixements i de les seves estratègies de relació. En el marc de la literatura infantil i juvenil, la pervivència transtextual de l'esquema narratiu del conte o de les funcions dels personatges arquetípics són una mostra més que el discurs literari viu i es reforma en l'indefinit espai de la tradició ininterrompuda, és a dir, mantinguda per la multiplicitat d'exemples, de referents i d'actes de recepció simultanis i previs.

*2.2.* El fet intertextual es pot donar, fins i tot, sense que hi hagués la intenció manifesta de refuncionalitzar les al·lusions hipotextuals per part de l'autor, igual que segueix estant present en el text encara que per algun receptor no siguin percebudes. L'anàlisi del fet intertextual s'ha de considerar des de dues vessants, la de la creació i la de la recepció. La intertextualitat respon a una intenció conscient (o de vegades inconscient) de l'autor; i és un fet que, genèricament, està present en tota producció i, particularment, resulta evident quan el receptor identifica els referents comuns (intertextuals) entre els textos.

*2.3.* Des de la creació, l'intertextual apareix com un recurs i com una estratègia consolidats en el devenir cultural i en l'àmbit de tot tipus de creació artística. Com a recurs de creació, la vinculació intertextual és un mitjà/procediment d'ús i de difusió de formes i modalitats (literàries, comunicatives, culturals…) en combinacions que (re)creen produccions artisticoculturals que poden ser de diferent signe o codi (literari, oral, plàstic, musical…). És un fet que succeeix en tota la història de la cultura i que, en l'actualitat, es manifesta especialment en certes tendències de la literatura infantil i juvenil, on algunes estratègies de creació (desmitificació, paròdia, reelaboració…) recorren a la multiplicitat dels referents intertextuals com a suport. El text resultant predetermina l'activitat del lector, perquè exigeix la cooperació, la implicació, el reforçament de la interacció amb aquest tipus de discurs literari.

Des de la perspectiva de la recepció dels fets intertextuals, s'ha de destacar la importància dels efectes que la reiterada recepció de models i components narratius aporten al lector. La base intertextual de les obres amplia l'experiència receptora.

Així com la presència de marques intertextuals intervé com a pauta de seguiment per a la lectura. Els referents compartits i reiterats d'un tipus de model discursiu milloren les habilitats receptores i contribueixen a la formació lectora, perquè amplien la capacitat d'establir interaccions amb les possibles produccions culturals i literàries, que és la finalitat de l'educació literària.

Cada nova obra narrada i percebuda aporta noves experiències i dades, que són nous components per al progressiu increment de referents que amplien la competència literària bàsica. Paral·lelament s'amplia l'intertext, que és el lloc de trobada de les aportacions del text i del lector. L'intertext discursiu –el conte, la novel·la, el poema concret...– i l'intertext del lector –els sabers i les experiències receptores del lector– és el lloc de trobada del text i de les aportacions del lector.

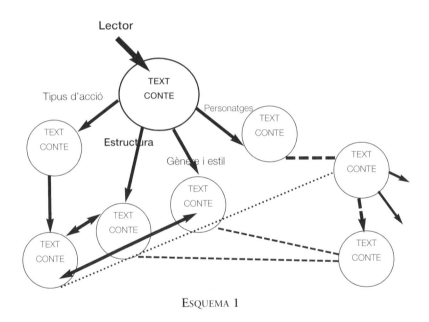

ESQUEMA 1

## 3. Els conceptes

Quan s'afirma que en tota producció hi ha intertextualitat, també s'accepta i es reconeix que els receptors són posseïdors de claus, és a dir, d'alguns dels coneixements previs sobre diferents models i esquemes discursius, tant com sabers sobre la pròpia cultura literària; aquests coneixements els permeten l'enllaç entre diverses obres i diferents models de creació i/o producció.

Sota la denominació genèrica d'intertextualitat, hi ha una varietat de matisos. Com a fenòmens genèrics hi ha la *intertextualitat*, com la manifestació concreta de la copresència de textos que evoquen i remeten a específics hipotextos i l'*arxitextualitat*, que posa el text en relació de caràcter taxonòmic amb el gènere o amb d'altres obres. Però entre ambdues modalitats, s'han de considerar diferents matisos que apareixen a les obres.

Quan un text (hipertext) inclou qualsevol tipus de referències, al·lusions, mencions, etc., d'un altre text anterior (hipotext), s'ha de parlar de la relació d'*hipertextualitat*. En el cas que el text inclogui el comentari crític respecte a un altre text, sense citar-lo expressament, s'ha de parlar d'una relació de metatextualitat. I quan es tracta de la relació que el text manté amb el seu paratext (títol, subtítol, prefaci, advertències, notes marginals, epígrafs, il·lustracions, etc.), és un cas de *paratextualitat*.

El tipus de relació més freqüent és el de la hipertextualitat, és a dir, la relació que activa el reconeixement de la vinculació de l'hipertext amb un altre hipotext (o hipotextos) a partir de les referències que apareixen en una obra concreta.

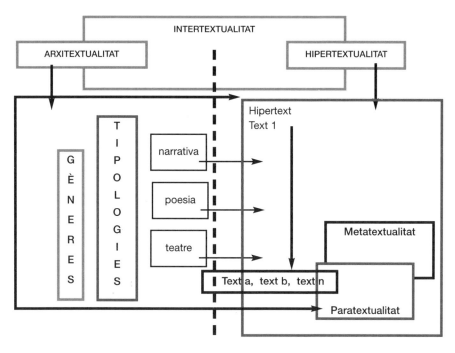

ESQUEMA 2

Centrant-nos en la narració, s'ha de dir que –en els seus aspectes formals, en els seus aspectes temàtics i en aquells d'intencionalitat de formació de valors d'un grup cultural– és un tipus de producció basada en claus intertextuals. Això permet destacar que

***3.1***. Els referents i els estímuls discursius guien i pauten el procés de la lectura i encaminen l'aventura de la recepció, fent possibles les associacions temàtiques i argumentals i, especialment la identificació dels marcadors d'estructura, d'inici i de final, dels senyals de canvi de seqüència, dels indicis caracteritzadors de tipus de discurs, d'intencionalitat, d'estructura...

***3.2***. Les experiències de les lectures prèvies afavoreixen:
*a*) L'encertada activació del procés de recepció, fent més fluida i eficaç la intuïció global inicial, la formulació d'expectatives, la previsió del desenvolupament de l'acció, la projecció de cada nova situació, les inferències sobre les actuacions dels personatges segons els indicis caracteritzadors, la identificació de les seqüències principals, la concreció dels punts estructurals del relat i en quin es troba en cada moment.
*b*) L'aprofundiment del lector en el context de la producció literària, on progressivament descobrirà la diversitat de modalitats narratives i d'opcions discursives.
*c*) La descoberta de les relacions entre el text (reelaboració, recreacions, manipulacions....) que no solament es mostren en les facetes temàtiques i argumentals, sinó especialment en les macroestructures (la caracterització dels gèneres) i en les microestructures (estil, expressivitat, elecció de registre, de to...).

I tot això que és possible amb una bona experiència lectora és degut a la base arxitextual de la narració. Els mateixos textos ofereixen indicis i explicitacions que faciliten al lector el reconeixement dels trets intertextuals i l'establiment de l'adequada atribució de significat i de la seva corresponent interpretació.

## 4. El text literari com a combinació d'altres textos

El reconeixement és possible a través de marques i d'indicis que fan que els textos s'incloguin sempre en l'espai d'un model textual, d'un gènere. Els indicadors apel·len al reconeixement concret de senyals, trets o marques discursives que hauria de percebre un tipus de receptor que s'anomena *lector implícit* (és a dir, el tipus genèric de destinatari/lector per qui s'ha previst/destinat el text). Aquest lector model o implícit es caracteritza per posseir un grau d'intertext lector matisat pels sabers i les experiències.

S'ha dit, i justificat des de la teoria i els estudis crítics, que tot text literari és resultat de múltiples combinacions (temàtiques i/o formals) La qüestió central que ens ocupa és assenyalar que les experiències lectores i el coneixement d'altres obres són un factor important en la identificació dels recursos intertextuals i, sobretot, en la formació del receptor. Hi ha una mena de font bàsica d'allò que podríem anomenar *input* per al reconeixement de la tipologia textual (o del discurs literari, en el seu cas). Aquest *input* es forma pel cúmul de lectures (és a dir, d'interaccions receptores) així com de referents (culturals, temàtics, estructurals, discursius....) en l'àmbit de la literatura infantil i juvenil.

A partir d'aquí podem establir cinc grups d'identificacions intertextuals:

### *4.1. Les taxonomies*

D'entre les classificacions de la narrativa infantil i juvenil, també es pot inferir la importància de les relacions intertextuals. Els ordres taxonòmics responen en part a criteris de vinculació i de semblances, i són, per tant, facetes intertextuals. Seguint la classificació que utilitza Valriu, són ben significatius alguns dels apartats que contempla; en uns casos serveixen per establir criteris d'arxitextualitat; en d'altres, per poder trobar relacions hipertextuals i metatextuals. Entre els *corrents de fantasia pura*: 1.1. Relat meravellós (recopilacions de contes tradicionals o folklòrics, faules i mites); 1.2. Imitacions del conte popular; 1.4. Desmitificació dels personatges dels contes tradicionals; 1.6. Tractament humorístic d'arguments del conte tradicional; 2. Relat fantàstic o realisme màgic; 3 *Non-sense* o superrealisme infantil; 4. Relats d'anticipació o ciència ficció. Quant als *corrents del realisme*: 1. Novel·les d'aventures ( i les seves variants); 1.2.1.5. Amb el grup com a protagonista; 1.2.1.6. Tractament humorístic de la robinsonada; 1.2.2.1. Novel·la històrica....

## 4.2. Les apel·lacions a referents previs

El fenomen de la intertextualitat fa possible els reconeixements i les associacions, alhora que es concreta en diverses modalitats que afavoreixen l'activitat del lector perquè elabori una interpretació personal i pertinent de moltes (altres) obres literàries o d'altres tipus. El conte és un discurs hipertextual, on conflueixen els condicionants de la ficció, els recursos literaris del llenguatge, els recursos que confereixen el caràcter lúdic de la producció literària i els esquemes narratius de base, juntament amb les marques indicadores de la intencionalitat estètica o les claus d'interpretació. Per això, el conte tradicional serveix de model adequat per a l'ensinistrament receptor/perceptor de recursos narratius més amplis i, en el seu conjunt, per a la introducció en el món de la creació literària. Queda clar que moltes obres de la literatura infantil i juvenil tenen un suport hipertextual. Ja s'ha indicat que els reconeixements intertextuals depenen del saber i de l'experiència que integren l'intertext lector. Serà fàcil d'entendre aquests aspectes, tant pel que fa a l'orientació de la creació com a la recepció, a partir de l'observació dels fragments inicials de la reelaboració amplificadora de la història que coneixem pel conte de la Caputxeta, que apareix a *La qüestió dels meus pares*, de Mabel Pierola (1991):

> Hola! Sóc la Caputxeta Vermella. Sé que he arribat a ser famosa per un incident que vaig tenir amb el llop. No acabo d'entendre per què vaig passar a la història per aquella anècdota, perquè la veritat és que la meva curiositat i l'ambient en què m'han criat han fet que em passin tantes coses que es podrien escriure més de cent llibres.
> 
> (...)
> 
> Aquell dia famós que la mare em va encarregar portar el cistell a l'àvia, els pares m'hi haurien acompanyat, com feien sempre, però, casualitats de la vida...
> 
> (...)
> 
> El que va ser trist no va ser aquell succés, sinó que la mare passés a la història com una manaire despreocupada i que el meu pare ni tan sols hi aparegués.
> 
> Per això, ara que tinc aquesta ocasió, us vull explicar com són el meus pares.

El text presenta el conjunt de referents per a fer copresent el conte tradicional en la lectura d'aquesta nova obra. Sense el coneixement previ de la versió popular, no tindria sentit l'ampliació ni el joc intertextual que aquest nou conte proposa al lector, perquè rebi nova informació a partir d'una nova narració que complementa, des d'una altra perspectiva, la narració tradicional. Aquesta és activada a la ment del receptor, és a dir, es fa copresent, amb l'ajut del seu intertext lector. Hi ha canvis importants: la narració en primera persona, l'anunci de l'objecte del conte, els comentaris justificatius del per què es presenta la nova narració..., i el desplaçament de l'interès cap a uns personatges que no tenien rellevància a la versió coneguda de sempre. *La qüestió dels meus pares* compta amb la implicació del lector, amb les seves aportacions i els seus sabers previs per a fer de l'intertextual la clau de la comprensió, interpretació i fruïció d'aquest conte.

### *4.3. La refuncionalització dels referents*

Un exemple de com reapareixen els hipotextos inclosos en nous hipertextos i com assoleixen noves funcions ens ho aporta *Xupet* (1979) de Mercè Llimona. La primera part del conte narra les aventures de Xupet; l'aparició de Puc, de reminiscències shakespearianes, portarà la narració cap al món de les fades, de la fantasia, cap a un bosc que "ja és, en realitat, una cosa meravellosa", on apareixeran els personatges dels contes tradicionals més coneguts (la Caputxeta Vermella, Polzet, Hansel i Gretel, Pell d'Ase, la Ventafocs, la Blancaneu) o bé dels contes d'autors popularitzats (Peter Pan...). Quan *"troben una nena, cofada amb una caputxeta vermella, i amb un cistell al braç, que s'entreté collint les flors de les vores del camí"*, Puc resumeix la història:

> Aquesta nena és la Capuxteta Vermella. Un llop se l'anava a menjar, però hi anà a temps un caçador, i li salvà la vida. Ara el caçador s'ha casat amb la mare de la nena i, amb la seva escopeta, que sempre ho encerta tot, té els llops tan espantats que no gosen ni apropar-s'hi.

### *4.4. La copresència de referents*

Una altra mostra de la integració de textos i lectures prèvies pot ser *Les trifulgues dels herois* (Oriol Vergés, 1981) on l'acció s'organitza a partir de la trobada de personatges com Blancaneu, Frankenstein, Super-Sam, Spider-Sam, l'home llop, James Bond, que participen en una roda de premsa a Barcelona. Les aventures s'envolten amb explicacions còmpiques amb els coneixements previs del lector sobre la 'realitat' d'aquests herois. En aquest cas, la intencionalitat de l'obra es vincula amb orientacions del moment: ecologisme, anticonsum, desmitificació de l'heroi, inversió de personalitat.... Aquesta obra només pot haver estat creada, gràcies a l'existència de les altres històries prèvies.

## 4.5. La generalització de referents

Els exemples anteriors criden a fórmules intertextuals consabudes, que la narrativa infantil i juvenil recull en el seu discurs: les claus d'identificació del gènere o del tipus de relat, l'estructura lineal del relat, els trets del món de la ficció, la tipologia dels personatges. Si ens referim al relat juvenil, es pot aplicar en línies generals l'explicació de Caterina Valriu (1998:154) respecte a la relació que mantenen els relats de Folch i Torres amb el conte dient que és *"la mateixa que tenen tots els relats d'aventures de caire iniciàtic amb la rondalla meravellosa"*. Es tracta d'organitzar el convencional esquema bàsic del fulletó *"vestit amb personatges i ambients molt diversos i coloristes"*. I així apareixen els arquetips de l'heroi i el seu ajudant, dels agressors; i l'*objectiu de l'heroi –fer una determinada acció generosa–* s'aconsegueix desenvolupant una trama plena d'entrebancs que l'heroi supera.

## 5. L'experiència receptora com a *input* per als reconeixements intertextuals

L'experiència cognitiva del lector –a través d'actes de recepció– acumula part dels components esmentats i d'entre ells reté dades i indicis que, posteriorment i davant de qualsevol altre text, són susceptibles de ser activats cap a diferents objectius en funció de les peculiaritats dels nous textos. La reiteració dels models prefixats de la narrativa infantil i juvenil –i especialment el conjunt de components arquetípics del conte tradicional, per exemple– asseguren la base de la seva intel·ligibilitat, tot activant la competència literària.

Partim de la idea que el conjunt de referències intertextuals milloren les habilitats receptores de l'individu i faciliten les noves percepcions i interrelacions de sabers, de vivències culturals i d'experiències lectores. Les experiències de lectura/recepció s'integren en l'intertext lector (Mendoza, 1998, 2001).

Els aspectes intertextuals de les narracions infantils i juvenils mostren clarament la seva funció per canalitzar la capacitat receptora del lector en formació i de la seva capacitat cognitiva per a combinar sabers i estratègies amb components discursius i d'orientació estètica que, en el seu conjunt, li permeten d'actuar amb autonomia en el procés de recepció i en la construcció de significats i interpretacions. I així, el fil intertextual surt del cabdell dels recursos, i permet, com el fil d'Ariadna, que el lector el prengui, sempre com un nou Teseu, per avançar, tot reconeixent els topants i sense perdre's en el complex laberint de les creacions literàries; l'intertextual acondueix el lector, perquè:

1. En l'àmbit de la narració a la literatura infantil i juvenil, tant de procedència tradicional com de creació, resulten obvis i innegables els efectes de la difusió intertextual, mitjançant la qual perviu tota una gamma d'aportacions de la tradició i es perceben els contrastos i la innovació.

2. La reiteració de components guien el lector en el camí de la formació lectora i literària, i ajuden la seva capacitat de fruïció i de participació espontània i imaginativa. D'aquí la importància de l'habilitat d'aplicació d'estratègies de reconeixement en l'activació de l'experiència receptora de múltiples i successives modalitats narratives.

3. El fet intertextual permet el reconeixement dels aspectes arxitextuals d'un gènere i les concretes relacions entre els textos que tenen múltiples repercussions en la formació estètica, literària i cultural des de les primeres edats.

4. La identificació està condicionada per l'activitat de recepció que es projecta en l'establiment de la lectura personal i de la interpretació que elabora el receptor.

5. El fet intertextual sempre posa en joc l'experiència lectora del receptor per a re-crear les claus i els indicis que el text inclogui. Les experiències extretes de la lectura i/o recepció textual, a partir d'altres models narratius entren en relació amb l'intertext lector i s'activen tot donant suport a la nova recepció.

6. Cada obra narrativa inclou elements per a ser reconeguda en els diferents aspectes que comparteix amb el gènere al qual pertany.

7. El conte reprodueix un esquema discursiu bàsic i arquetípic i, per tant, s'ha de considerar com una base arxitextual, que després es concreta en una àmplia diversitat de modalitats que mantenen entre elles algun tipus de relacions intertextuals. El conte meravellós és un arquetipus bàsic i actua com un referent/model hipertextual concret.

8. Un conte determinat s'ha de considerar com la formalització d'un hipertext, és a dir, com un discurs concret o com un hipotext. No s'ha d'oblidar que les obres són els referents bàsics per a l'educació literària dels lectors novells –i també dels lectors experimentats.

9. Com a efecte de l'activació de l'intertext lector, la recepció d'obres intertextuals enriqueix la competència i l'experiència discursiva i literària i també el fons cultural del receptor. L'activitat receptivocomprensiva del lector estableix les connexions entre les diverses relacions discursivotextuals de les obres i l'activació de l'intertext lector estableix un procés d'interacció entre l'experiència receptora i els indicadors discursius.

10. D'aquest conjunt d'indicacions cal concloure que la formació (i ampliació) de la competència literària (entre d'altres aspectes) és producte de la progressiva integració de referències intertextuals (diferents tipus d'al·lusions textuals, variacions sobre un mateix assumpte, tema o tòpic, alternatives i semblances formals intencionades, etc.), que des de l'experiència lectora passen a integrar el fons de la competència lectora i de l'intertext personal.

## 5.2. LES REESCRIPTURES A LA LITERATURA INFANTIL I JUVENIL DELS ÚLTIMS ANYS

ANA DÍAZ-PLAJA
*(Universitat de Barcelona)*

Com hem vist a l'apartat anterior, la literatura infantil i juvenil catalana al llarg del segle XX ha fet ús dels diversos procediments de transtextualitat. En aquest article pretenem aprofundir en un dels seus procediments concrets, la hipertextualitat. Com recordarem, la hipertextualitat és la recreació d'un text A (hipotext) en un text B (hipertext) a partir de diversos procediments, però sempre mantenint-ne una relació de dependència. Aquestes pàgines pretenen revisar una de les línies de la literatura infantil i juvenil catalana actual, és a dir, la creació de reescriptures, o hipertextos, basades en reelaboracions d'històries ben conegudes pels nens.

Les caputxetes feministes, les blancaneus dolentes o els llops bons han estat presents a la literatura de diversos països de l'òrbita occidental. En aquest sentit, cal dir que la literatura infantil i juvenil catalana dels últims anys s'ha arrenglerat amb les coordenades internacionals que han vist créixer els últims temps una literatura hipertextual en diverses tendències i manifestacions. El nostre objectiu, però, no és fer un repàs dels contes relacionats amb la rondallística, tasca realitzada ja amb exhaustivitat i encert per Valriu (1998). Pretenem aportar unes reflexions sobre diversos aspectes de les reescriptures: d'on vénen, cap on van i com són.

Des d'aquestes coordenades, aquest treball es divideix en tres parts: en primer lloc, una revisió de les obres de partida, que serien de dos tipus: l'un, el conte popular i l'altre, allò que anomenarem la narració "popularitzada". En segon lloc, una reflexió sobre els destinataris d'aquestes reelaboracions. I, per últim, una classificació dels diferents procediments compositius emprats pels escriptors en llurs reescriptures d'hipertextos.

## 1. Hipotextos: el conte popular infantil i la narració "popularitzada"

El conte, o rondalla popular (no entrarem en la polèmica sobre l'abast dels termes "tradicional", "popular" o "folklòric"; considerem, de moment, que són equivalents) es pot definir com un text anònim, transmès oralment, i, ja des de ben aviat, recollit per escrit en diverses col·leccions. Les característiques del conte popular són: origen anònim; absència de descripcions, fórmules i repeticions; falta de caracterització dels personatges; tercera persona narradora; indeterminació de l'estructura espaciotemporal; adreçat a un públic indiscriminat de nens i adults i existència de múltiples versions (Pisanty, 1995). Aquesta última característica és d'especial interès des de l'òptica de la intertextualitat. De fet, un conte tradicional no és, en realitat, cap unitat absoluta, sinó una amalgama de motius que cristal·litza en algun tipus o versió, sempre seguint unes regles compositives determinades, que mantenen inalterables les seves característiques essencials.

El conte tradicional, com és ben sabut, no sempre esdevé conte infantil. De la classificació realitzada per Aarne-Thompson, sabem que només passen al món infantil les rondalles meravelloses, les d'animals i algunes "de fórmula". Diverses vegades ha estat explicat el trànsit de la narrativa tradicional al conte infantil, amb la incorporació de valors ideològics i pedagògics propis del moment en què aquest canvi es produeix (Lluch, ed., 2000), i creant *el primer graó d'un corpus de literatura infantil*.

Cal veure ara el *segon graó* d'aquest corpus. Com sabem molt bé, la literatura infantil i juvenil comença a desenvolupar-se en el segle XIX a partir de l'obra de diversos escriptors. Aquests autors, en la seva majoria, sí que s'adrecen específicament als infants; uns infants que comencen ja a escolaritzar-se i a ser objecte d'una especificitat editorial com a públic ben diferenciat. Molts d'aquests autors –i fem un repàs ràpid del XIX i la primera meitat del XX– escriuen obres que esdevindran *clàssics* de la literatura infantil i juvenil: Andersen, Collodi, Lewis Carroll, Hoffmann, Felix Salten, etc. Alhora, el segle XIX veu també el naixement o la consolidació de la literatura de gènere consumida pels joves: Mary Shelley –Frankestein–, Stoker –Dràcula–, Poe, Conan Doyle –Sherlock Holmes– etc.

Aquests clàssics formen part dels "fons" de la biblioteca infantil; forneixen l'imaginari de personatges i categories argumentals i es constitueixen en referència dels lectors infantils durant més de dos segles. A més, mantenen un paral·lelisme amb la contística popular en dos aspectes:

*a)* Malgrat els seus elements originals, la literatura infantil i juvenil clàssica es recolza en elements manllevats de la literatura popular.

*b)* Existeix un paral·lelisme entre la seva transmissió i la de la contística popular. Moltes d'aquestes obres han estat explicades oralment de pares a fills, com les rondalles. També han estat adaptades, escurçades, versionades i, fins i tot, barrejades amb les rondalles populars en diferents ofertes editorials. Per a molta gent no avesada en la matèria, Bambi, Pinotxo o la Sireneta formen també part de la contística tradicional, atesa la seva pertinença a la filmografia de Disney, com la Blancaneu o la Bella Dorment. Aquesta vulgarització i aproximació al gran públic és el que s'anomena el procés de "popularització" (Camarena, 1995).

Els textos "popularitzats" es converteixen també en hipotextos a l'hora de fer reescriptures sobre referents coneguts. En els últims anys, al costat de caputxetes i belles dorments modernes també trobem frankensteins simpàtics, alícies que parlen amb pinotxos o tintins reflexionadors. Aquesta conversió en referent conegut en el qual es pot pouar és una conseqüència del procés de "popularització".

Perquè és evident que, per fer-ne una reelaboració, és necessari que l'hipotext sigui prou conegut; sigui a la ment dels lectors com una referència fàcil d'activar, com veurem en el punt següent. Però seria interessant també esbrinar per què una determinada versió d'un conte popular infantil, o d'una narració popularitzada, esdevé un hipotext utilitzat en una cultura determinada. Per això caldria analitzar la història de les transmissions i trasvassaments d'una cultura a una altra, la política de traduccions, la política lectora a l'ensenyament i, fins i tot, les estratègies editorials. Però encara més important, pel seu immens poder de comunicació, són les adaptacions d'aquests contes populars –o d'aquelles versions determinades– al món dels audiovisuals: cinema, televisió i tot el *merchandising* que se'n deriva –el llibre "de la pel·lícula", cromos, enganxines i *gadgets*– (Lluch, ed., 2000; Duran i Ros, 1995).

Tot això, a més, en combinació amb els problemes sociolingüístics i polítics de la cultura receptora ens donaria la clau de per què els escriptors de casa nostra prenen uns hipotextos determinats, compartits gairebé per tot el món occidental. Atès que la capacitat d'un text d'esdevenir un hipotext depèn de la seva capacitat de referència d'un ampli sector de públic, esdevindran hipotextos *les versions més cone-*

*gudes dels contes populars i popularitzats, no les que siguin més properes per raons lingüístiques i culturals.* Així, per a un escriptor català actual és més fàcil reescriure la Blancaneu –tipus 709 segons Aarne-Thompson– a partir de la versió dels Grimm passada per Disney, que fer-ho de "La tarongeta", versió d'Amades que ningú no ha portat a la pantalla.

## 2. Els destinataris: a qui s'adrecen els hipertextos?

De la mateixa manera que durant la fixació de versions del segle XIX van prevaldre els valors propis de l'època, les valoracions ideològiques dels últims anys han portat com a conseqüència la reescriptura de contes tradicionals aplicant-hi valors corresponents. Especialment, les reescriptures lligades als moviments heterodoxes (feminisme, antiautoritarisme, ecologisme) són una resposta a les demandes d'una societat necessitada de nous models. És l'època dels móns capgirats, dels "lobitos buenos", "príncipes malos"; de les caputxetes eixerides i els llops incompresos. De fet, en els últims trenta anys, a cada línia analítica li correspon una línia creativa en la reescriptura dels contes (Colomer, 2000). L'ús de les reescriptures per al públic infantil és, en resum, molt ideològic, fins i tot, quan vol ser simplement lúdic.

Els hipertextos de contes populars o narracions popularitzades s'adrecen a tot lector que conegui bé el referent, que estigui preparat per a noves lectures i que sigui capaç de crear una nova interpretació. Quan el petit lector ha superat la fase en la qual no suporta la mínima variació en el conte, quan ja té assolida l'estructura i el caràcter de la narració, està preparat ja per admetre tota mena de variacions i a reconèixer les alteracions i jocs referencials (Pisanty, 1995). És a dir, que el lector de les recreacions ha de ser un lector ja amb prou competència com per saber que els models establerts es poden reescriure i reinterpretar. En una societat alfabetitzada com ara la nostra, aquest lector comença a trobar-se a partir dels nou anys; tot i que és fàcil detectar reescriptures iròniques adreçades a lectors de menor edat, fins i tot a infants molt menuts. Violem el principi d'un lector sofisticat i creem lectors que coneixen abans l'hipertext que l'hipotext, amb els corresponents problemes de lectura.

Però hi ha també hipertextos adreçats a públic *adult*, inclosos en reculls i/o col·leccions destinats al públic adult. Hi ha una diferència en intenció i mitjans entre els lectors de les aventures de Les Tres Bessones i els contes populars reescrits per Quim Monzó. La mateixa que pot haver-hi entre Allan Ahlberg, Roald Dahl i James Finn Garner.

Les recuperacions per als grans, tot i que no es poden desvincular dels moviments ideològics actuals, presenten unes lectures molt més perverses, molt més destructores, si es vol. Ben sovint no participen de la lectura constructiva que elabora nous models, sinó que s'immergeix en el costat sinistre present en molts contes i en desenvolupa les possibilitats. És una aproximació més irreverent, més culturalista també, que dóna fruits també en paral·lel a les altres literatures occidentals. Presentem alguns exemples d'orientacions temàtiques desenvolupades en les reescriptures per a grans en la literatura catalana dels últims anys.

En primer lloc, *l'erotisme*, ben present en *El príncep gripau* o *La monarquia*, de Quim Monzó, o "...i el llop s'enfarina la poteta" d'Isabel Clara Simó. També *el desencís*, visible en aplicar la lògica o la memòria literària, com a *Kiss*, de Rafael Vallbona, o a *La desaparició de Wendy*, de Josep M. Benet i Jornet. Uns altres aspectes són *la presència destructora del temps* (també a Quim Monzó) i la *nostàlgia del paradís perdut*, com a *L'última cara del món*, de Pere Pons. Per acabar, hi ha també aquesta mena de volta de rosca que suposa no ja la paròdia del conte sinó la paròdia de les reescriptures, ben representada en el món anglosaxó per James Finn Garner, i que aquí podria representar l'eivissenc Bernat Joan i Marí en la seva *Deu versions sobre la Caputxeta vermella*. En canvi, no hi ha –o no n'hem sabut trobar exemples– relats d'exaltació de la violència, el sadomasoquisme o la pornografia com hem trobat, per exemple, a Pierre Enard (*Cuentos para enrojecer a Caperucitas*) o a les novel·les d'Anne Rice.

## 3. Procediments de reescriptura

Els procediments de reescriptura han estat analitzats des de diverses òptiques per diversos estudiosos (Colomer, 2000; Pisanty, 1995). El nostre objectiu, però, és mirar de sistematitzar els diferents procediments *constructius* que han emprat els escriptors per a modificar o reescriure el seu hipertext. Aquesta possible aproximació il·lustra sobre les formes compositives alterades i pot ser d'utilitat a l'hora d'aplicar-ho a activitats de recreació de contes a l'aula.

## 3.1. Reescriptures simples

Ens referirem en aquest apartat a les versions que respecten la trama original, però amb alguna modificació que no pretén alterar el sentit genuí del conte. Sí que es pretén, però, acostar-lo al lector actual, amb resultats desiguals. Aquests podrien ser el *transvestiment de personatges*, un procediment molt emprat en els dibuixos animats: es tracta de no alterar la trama ni el caràcter dels personatges, però convertint-los en animals o en personatges de Disney (Mickey, Donald); la *localització en altres escenaris*, com ara *La caputxeta negra*, de Carles Cano, que és una caputxeta africana. També trobaríem aquí les *actualitzacions de l'entorn*. En seria un exemple qualsevol versió d'en Tony Ross, o, fins i tot, el *Kiss*, de Vallbona.

## 3.2. Expansions

L'objectiu és partir d'un relat i expandir les seves posssibilitats temàtiques. No es torna a escriure res; es narren parts que a l'original no són explicades. És a dir, veurem el que passa abans, durant o després de l'acció coneguda. La intenció no sempre és paròdica, i sovint es pretén enriquir una figura o un tema determinats. En serien variants l'*ampliació inicial*, com a *La qüestió dels meus pares*, de Mabel Piérola, on els lectors troben la història prèvia a l'aparició al conte d'una nena "feta", amb la seva caputxeta; *allargament*, com a *La caputxeta verda*, de Joan i Marí, on l'explicació del contingut del cistellet ocupa gairebé la meitat del conte o bé l'*ampliació final* com a *La monarquia*, de Quim Monzó, que s'inicia amb la Ventafocs, un cop casada, però no feliç, sinó trista, perquè sospita que el príncep l'enganya... amb les germanastres.

## 3.3. Modificacions

En aquest apartat presentem tots aquells contes que han patit un procés de reinterpretació a fi d'alterar-ne definitivament el sentit. Trama, personatges, estructura o llenguatge situen el lector davant d'una nova història, que aquest identificarà amb el referent gairebé per contrast. Vegem-ne alguns procediments.

En primer lloc, revisarem les modificacions produïdes pel canvi de tarannà dels personatges. Com s'ha assenyalat abans, aquest és l'aspecte més destacat per la crítica, ja que permet fer un canvi de valors. Però observem aquests canvis des del punt de vista literari. Aquest canvi pot estar produït per un *canvi de sexe*, com a *El gripau*, de Quim Monzó; per un *canvi de personalitat*: bo/dolent; net/brut. Un excel·lent exemple el trobaríem al poema "Rata d'escala", de Miquel Desclot, on la famosa rateta no escombra l'escaleta sinó que l'embruta a consciència; *canvi de necessitats i de desitjos*: gairebé com a conseqüència de l'anterior, o, d'una manera independent, el protagonista d'un conte "capgirat" ja no vol ni té el que tenia o volia a l'original. Per exemple, el príncep de *La princesa del pèsol* de la sèrie de Les Tres Bessones "passa" de casar-se amb la princesa. També la Ventafocs de Dahl "passa" de príncep. Un altre exemple: la Blancaneu de *Les trifulgues dels herois*, d'Oriol Vergés, ja no té ganes de barallar-se amb la madrastra i vol prendre decisions constructives.

Però les modificacions es poden esdevenir per les variacions d'estructura. Aquestes poden ser de diversos tipus. En primer lloc, el *començament "in media res"*, tot obviant-ne les altres parts. *La ventafocs* de Roald Dahl, en seria un exemple. O *La bella dorment* de Quim Monzó, que comença exactament quan el príncep ha d'anar a despertar amb un bes la bella princesa adormida en el taüt de vidre. Una altra possibilitat és el *desordre de l'estructura*. També en alguns episodis de "Les Tres Bessones" es juga amb el desordre d'estructura, tot fent aparèixer elements d'un episodi abans que aquest es produeixi (p. ex., a *La princesa del pèsol*, els soldats carreteregen matalassos molt abans que hagi arribat la princesa). Es compta, evidentment, amb el fet que el lector coneix la història i "ordenarà" les seqüències tot rient de les incongruències. En aquest sentit, Dahll al seu *Versos perversos* fa l'ullet al lector quan, per exemple, a *La ventafocs* explica que tothom ja coneix una versió de la història i ell n'explicarà una altra, que començarà on li vingui de gust.

Una altra possibiltat de modificació és en les variacions d'argument, que es pot concretar o bé en les *alteracions de tema* o en la *reinterpretació des d'un altre tema*: Aquest seria el cas dels contes eròtics del mencionat *Cuentos para enrojecer Caperucitas* o, en certa manera, *"...i el llop es va enfarinar la poteta"*, d'Isabel Clara Simó. També ho seria el cas de *Caperucita en Manhattan*, de Carmen Martín Gaite, o *Barbablava*, de Max Frisch. També en els *canvis de final* que, tot sovint, són conseqüència del canvi de tarannà dels personatges. Pensem en *El príncep Ventafocs*, de Babette Cole. També pel *canvi de punt de vista del narrador*, a *La qüestió dels meus pares*, de Mabel Piérola i, en certa manera, a *El pitjor llop*, de Teresa Duran.

Un cas molt interessant de reorganització del material literari ho fan les interpel·lacions: les *interpel·lacions als personatges*, com a la interessant novel·la de Pere Pons *L'última cara del món*, que són interpel·lacions fetes des d'un deliri, o des d'una desemparança; des de la nostàlgia o l'odi; o les *interpel·lacions al lector amb referències metaliteràries*. Veiem aquest exemple de Roald Dahl:

> No, que no la sabeu, aquesta, i ca!
> A la bona més sang i fetge hi ha
> La falsa, que vosaltres coneixeu,
> La van refer en un conte molt nyeu-nyeu,
>
> Roald DAHL, *"La ventafocs", Versos perversos*

Una altra possibilitat de modificació la representen els canvis de llenguatge, com ara, *actualització o descens de registre*: sovint trobem que l'argument, els personatges, l'estructura o el tema no queden alterats; en canvi, sí que canvia el llenguatge. El més normal és un "descens" de registre: el llenguatge altament formalitzat i arcaïtzant dels contes populars es canvia per un registre actualitzat o col·loquial o fins i tot vulgar.

## 3.4. *Collages*

Per *collage* entenem la barreja d'un o més contes, amb intencions diverses. Vegem-ne casos: el primer seria l'*empelt de contes*, una de les més famoses tècniques rodarianes i una de les més practicades: barrejar un conte amb un altre, tot confonent els seus elements. Els resultats, en principi, no han de ser forçosament paròdics, però la literatura infantil sol aplicar aquest recurs per desmitificar alguns aspectes. Vegem-ne alguns exemples. La sèrie de "Les Tres Bessones" ens inscriu un conte en un altre: la història particular de les tres bessones, els seus pares i la seva relació conflictiva amb la bruixa avorrida, i la conseqüent "caiguda" de les petites i la bruixa en un altre relat, normalment, un conte popular o popularitzat. Les bessones solen actuar com a personatges positius, una mena de "deus" –o deesses– "ex machina" que canvien o arreglen situacions. Justament per això, la manipulació "metaliterària" de les versions hipertextuals hi funciona amb claredat: les bessones –i el lector– ja coneixen, ja han de conèixer, el conte-hipotext. Hi són constants les referències textuals (*Barbablava*) o gràfiques (*La princesa del pèsol*) a esdeveniments futurs que "han" de transcórrer. Un cas ben curiós en la narrativa d'adults el representaria l'obra *Tintín al nou món*, de F. Touten, un impossible empelt de Tintín a *La muntanya màgica*, de Thomas Mann...

Una altra varietat seria l'*amalgama de contes*. Alguns contes no n'apleguen dos, sinó diversos. Sovint es planteja com una mena d'amuntegament de personatges de diversa procedència. Un cas ben palès és *Les trifulgues dels herois*, d'Oriol

Vergés, on conviuen personatges tan dispars com ara la Blancaneu, 007, l'Home llop o Frankenstein.

Un cas mixt entre l'empelt i l'amalgama fóra el d'un conte amb un protagonista concret que va topant amb els personatges de diversos contes i va constatant en quin moment es troba la seva història: *El carter joliu per Nadal*, d'Allan Ahlberg, o *Xupet* de Mercè Llimona. O el curiós cas d'*El món de Sofia*, de J. Garneer, on cap al final veiem a la protagonista que es troba amb els personatges de les seves lectures infantils. També ho trobem en aquests versos de Josep M. Sala-Valldaura:

> Hi havia
> una vegada
> en un país llunyà
> una formiga desvagada
> una caputxeta tota vermella
> que es menjava el llop sencer
> una ventafocs que ventava clatellots
> a ses germanes, ben bé tres porcs paletes
> i marrans que vivien a la serena sense fer-se
> cap recer i una bella dorment amb lleganyes
> que va mossegar un príncep dolent i en dir-li per casar-se
> va fer-li pam i pipa, va treure un pam de llengua i els colors
> de l'arc de Sant Martí, va fer-li amb els braços una botifarra
> de cinc quilos i va donar-li una carabassa per portar-la en camió
>
> Josep M. SALA-VALLDAURA, "Conte potser fals", *Tren de paraules*

## 4. Síntesi i conclusions

1. El conte popular no és, per la seva pròpia naturalesa, un hipotex fixat. Les reescriptures, al capdavall, no fan més que continuar la tendència eterna del conte tradicional d'anar barrejant motius i reinterpretant els preexistents.

2. Les narracions popularitzades esdevenen hipotextos a l'alçada dels contes populars i pateixen les mateixes transformacions hipertextuals.

3. Atès que la capacitat d'un text d'esdevenir un hipotext depèn de la seva

capacitat de referència d'un ampli sector de públic, esdevindran hipotextos les versions més conegudes dels contes populars i popularitzats, no les que siguin més properes per raons lingüístiques i culturals.

4. És important destacar que a qualsevol reescriptura acostuma a haver-hi elements que eren en estat latent dins el conte. Cap reescriptura no diu res que no hi fos ja en el conte, i dependrà de la selecció del públic la tria d'un o un altre aspecte.

5. Els procediments actuals de reescriptura poden afectar el tema, la forma, els personatges; poden barrejar-ne dos; ampliar, escurçar o ajuntar. És a dir, la mena de procediments que la folklorística ja havia detectat en el rastreig de textos tradicionals.

És a dir; que ens trobem amb una mena de corpus, format per contes populars i contes "popularitzats" que formen una mena de substrat comú, un substrat alhora cognoscitiu i afectiu –és el nostre primer referent literari, el nostre primer vademècum verbal, el nostre primer model moral– i alhora afectiu –el nostre lligam amb la infància, amb la calidesa o amb l'abandó. És, a més, un magatzem d'imatges molt potents des del punt de vista estètic, fins i tot, plàstic; imatges no sempre clares, per tant, ben suggeridores. Una base per tornar-hi tota la vida.

## 5.3. LA RECREACIÓ D'OBRES LITERÀRIES: VERSIONS I ADAPTACIONS

ROSA MARIA POSTIGO
*(Universitat de Barcelona)*

En el camp de la literatura, és freqüent crear –o recrear– una obra a partir d'una altra obra anterior. Com en els apartats anteriors, seguirem la terminologia de G. Genette (1982), tot denominant *hipotext* l'obra original o anterior i *hipertext* l'obra reelaborada.

L'autor d'una recreació literària pot tenir diversos objectius a l'hora de refer un text preexistent, fonamentalment dos: posar-lo a l'abast d'un determinat grup de destinataris o usar-lo com a punt de partida per crear una obra nova, sense que els destinataris siguin la causa de la reelaboració. En el primer cas, l'autor ha tingut en compte els condicionaments dels seus possibles receptors, i ha pres les mesures necessàries perquè l'hipertext sigui llegit i comprès per aquest determinat sector de lectors. Aleshores, direm que ha fet una *adaptació* (l'autor procura adaptar l'obra a un cert segment social, lingüístic, d'edat...). En el segon cas, l'autor ha pres l'hipotext com a punt de partida per elaborar un hipertext més lliure. Els seus objectius poden ser molt variats: reescriure per a l'escena una obra concebuda d'entrada per ser llegida, cenyir-la a les necessitats –o exigències– d'un compositor que hi vol construir una obra musical (una òpera, una cantata), etc. En aquest cas en direm *versió*, tot adoptant la perspectiva de la importància cabdal o secundària dels receptors a l'hora de construir un determinat hipertext.

La distinció, en ser enunciada, sembla clara, però, quan baixem als casos concrets, no ho és tant: una reescriptura pot ser, alhora, versió i adaptació, o semblar una versió quan és una adaptació. Convindria, doncs, aprofundir en el tema, en alguna altra ocasió, tenint en compte altres elements d'anàlisi. Es pot afirmar, en qualsevol cas, que el pas de l'hipotext a l'hipertext sempre constitueix un procés de transformació o *transtextualització*.

I una darrera qüestió interessant, abans d'entrar en els detalls d'aquest procés. Són bastant excepcionals els casos en què l'autor d'ambdós textos –l'hipotext i l'hipertext– és el mateix: al més sovint, tenim dos textos i dos escriptors. Amb tot, en l'àmbit de les adaptacion destinades a nens, podem citar a tall d'exemple B. Pérez Galdós, autor d'*Episodios nacionales extractados para uso de los niños*, reducció dels seus propis *Episodios nacionales*; o, més modernament, l'adaptació per a nens que va fer M. Tournier del seu *Vendredi ou les limbes du Pacifique*.

## 1. Versions

Vegem sumàriament els canvis més freqüents que, en el procés de transtextualització, donen lloc a les versions. La reducció o l'ampliació de l'extensió i/o el contingut de l'obra inicial (fets, personatges, escenes...); els canvis de mode de presentació de l'obra: de la prosa al drama o del vers a la prosa, per exemple (*transmodalitzacions*); els canvis en la història, el seu univers, el seu marc (*diègesi*); modificacions de tipus lingüisticotextual, etc. Les variacions resultants poden ser bastant senzilles, prou acostades encara a l'hipotext; però també poden allunyar-se'n de tal manera que només es pugui parlar d'influència del primer text sobre el segon, o d'"inspiració" del segon en el primer.

## 2. Adaptacions

D'altra banda, els trets primordials de les adaptacions solen ser: la reducció de l'extensió i el contingut de l'hipotext (supressió o simplificació de fets, escenes, supressió de personatges...); les transmodalitzacions cap a la prosa narrativa, de vegades cap al diàleg. Els canvis en la història i el seu univers potser no són tan freqüents, tenint en compte l'objectiu principal de l'adaptació. Sol haver-hi, en canvi, nombroses modificacions en el grau de complexitat lingüística. Com en el cas de les versions, tots aquests canvis poden afectar tant hipertextos adreçats als nens com els que es destinen als adults. Quina diferència hi ha, doncs, entre una versió i una adaptació? Fonamentalment, que un cas i l'altre impliquen uns objectius diferents, com ja hem vist.

En el cas de les adaptacions destinades a nens i nenes, és interessant considerar els plantejaments ideològics generals als quals obeeixen. Els canvis socials, econòmics i ideològics del tombant dels segles XVII/XVIII propicien el sorgiment d'una nova perspectiva sobre els infants. L'expansió de la revolució industrial i de la burgesia, la davallada progressiva de la mortalitat infantil i la conseqüent reducció de la natalitat, els canvis en l'àmbit de les idees, en general, tot plegat facilita la consideració dels nens com a individus i com a éssers que pertanyen a un grup humà específic, amb trets propis, que cal protegir: feblesa, innocència i altres qualitats "angelicals" (Ariès, 1973). D'aquí sorgeix un nou concepte d'educació: cal formar-los i disciplinar-los tot mantenint-ne les qualitats esmentades. Això es pot portar a terme, a banda d'altres mitjans, amb els llibres que cal posar al seu abast, i que han de respondre a les seves necessitats i capacitats.[1]

Aquesta darrera idea ha arribat fins avui, i ha fet que la majoria d'adaptadors d'obres per a nens se sentin obligats a prendre algunes precaucions en acarar un hipertext per als infants que procedeixi d'un hipotext que, d'entrada, no els era destinat. Ultra les modificacions mencionades més amunt, vàlides igualment per a les adaptacions destinades a adults, l'autor d'aquesta mena d'hipertext sol adoptar un to considerat apropiat, de vegades –no sempre– infantilitzat; i sol suprimir –o endolcir– passatges on es fa feixuc justificar moralment l'actuació d'un personatge, o bé on es revela un grau de violència difícil de connectar amb les característiques infantils mencionades.

Per observar quins aspectes poden adoptar els processos de transtextualització, em referiré a dos hipotextos considerats clàssics i a alguns dels hipertextos (versions dramàtiques per a adults i adaptacions per a infants) que han generat: la *Divina Comèdia,* de Dante i *Macbeth,* de Shakespeare. És a dir, un poema al·legòric toscà medieval i una tragèdia anglesa renaixentista.

---

[1]. Aquestes "necessitats" i "capacitats" han anat evolucionant, al llarg dels tres darrers segles, en l'ideari dels adults, paral·lelament als canvis que ha anat sofrint el marc general de les idees. Un exemple d'això el dóna Z. Shavit (1986) en l'evolució textual de la *Caputxeta vermella,* des de Perrault a les versions del segle XX, passant per Grimm, evolució deguda a les variacions en l'enfocament social del nen des de finals del XVII fins a la nostra època. El tema és reprès per T. Colomer (2000).

## 3. La *Divina Comèdia*

La *Divina Comedia* –o *Comèdia*, com l'anomenà Dante– és un poema al·legòric en cent cants, repartits en tres blocs (Infern, Purgatori i Paradís), de 33 cants cadascun –excepte el primer, que en té 34, el primer dels quals és la introducció a l'obra–, i escrit en tercets encadenats hendecasil·làbics. Va ser compost per Dante Alighieri entre el 1307 i el 1321, i divulgat pòstumament. Acompanyat pel poeta Virgili, o la raó humana, i per Beatriu –el seu "amor de lluny"–, o la revelació, l'autor viatja pel món dels morts: per l'Infern (pecat), Purgatori (penediment) i Paradís (purificació). Únic ésser viu en aquest món, Dante evoluciona cap una certesa moral i intel·lectual cada vegada més sòlides a mesura que avança en el camí. Alighieri manifesta una concepció unitària del món, reflex de l'ordre diví, contraposat a l'ordre terrenal, que li sembla caòtic; i ofereix un missatge políticomoral a favor de la reforma d'institucions i consciències, segons un model que inclou la raó i la fe cristiana.

### *3.1. La* Divina Comèdia*: algunes versions dramàtiques per a adults*

Alguns dels episodis de la *Comèdia* han donat lloc a versions dramàtiques interessants. Triem, a tall d'exemple, la història, verídica, de Francesca da Polenta i Paolo Malatesta (*Infern*, cant V, vv. 73/143). Francesca és casada amb Gianciotto Maltesta, senyor de Rimini, sense conèixer-lo. Quan arriba en aquesta ciutat, els coneix alhora a ell i el seu germà Paolo: segons la tradició, Gianciotto és un home desagradable i Paolo és atractiu. Francesca i Paolo s'enamoren i, en una ocasió, són sorpresos pel marit, que els mata. En la versió dantesca, es confessen sense paraules el seu amor tot llegint la història de les relacions amoroses de Lancelot i Ginebra.

Entre altres versions derivades d'aquest episodi de la *Comèdia*, n'existeixen una tragèdia de Silvio Pellico (estrenada el 1815) i una altra de Gabriele d'Annunzio (estrenada el 1901 i representada a Barcelona el 1905), totes dues amb el nom de *Francesca da Rimini*. Amb el mateix nom, tenim una òpera de R. Zandonai, amb llibret de T. Ricordi, procedent de la tragèdia dannunziana i estrenada el 1914. Inspirada en el mateix tema, hi ha l'òpera d'Alfredo Aracil *Francesca o el infierno de los enamorados*, amb llibret de L. Martínez de Merlo, estrenada el 1986.

## 3. 2. La Divina Comèdia: *algunes adaptacions per a nens*

D'adaptacions per a nens, no en tenim cap en català, de l'obra que ens ocupa. En castellà, n'he trobades dues. Una és la traducció d'una adaptació anglesa, de començaments del XX, de Mary McGregor, publicada per la col·lecció de l'editorial catalana Araluce –sense data ni nom de traductor– amb il·lustracions de J. Segrelles, sota el títol de *Historias de Dante*.[2] El llibre, en prosa, té 127 pàgines, 13 capítols –cadascun amb un títol– i 8 il·lustracions. Als tres primers capítols, s'explica la vida del poeta i el somni en el curs del qual es desenvoluparà el viatge al món dels morts que constitueix el poema, amb un aclariment del títol:

> Una comedia es una historia que, por muy triste que sea en su desarrollo, acaba siempre felizmente. También en la *Divina Comedia* [...] hay muchas cosas terribles [...] pero [...] termina felizmente y [...] su final os alegrará el corazón. (p. 17)

A partir del capítol III es desenvolupa pròpiament el viatge, d'una manera desigual pel que fa a l'extensió atribuïda a cada bloc: l'Infern té sis capítols (del IV al IX), el Purgatori en té tres i part d'un quart (del X al XIII) i el Paradís, part del XIII i darrer. Malgrat la supressió de bona part d'episodis i personatges, la simplificació del poema és força correcta: s'hi mantenen passatges rellevants i sobretot s'hi dóna un primer tast força ben fet de l'obra. Hi ha supressions de passatges, per raons –suposo– educatives o psicològiques, i també hi ha digressions didacticomorals de la ploma de l'adaptadora; per exemple, quan Dante ataca l'orgullós i colèric Filippo Argenti i se sent obligada a justificar el poeta:

> Las palabras de Dante suenan mal en nuestro corazón, pues parecen desprovistas de humanidad [...] (p. 64).

Vegem ara com resol la narració de la història de Paolo i Francesca.

> Como dos palomas llamadas por sus deseos vuelan hacia el dulce nido con ala tendida y firme [...] salieron las dos almas de entre la multitud dirigiéndose hacia los poetas [...] Pablo y Francisca de Rímini [...] habían sido compatriotas de

---

2. Porta el subtítol *Divina Comedia*. N'hi ha, com a mínim, una altra edició –possiblement anterior–, també sense data, i amb il·lustracions de T. R. Rose. El 1998, Editorial Anaya la va tornar a editar, a la col·lecció on es recuperen els llibres d'Araluce. La paginació que dono correspon a l'edició d'Anaya.

Dante y éste los hubiera podido conocer porque cuando los mataron él era un muchacho.

—Ser compasivo, que tienes piedad de nuestro dolor —dijeron;— si el Rey del Universo fuese nuestro amigo, le pediríamos tu salvación.

Luego le contaron su triste historia; al concluirla, Dante lloró conmovido [...] (p. 58).

Com veiem, no hi ha cap referència als ingredients bàsics de la història, l'enamorament, l'adulteri i l'assassinat. L'adaptadora els deu considerar massa punyents per als destinataris del seu text.

L'altra adaptació en castellà de la *Comèdia* va ser publicada el 1958 per la col·lecció Clásicos Cadete, de la també catalana editorial Mateu, amb el títol original. L'adaptador n'és Fernando Gutiérrez[3] i l'il·lustrador, Aurelio Bevià. Hi ha un pròleg amb la biografia de Dante, tres grans capítols en prosa, corresponents a l'Infern, el Purgatori i el Paradís (72, 87 i 56 pàgines, respectivament: també aquí es dóna més importància a l'Infern i al Purgatori) i vuit il·lustracions.

L'obra també és presentada com un somni de l'autor:

"En medio del camino de nuestra vida...". Así empieza un maravilloso sueño que Dante llamó *Divina Comedia*. Se ha dicho que ese "medio camino" es el de la vida del hombre [...] (p.19).

Els aclariments sobre el poema, doncs, són presentats dins el text, de vegades en forma de consells i admonicions, com ja hem vist a l'edició d'Araluce i com és freqüent en les adaptacions. Aquest fet es repetirà, per exemple, en la descripció de Gerió –amb text i il·lustració–, l'aspecte del qual es fa correspondre al de l'ésser fraudulent: cap d'home just i cos de serp. Tot i que els noms dels personatges no solen ser alterats, és curiosa l'adaptació dels d'alguns dimonis: *Cola Maldita* per *Malacoda* o *Arranca Pelos*, probablement *Scarmiglione*.

Mirem ara com es presenta el passatge de Paolo i Francesca:

---

3. F. Gutiérrez, també autor del pròleg, hi figura com a traductor, no sabem si d'una altra adaptació.

>    —Maestro —dijo a Virgilio—, quisiera hablar a esas dos almas que vuelan tan juntas y tan rápidamente llevadas por el viento.
>    —Espera a que estén más cerca de nosotros, y entonces ruégales por el amor que las conduce que se dirijan a ti.
>    [...]
>    Los dos condenados, que eran Paolo y Francesca de Rimini, se acercaron a Dante y dijeron:
>    —¡Oh ser gracioso y benigno, si nos amara el Rey del Universo le rogaríamos por tu tranquilidad, pues te has compadecido de nuestro acerbo dolor!
>    Contaron luego su triste historia, y Dante, conmovido, dijo:
>    —Francesca, tus desgracias me hacen derramar tristes y compasivas lágrimas.
>    [...] (ps. 29-30).

Observem com, al costat de la fidelitat en el manteniment d'una part del text original, hi ha un escamotejament absolut de la història dels condemnats, com ja havíem vist a l'adaptació d'Araluce: les raons possiblement són les mateixes.

M'ha semblat interessant donar notícia d'aquests dos llibres perquè, tot i no ser escrits en català, poden haver posat a l'abast dels nens catalans una obra d'importància i qualitat indubtables, pel fet d'haver estat publicats a dues col·leccions molt difoses entre nosaltres.

## 4. Macbeth

*Macbeth*, tragèdia en cinc actes de W. Shakespeare, estrenada en una data incerta entre el 1606 i el 1610, es publica el 1623. Basada en esdeveniments històrics consignats a *Scotorum Historiae*, de H. Boetius (París, 1526) i represos per Holinshed a *Chronicle of England, Scotland and Ireland* (1577), narra l'assassinat del rei Duncan a mans de Macbeth, general del seu exèrcit, ajudat per la seva muller, Lady Macbeth, i la sèrie de crims que, més tard, els protagonistes han de portar a terme per mantenir-se en el poder quan són reis. Lady Macbeth mor en un moment de follia i Macbeth és mort per Macduff, noble escocès a qui havia assassinat la muller i els fills.

## 4.1. Macbeth: *algunes versions per a adults*

La tragèdia ha estat objecte de diverses versions escrites, destinades a ser musicades per a òperes, obertures i poemes simfònics. *Macbeth*, de G. Verdi, amb un llibret d'A. Maffei i F. M. Piave, va ser estrenada el 1847, i refeta, el 1865. És una peça interessant, en la qual llibretistes i compositor procuren mantenir el to shakespearià original. *Ledi Makbet Mcenskogo vezda* (*Lady Macbeth de Mcensk*), de Dmitrij Sostakovic, estrenada el 1934, es basa en una novel·la curta de Nikolai Leskov (publicada el 1865). Malgrat l'al·lusió del nom, la història no té res a veure amb la tragèdia de Shakespeare, sinó que és la història de la vida d'una dona insatisfeta, Katerina Ismailova, que, amb l'ajut del seu amant, mata el marit, i finalment, quan l'amant vol abandonar-la, se suïcida. Els dos personatges femenins (Lady Macbeth i Katerina), però, tenen en comú un conjunt de característiques, cosa que pot justificar el títol de la narració i de l'òpera.

## 4.2. Macbeth: *algunes adaptacions per a nens*

> Una atmósfera iracunda gobierna el drama desde los primeros versos hasta el cumplimiento de la profecía [...]. Pesa sobre los personajes de este drama el mismo clima de fatalidad que pesaba sobre la casa de los Atridas [...] Un sentido de misterio e incluso de irracionalidad (¿era realmente necesario el delito de Macbeth? [...]) emana de este drama; domina en él la noche, con las frecuentes invocaciones a las tinieblas [...] la palabra "pavor" ('*fear*') aparece a menudo al lado de imágenes de violencia y sangre.

Aquestes paraules de Mario Praz (1959) ens mostren el to tenebrós i sanguinari de la tragèdia. N'és viable una adaptació per a nens?

> És una obra que, segons algunes convencions de la literatura per a nens [...], no sembla gaire apropiada per a lectors infantils: hi ha molts elements "inoportuns" (ambició desmesurada, assassinats, bogeria, destí implacable), els personatges no són models de conducta, no hi ha final feliç [...] (Postigo, 1994:123).

Les meves paraules es refereixen a la conveniència o no d'adaptar per a nens una obra concebuda per a adults. Però poden confluir amb les de M. Praz si les referim a les dificultats d'adaptar una obra de les característiques mencionades. I les dificultats les trobem a les adaptacions d'aquesta tragèdia que es poden consultar actualment en català.

La de José Luis Giménez Frontín és una traducció del castellà.[4] El text té 12 pàgines sense numerar, distribuïdes en tres capítols, i 12 il·lustracions, i presenta transmodalització: el mode dramàtic de l'hipotext adopta la forma en prosa narrativa de l'hipertext. I això es produeix a totes les adaptacions que citaré a continuació, tal com vèiem en les de la *Comèdia*.

En el capítol I, trobem el diàleg de Banquo i Macbeth, l'escena en què les bruixes profetitzen el futur dels dos generals, o la conversa entre Macbeth i la seva muller, on queda decidit l'assassinat de Duncan. Al capítol II, llegim la mort de Banquo i la fugida del seu fill, el banquet amb l'aparició del seu espectre i el terror que això suscita en Macbeth, cosa que desperta les sospites de Macduff i altres cavallers sobre els actes del rei. El capítol III ens porta la bogeria de la reina, amb la conversa entre Macbeth i el metge, l'arribada de Macduff amb un exèrcit, "la marxa del bosc de Birnam" contra el rei i la seva mort a mans de Macduff. La narració continua, al marge de la tragèdia, amb l'entronització del fill de Duncan i la seva mort posterior sense fills: és nomenat rei el fill de Banquo i així es complex la profecia de les bruixes.

Un fet curiós, quant al manteniment d'elements de la tragèdia original, és la reproducció –no exacta, per descomptat– de frases o fragments de l'obra de Shakespeare. Aturem-nos-hi un moment perquè el fenomen és interessant. De *Macbeth*, se n'han difós molts fragments breus gairebé literalment. A l'adaptació esmentada –tot i la seva escassa extensió– la reproducció també s'hi manifesta. En les paraules de Macbeth, després de l'assassinat de Duncan:

> –Ja està fet? –digué–. Però eres tu qui cridava o un ocell nocturn? I són meves aquestes mans? Tota l'aigua del profund oceà no seria suficient per netejar la sang d'aquestes mans. I, com podré dormir en pau a partir d'ara?... Macbeth ha assassinat el son, mai més podrà dormir.

Una altra adaptació infantil és l'elaborada per Leon Garfield, dins un volum

---

4. *Macbeth* (1985). Segons l'obra de William Shakespeare. Versió de José Luis Giménez Frontín. Il·lustracions: Maria Teresa Cáceres. Traducció: Núria García. Barcelona, Argos-Vergara. El drac vermell, 38.

on es publiquen diverses adaptacions de teatre shakespearià.⁵ Té 17 pàgines, sense cap divisió en capítols, i una il·lustració.

Hi contrasta l'elaboració de les descripcions, de llenguatge bastant complex, amb el pas una mica abrupte d'un passatge a un altre. Com a l'adaptació anterior, s'hi mantenen escenes considerades significatives. També aquí es reprodueixen, potser més modificats, fragments coneguts de l'hipotext.

> "No escoltis, Duncan", va murmurar [Macbeth] "perquè és el toc [de la campana] que et crida al paradís...o et llança al foc." (pp. 140-141).

> "Hauria hagut de morir més tard", va sospirar [Macbeth]. "Llavors hauríem tingut temps per a aquesta paraula. Demà, i demà, i demà, s'arrosseguen lentament de dia en dia fins a la darrera síl·laba del temps escrit." (p. 150).

Tot i l'escassa extensió de l'hipertext, s'hi mantenen, sorprenentment, passatges com ara la lectura de la carta de Macbeth per Lady Macbeth, o el recordatori del general a la seva muller sobre la seva beguda de la nit. I hi ha la repetició d'algunes idees, presents constantment en la ment de Macbeth: la lluita de Malcom (fill de Duncan) i Macduff contra ell, o que cap home nascut de dona pugui matar-lo.

Una altra mostra és la dels germans Charles i Mary Lamb (publicada el 1807), autors del que constitueix probablement la primera adaptació infantil –en termes moderns– de la història.⁶ Té 14 pàgines i una il·lustració, sense cap divisió. De totes les que hem vist fins ara, és la que té més característiques de conte. Comença quan els generals Macbeth i Banquo tornen victoriosos de la batalla. Després de trobar-se amb les bruixes, mantenen un diàleg on veiem les il·lusions que es fa Macbeth sobre el seu futur.

És un text diàfan, pràcticament sense ambigüitats: "Ella era una dona dolenta i ambiciosa", diuen de Lady Macbeth, que empeny el seu marit a matar Duncan, home bo. Hi desapareix la gradació creixent de les sospites per part de diversos personatges sobre la culpabilitat de Macbeth, com a la tragèdia: des de la nit de l'assas-

---

5. Leon Garfield (1995): *Històries de Shakespeare*. Trad. [de l'anglès] de Xavier Roca-Ferrer. Il·lustracions Michael Foreman. Barcelona, Destino.

6. Lamb, Charles i Mary (1993): *Contes de Shakespeare*. Versió catalana [de l'anglès] de Josefina Caball. Il·lustracions de M. Rosa Perotti. La publicació porta un apèndix sobre els Lamb. La primera edició original és de William Godwin (*Tales of Shakespeare*, 1807, Londres).

sinat, se sospita d'ell. Hi ha una certa desproporció entre les escenes pel que fa a l'extensió que tenen a l'hipertext i que tenien a l'hipotext. L'escena del banquet i l'aparició del fantasma de Banquo, per exemple, és breu, i, en canvi, a l'adaptació es manté el diàleg original entre dos guardians, escena de transcendència menor. I s'allarga, en comparació amb l'hipotext, la lluita final entre Macbeth i Macduff. S'hi afegeix un incís laudatori dels Lamb sobre els descendents de Fleance, fill de Banquo:

> D'aquest Fleance descendí una nissaga de monarques que més endavant ocuparen el tron escocès i que acabà amb Jaume VI d'Escòcia i I d'Anglaterra, sota el regnat del qual les corones d'Escòcia i Anglaterra s'uniren. (p. 156).

Finalment, cal citar l'adaptació que va fer Cèsar August Jordana[7] el 1929 partint de la seva pròpia traducció de la tragèdia de Shakespeare (1928). Com a les adaptacions citades abans, hi ha transmodalització a la prosa narrativa. A l'adaptació que ens ocupa, la més llarga de les que hem vist –16 apartats i 82 pàgines, amb 38 il·lustracions i un glossari de mots difícils–, també hi ha fragments dialogats i descripcions. Tot i que hi ha escenes suprimides, algunes s'han conservat a l'adaptació d'una manera força fidel. L'escena de la trobada de Macbeth i Banquo amb les bruixes i allò que els profetitzen; la del banquet i l'aparició de l'espectre de Banquo; la de les al·lucinacions de Lady Macbeth, entre altres. I aquí també trobem reproduïts alguns d'aquells fragments coneguts de la tragèdia, que podíem llegir a les adaptacions de Giménez Frontín i Garfield.

## 4. Algunes conclusions

D'aquest estudi es poden desprendre algunes conclusions, referides a les adaptacions per a nens. No insisteixo sobre fets tan generals com l'escurçament dràstic respecte dels originals o els canvis de mode, ja esmentats. Només em referiré a alguns aspectes, tots interessants, i segurament més transcendents que no sembla a primer cop d'ull.

---

7. L'edició de 1929 és d'Editorial Proa. Se'n va fer una segona edició, encara trobable, el 1987, a la notable col·lecció d'adaptacions per a nens "El Fanal de Proa", de la mateixa editorial.

A les adaptacions, desapareixen matisos i ambigüitats dels hipotextos, com ara la gradació progressiva de les sospites sobre la responsabilitat de Macbeth en l'assassinat de Duncan, tan interessant a la tragèdia de Shakespeare.

En canvi, hi apareixen noves ambigüitats, per supressió d'elements; per exemple, a les adaptacions de la *Comèdia*, la causa de la condemna eterna de Paolo i Francesca.

S'hi produeixen canvis de to respecte dels hipotextos: a *Macbeth*, l'enfocament "moralista" de la mort de Lady Macbeth, on no hi ha ni l'al·lusió més mínima al suïcidi; o la raó per la qual, contra tot pronòstic, Macduff mata Macbeth: malgrat que cap home nascut de dona pot fer-ho, Macduff ho aconsegueix perquè es diu Nonat i no per haver estat extret del si de la seva mare, un cop morta, qüestió que ni s'esmenta (Jordana).

De vegades, l'estructura general de l'obra pot no quedar gaire clara: el viatge de Dante té lloc en un món més o menys misteriós que, en cap de les dues adaptacions, s'aclareix com és construït. Aquesta explicació, al text original, tampoc no hi és, però usualment es resol la qüestió en un pròleg o en notes a peu de plana (si l'edició és mínimament ben feta, és clar); en una edició destinada a nens, això podria haver constat en un esquema-il·lustració o en un text, de la mateixa manera que s'explica el viatge com si fos un somni.

El capítol d'encerts seria bastant ampli. Des de l'intent de mantenir —sobretot en alguns hipertextos— un to de dignitat apropiat a la importància indubtable dels hipotextos, fins a la conservació d'escenes o episodis clau per al desenvolupament de les històries respectives (l'entrada de l'Infern, a la *Comèdia*, o les profecies de les bruixes, a *Macbeth*), passant pel dibuix generalment encertat dels personatges principals, tot contribueix a fer dels hipertextos estudiats vehicles vàlids per fer arribar als infants dues grans obres clàssiques.

# 5.4. LA RELACIÓ ENTRE CULTURES: EL CAS DE LES TRADUCCIONS[1]

MARIA GONZÁLEZ DAVIES
*(Universitat de Vic)*

> La veritat és que aquells traductors van traçar el camí, que els editors els van donar ales i que van fer un gran servei: s'ha pogut constatar que cap altra llengua del seu abast no supera ni iguala de bon tros, el català en nombre de traduccions (Josep Vallverdú, *La Vanguardia*, 11.7.99)

Aquesta citació potser resumeix la trajectòria de 100 anys de traducció a Catalunya: la tasca dels grans escriptors i dels editors de finals del XIX i principis del XX ha permès que, ara ja al segle XXI, el volum de traduccions al mercat sigui realment significatiu. Cal, però, matisar alguns punts i això és el que intentarem fer tot explorant alguns dels canvis en la funció i els objectius que es poden observar a la traducció de la literatura per a infants i per a joves. Veurem, en primer lloc, que els múltiples significats i connotacions que han anat adquirint els conceptes "traducció" i "fidelitat" al llarg dels segles han fet que aquestes paraules hagin quedat buides de contingut i que, per tant, s'hagi d'anar amb compte quan es parla de "la traducció de..." com si es donés per fet que serà una fotocòpia del text de sortida. Traduir no és ni pot ser mai això. En segon lloc, aplicarem la noció de polisistema per esbrinar el grau d'innovació o bé de manipulació incorporats a la literatura infantil i juvenil mitjançant les traduccions.

---

1. Aquest article s'inscriu dins el projecte d'investigació BFF2000-1281 del Programa Nacional de Promoción General del Conocimiento (Ministerio de Ciencia y Tecnología).

## 1. Traducció i frontera

*Una vez, en el desierto de Sáhara, nos refirió un japonés el siguiente cuento ruso...*
... i nosaltres llegim aquest inici multicultural d'un conte de Manuel Abril (1930) en aquest text en català: on són les fronteres?, és cert que la possibilitat de traduir les desdibuixa? La traducció sempre fa de pont entre cultures?, o també pot distorsionar-ne la imatge?, quin efecte pot tenir una traducció sobre la cultura receptora?, es poden acceptar diferents maneres de traduir o s'ha de ser prescriptiu? Traducció, frontera i literatura infantil i juvenil són conceptes que cal perfilar perquè no accepten una definició absoluta. En realitat, sembla que quan llegim una traducció habitualment apliquem el que es coneix com una "suspensió de la incredulitat", és a dir, sabem que tenim entre les mans un text traduït però, mentre el llegim, ho fem com si fos el text d'origen a fi de no trencar la fluïdesa i el plaer de la lectura. Però, alhora, sabem que aquell text l'ha iniciat una altra persona en una altra llengua per a una altra comunitat i, potser fins i tot, en un altre temps. Això que potser fan els adults, ho fan també els nens? En el cas de les traduccions, el contingut pot quedar, a més, afectat per l'objectiu o el mètode de traducció, que pot convertir-se en mirall i model per als seus lectors i el seu món, igual que la literatura infantil i juvenil, segons les paraules de John Stephens:

> Normalment, quan s'escriu per a nens es fa amb un propòsit... Com que, per dir-ho sense embuts, el futur d'una cultura s'inverteix en els seus nens, qui escriu per als infants sovint fa seva la tasca d'aconseguir que els seus lectors segueixin una pauta de conducta "desitjable", que tant es pot traduir en un intent de perpetuar certs valors com en una rebel·lió contra els valors socials dominants als quals s'hi oposen alguns escriptors (1992:3).

Les traduccions a Catalunya han apropat les fronteres amb un propòsit clar, tant al principi com al final de segle: servir com a mitjà d'enriquiment i reivindicació de la llengua i cultura del país. Entre 1868 i 1939 existien més de 20 publicacions especialitzades sobre literatura infantil i juvenil. Durant els anys vint es podria dir que els autors traduïen més que no publicaven obres pròpies. A l'estudi de Rovira i Ribé (1972), que cobreix totes les obres de literatura infantil i juvenil fins al 1939, s'inclouen més de 100 traduccions al català de diverses llengües com ara el rus, l'àrab i el japonès. A més, es poden trobar 85 col·leccions dedicades al llibre infantil entre contes, obres de teatre, revistes, etc. Destaca el volum d'obres traduïdes del francès, l'alemany i l'anglès i el fet característic de la traducció indirecta, és a dir, que sovint es traduïen obres, no a partir de la seva llengua d'origen sinó mitjançant una altra. La traducció tenia categoria de creació, i afavoria la descoberta de l'altre i una incorporació cultural de primer ordre que duien a terme els autors consagrats de l'època amb plena consciència de la seva tasca, i explicaven els seus objectius a les introduccions i prefacis de les seves traduccions o a publicacions diverses (recomano la lectura de l'excel·lent recopilació en aquest sentit a l'antologia feta per Bacardí *et al*, 1998).

La traducció de la literatura infantil va prendre una importància cabdal a fi de complir amb els dos objectius esmentats. En aquells moments, el traductor era ben visible: normalment era un autor consagrat, adaptava el text original segons els seus objectius polítics o ideològics i deixava constància d'aquesta activitat en escrits sobre traductologia que, si bé de vegades era anecdòtica i poc sistematitzada, feia del traductor una figura central al món literari de l'època.

Així mateix, les paraules d'Esther Tusquets entrevistada per Pere Tió ens indiquen que el propòsit no ha canviat gaire a final de segle:

> – PT: En català tenia la col·lecció 'Paraula Menor', oi?
> – ET: Des del començament de Lumen vaig publicar els llibres infantils en català, perquè hi havia poca cosa al mercat. Em va semblar que si realment s'hi havia d'aprendre el català era ideal dirigir-se al públic infantil. (*Avui*, 14.12.00).

Un altre objectiu prioritari de la traducció és la construcció de ponts entre els lectors de la comunitat d'origen i els de la d'arribada. Aquest objectiu es pot portar més enllà amb l'observació dels ponts que també s'estableixen entre els lectors de la mateixa llengua i cultura quan comparem traduccions escrites en èpoques diferents: la frase de Carmen Bravo-Villasante: "*Dame este libro de literatura infantil, y te diré a qué sociedad y a qué época pertenecen*" (1989, 36) és perfectament aplicable a les traduccions.

## 2. Fidelitat a qui?: a Sant Jeroni, a Ciceró, o a Schleiemacher?

> Si s'accepta que fidelitat no significa literalitat, i que fer sonar bé no significa banalitzar, la incompatibilitat desapareix. En canvi, el 'sonar bé' mal temperat –i és la tendència actual– llima o anul·la els elements característics d'una obra literària, és

a dir inusuals, 'marcats' i per tant expressius (Maria Bohigas, traductora, *El País*, 15.4.99).

El fet traductor s'ha interpretat al llarg dels segles des de la tensió creada per dues polaritats: *a)* traducció impossible-traducció possible i *b)* traducció literal i traducció pel sentit. Qui creu que la traducció és impossible o bé que ha de ser literal per ser "fidel" sol referir-se a ella amb expressions com ara *belles infidèles* o *traduttori, traditori*, però oblida que qui tradueix també és missatger de móns llunyans, d'idees noves, de descobriments científics; mediador, en definitiva, entre llengües i cultures. El traductor és el continuador d'un text iniciat per (a) un altre i sap que la seva no és una feina fàcil, que es basa en una presa de decisions constant, que ha de remenar i extreure el bo i millor del seu bagatge lingüístic, enciclopèdic i creatiu, i que els resultats sempre es mostraran acolorits per la seva subjectivitat, pel seu moment històric així com per les seves creences sobre la naturalesa de la traducció.

La primera dicotomia –traducció impossible/traducció possible– es basa en la paradoxa entre conservar l'estil i l'esperit del text original, amb la qual cosa sembla que no es pot escriure un text d'arribada fluida i familiar pel lector de la traducció, o escriure un text meta que no soni "estrany" pel lector però que, llavors, haurà perdut la "gràcia" de l'original. Per tant, la conclusió sembla ser que traduir és impossible. La realitat, però, desmenteix aquesta creença perquè les traduccions abunden i, per tant, la polèmica està servida.

Es considera que les primeres idees sistematitzades sobre traducció les va aportar Ciceró (I a.C.) afavorint la primera divisió explícita entre els defensors de la traducció literal *verbum pro verbo* i els seus detractors que, com ell, afavorien la traducció *sensum de sensu*.

Basnett i Lefèvre (1998) suggereixen que hi ha hagut 3 aproximacions al concepte de fidelitat en traducció convivint al llarg dels segles: el model jeronià, el model horacià i el model dels romàntics alemanys, sobretot de Scheleimacher.

És amb la figura paradoxal de Sant Jeroni (ca. 350-420) que la tensió entre les polaritats literal-no literal queda clara. La tradició bíblica o jeroniana arrenca de la idea de la sacralitat de la Paraula Divina intocable i segueix l'escola dels "Setanta", les traduccions fetes per setanta-dos teòlegs "inspirats" per Déu. Per tant, els continuadors d'aquesta tradició defensen les traduccions interlineals i literals (*verbum pro verbo*). Aquesta perspectiva cerca una traducció ideal impossible, inacabables i fútils debats sobre els anomenats "intraduïbles" generant una reducció de la traducció a un acte purament lingüístic que deixa de banda la resta de variables semiòtiques, pragmàtiques i comunicatives que intervenen inevitablement en la traslació d'un text. La societat actual, més laica i –temptativament– seguidora de premisses postcolonials, permet un més gran respecte envers la diversitat de veus i comença a allunyar-se de la fidelitat a la paraula exigida per la sacralització del text i de l'autor. Es plantegen noves preguntes com ara: quina és la funció de la traducció?, per a qui es tradueix en cada cas? quins ajustaments –justificables– s'han de fer segons la resposta a les preguntes anteriors? Les antigues disputes sobre el prestigi i la diferència entre traducció, adaptació i versió, estan donant pas a la recuperació d'un model anterior al jeronià[2], però, irònicament, més d'acord amb els plantejaments actuals: el model Horacià i el de Ciceró.

La traducció grega amb Horaci com a figura capdal, i la llatina amb Ciceró, ja es basaven en una traslació *sensum de sensu*. Horaci (65 a.C.-8 d.C.) pensava que el traductor havia de ser fidel primer al seu client o als seus lectors i no al text de partida. El concepte central de la seva teoria no és l'equivalència sinó la negociació entre textos i entre persones. Una prova que actualment se segueixen més els seus postulats que no els de la traducció bíblica dels "Setanta", la trobem ja d'entrada en les traduccions de títols recents de contes i històries per a nens i joves:

| Text de partida | Català | Castellà |
|---|---|---|
| *Isabel's Noisy Tummy* de David McKee | Què és aquell soroll, Isabel? d'Anna Gasol | ¿Qué es ese ruido Isabel? d'Elena Umbert |

o en el joc de paraules proposat pels noms dels personatges d'Astèrix:

| | |
|---|---|
| Assurancetourix (*assurance tous risques*) | Assegurançatòtrix |
| Abraracourcix (*tomber sur quelqu'un à bras raccourcis* = atacar violentament) | Copdegarròtix |

i en les paraules de Jaume Tur (1974):

---

2. Sant Jeroni, patró dels traductors, va viure aquest model d'una manera paradoxal ja que no creia en la traducció absolutament fidel i es va haver de defensar d'acusacions teològiques referents a la seva traducció de la Vulgata (v. Quer, dins Gallén *et al*, 2000).

Quan algú no coneix l'idioma estranger de l'original acostuma a preguntar si la traducció és correcta. I molts crítics, sobretot els filòlegs, li responen blasmant en la traducció aquelles faltes sorgides per una comprensió errònia del context o de les paraules soltes. D'aquesta manera, hom pot condemnar traduccions magistrals només perquè contenen faltes sorprenents, mentre que d'altres traduccions, fetes amb una exactitud mecànica, són lloades tot i que falsegen l'esperit de l'obra. (Dins Bacardí *et al*, 1998, 237)

Contrastem aquest enfocament amb el descrit per Apel·les Mestres a la seva "Introducció a Heinrich Heine. *Intermezzo*" (1895):

... he procurat traduir vers per vers, i molt sovint paraula per paraula, conservant fins el metro de l'original ... he posat molt esment a respectar la dicció precisa, les acolorides imatges i els epítets gràfics usats per l'autor, evitant incórrer en el pecat en què incorren molts traductors que, per guanyar síl·labes i a manera de falques, farceixen els conceptes traduïts amb epítets i imatges de la seva collita. ... I finalment, he procurat, tant com ha estat possible, fer desaparèixer el traductor per deixar tota la plaça a Heine. (Dins Bacardí *et al*, 2000, 24-5).

Un exemple pràctic del canvi experimentat en la interpretació del concepte de fidelitat el trobem en les següents traduccions de la cançó "Twinkle, Twinkle Little Star" que apareix a *Alice in Wonderland* de Lewis Carroll (1865):

| Text de partida | Carner (1927) | Oliva (1966) |
| --- | --- | --- |
| Twinkle twinkle little bat, How I wonder what you're at, Up above the world you fly, Like a tea-tray in the sky. | Rata-pinyada parpalleja! jo de tes obres tinc enveja Molt enlaire voles, a fe, com una safata de te. Parpalleja, parpalleja! | Brilla, brilla, ratpenat! No sé pas què t'ha passat. Vola enlaire cap al cel, tal com vola un pot de mel. |

La primera traducció és literal (amb una interpretació errònia a la segona ratlla), segueix normes d'acceptabilitat (v. següent apartat) però no conserva el ritme ni l'efecte còmic de l'original, és a dir, no s'adequa als lectors. En canvi, la segona conserva el sentit i l'efecte còmic però no les paraules exactes perquè segueix criteris d'adequació als lectors que fins i tot la podrien cantar segons la música original. Les tendències actuals, doncs, aconsellen que es consideri en cada cas els lectors, el tipus de text i la tensió entre missatge i efecte, privilegiant l'un o l'altre segons el pes específic d'un context determinat. Un altre bon exemple de l'adequació dels jocs de paraules que, tradicionalment, es consideraria "intraduïble" el trobem al llibre *BFG* de Roald Dahl traduït per Urritz i Gironès (1992):

| Text de partida | Traducció catalana |
| --- | --- |
| Every human bean is diddly and different. Some is scrumdiddlyumptious and some is uckyslush. Greeks from Greece is all tasting greasy ... human beans from Wales is tasting very whooshey of fish. There is something very fishy about Wales. 'You mean *whales* Sophie said. 'Wales is something quite different. 'Wales is whales,' the Giant said. 'Don't gobblefunk around with words.' They say the English is tasting ever so wonderfully of crodscollop. | Cada ceballot humà és diferent. Uns *llepadiditosos* i altres *fangstigosos*. Els grecs són *fangstigosos*. Quan el mastegues, el grec fa sempre "crec". No m'agrada el manxú perquè fa gust a cautxú. El suís té gust de guix, el rus el té de pallús, i els americans no resulten bons ni per a entrepans. Diuen que els anglesos tenen un gust deliciós de *ladiesandgentlemandonguiller* |

Tot això ha portat a una nova manera estilística i formal de traduir, evident sobretot en la reducció gradual de les *N. del T.* (nota del traductor), tan habituals en les traduccions d'abans dels anys 90. En la darrera dècada s'observa un intent de resoldre els "intraduïbles" dins el text mateix amb diferents estratègies de traducció segons la recerca sobre la creativitat i la resolució de problemes. D'altra banda, l'estratègia d'anostrament que portà Carner a traduir "William the Conqueror" per "Napoleó" o a inserir dins el text "versos de Mossèn Cinto" abans d'una de les paròdies de poemes que feia Carroll a *Alice in Wonderland*, per exemple, ja no es detecta fàcilment.

Els romans volien adaptar la cultura hel·lènica a la seva i, per fer-ho, traslladaven les idees però també es deslligaven el més possible de les paraules: "El que he fet ha estat traduir... En fer-ho no he considerat necessari traslladar-los paraula per paraula, sinó que he conservat l'estil general i l'essència de les paraules, ja que no m'ha semblat que el que calia fos desglossar-ne el còmput per al lector sinó, per dir-ho d'alguna manera, donar-li'n el valor total." (Ciceró, "De optimo genere oratorum", dins Gallén *et al* 2000, 29). Podríem dir que van ser els primers en practicar el que la teoria moderna de la traducció anomena "apropiació" o "anostrament" amb unes connotacions clarament polítiques i ideològiques. En parlarem amb més detall sobretot perquè afecta la traducció cap al català de principis del segle XX.

## 3. Innovació o manipulació des de la marginalitat: el traductor com a agent de transformació

> És precís, doncs, entrar de ferm en la nova via, en aquesta segona etapa de la comunió qui s'està elaborant entre nostre esprit nacional i el dels altres pobles cultes ... Cadascú [dels nostres intel·lectuals] hauria de considerar com un deure sagrat, l'anar alternant la producció original ab el treball de traducció, i així infundir al caràcter indígena de la nostra actual literatura una alenada regeneradora de germanor ab els altres pobles ... Traduïm, traduïm sense descans; encarnem en la nostra llengua les infinites modalitats del pensament modern. (Manuel de Montoliu, "Moviment assimilista de la literatura catalana en els temps moderns. Conveniencia de que's fassin moltes traduccions i esment ab qui cal fer-les" 1908)

Malgrat la seva complexitat o, potser, a causa d'ella, la traducció —com la literatura infantil i juvenil— es considera una activitat marginal, fora del cànon establert a la majoria de comunitats. Podem prendre la teoria del polisistema com a punt de partida comú que intenta explicar el lloc i la funció de la traducció i de la literatura infantil i juvenil. Hereva de la tradició russa i hebrea, ha suposat un punt d'inflexió en els estudis d'aquestes dues disciplines des de la meitat dels anys setanta. Es basa en la idea que tota cultura és un polisistema format per múltiples sistemes dinàmics i interrelacionats (polític, literari, econòmic, etc.) i que, en el centre d'aquests sistemes hi ha el cànon, el conjunt de persones, accions i obres considerades com a punts de referència per a aquell polisistema. La força dinamitzadora procedeix de la lluita que es produeix entre els diferents sistemes i subsistemes per assolir la posició dominadora central. Com més situats cap a la perifèria, menys rellevants es consideren les persones, accions o obres que s'hi trobin, però, alhora, és a la perifèria on se situa la innovació que, a poc a poc, anirà cap al centre fins a convertir-se en cànon —o no.

Pensem, per exemple, en l'obra de J. R. R. Tolkien *El Senyor dels Anells,* o en la de J. K. Rowling sobre el personatge Harry Potter que, gràcies a les seves traduccions, es troben en una situació clarament dominant en el nostre polisistema i han generat —o, a ben segur, generaran en el segon cas— obres pròpies a la literatura d'arribada. El mateix podríem dir de les novel·les de misteri i terror que tant proliferen darrerament, de la ciència ficció o, retornant a principi de segle, de l'allau de traduccions dels contes de Grimm o Andersen publicades a Barcelona i a Madrid que van ser impulsores de contes fantàstics similars, o les traduccions de Jules Verne, base per a un altre corrent de novel·les "científiques" o les "robinsonades". Parcerisas, en el seu article *Lo que se gana en traducción* (1997), esbossa algunes de les raons per les quals la traducció ha estat positiva per a Catalunya:

> ... en situaciones como la de la literatura catalana moderna, la traducción siempre ha sido considerada, no como un elemento periférico al sistema literario propio, sino como un elemento innegable de fortalecimiento, imprescindible... para llenar los vacíos históricos existentes, para rellenar los huecos de una tradición sincopada e inconsistente... en la introducción de géneros, escuelas de pensamiento o corrientes literarias que triunfaban en otros países... también en otras encrucijadas políticas, en las épocas de represión brutal... en la renovación ideológica y cultural en los años sesenta. (*Donaire*, 54-55)

Tota aquesta activitat traductora es movia i es mou entre dos punts oposats: l'*acceptabilitat*, o anostrament quan la traducció accepta i s'adapta a les normes de la llengua i cultura meta, i l'*adequació*, quan respecta el caire estrangeritzant del text origen, poc familiar per als lectors meta. Aquests punts són d'una gran ajuda per explicar les tendències traductològiques dominants a cada època al llarg del segle i, no impliquen, en principi, cap judici de valor en el context que ens ocupa. Per suposat, poden conviure tendències oposades (tret, evidentment, de les èpoques en què la censura estatal ha controlat les publicacions) però sempre n'hi ha una que imposa la norma del moment.

La censura, per exemple, podia reforçar la norma imperant i, en aquest cas, imposada per llei, com en el cas de les traduccions de la sèrie sobre Guillermo el Travieso, de Richmal Crompton, on el sacerdot protestant i, per tant, casat sense problemes, es converteix en el metge del poble, o on el llibre de vides de grans emperadors romans es converteix en un llibre de vides de sants, etc... O podia fer d'eina de subversió quan servia per introduir obres prohibides les quals es deixava que es publiquessin en traducció catalana –no castellana– per aparentar un cert liberalisme del sistema però en realitat perquè es considerava que el públic lector seria escàs.

En aquest sentit, ens poden guiar les propostes de Teresa Rovira (1983) i de Teresa Colomer (1998b) de la cronologia de les etapes per les quals ha passat la literatura infantil i juvenil durant el segle XX per establir una relació amb les etapes de la traducció i ampliar-les amb els objectius i les tendències traductològiques generals segons les normes imperants:

| Etapa aproximada | Literatura infantil | Objectiu dels traductors (imposat voluntàriament o no) | Tendència traductora dominant (no exclusiva) |
|---|---|---|---|
| Des dels inicis fins al començament del segle XX. | Precedents i primers llibres infantils. | | |
| Des de començaments de segle fins a la Guerra Civil. | Desenvolupament. | Experimentació. | Anostrament. |
| La Guerra Civil: 1936-39. | Manipulació i censura. | Manipulació. | Anostrament. |
| Des de la postguerra als primers anys 60. | Interrupció i recomençaments. | Manipulació / subversió. | Anostrament / adequació. |
| A partir dels primers anys 60 | Inicis de la normalització i normalització. | Represa de la traducció com a eina d'enriquiment. | Anostrament. |
| 1977-anys 80. | Innovació de la LIJ basada en l'adaptació a una nova imatge del lector infant. | Desenvolupament de l'activitat editorial i traductora. La traducció com a eina de normalització. | Anostrament. |
| 1990-2001. | Internacionalització i correcció política dels temes / Represa de temes anteriors. | Traducció com a producte comercial marcat pels índexs de vendes / Traducció com a laboratori lingüístic. | Anostrament / adequació –intent de trencar amb la normativa i afavorir recursos expressius presents en els mitjans de comunicació i la creativitat. |

Tot això ens apropa al tercer model proposat per Basnett i Lefevère: el de Schleiemacher, amb reflexions profundes sobre el fet cultural, represes per les teories modernes sobre la traducció, que parlen de la necessitat de rebutjar la invisibilitat del traductor i de les implicacions polítiques i ideològiques de la tria d'una estratègia d'anostrament o d'adequació dels textos traduïts (Venuti 1995). Schleiemacher i Venuti donen suport a l'adequació o estrangerització de les traduccions, és a dir, que una traducció es llegeixi com a tal, que "soni" diferent de la llengua d'arribada, per així no perdre la llengua i la cultura de partida. Així aquesta no perd la seva identitat i la cultura d'arribada es pot enriquir amb el coneixement dels trets diferencials d'una altra cultura: "En traduir cal arribar fins a l'intraduïble; només llavors es descobreixen la llengua i la nació forasteres" (Goethe, Bacardí *et al* 1998, 243). Aquesta teoria propugna el contrari de la "suspensió d'incredulitat" a la qual al·ludíem al principi d'aquest escrit i sembla més propera al model jeronià de la traducció. La diferència rau en la seva gran càrrega política, d'una banda, i en el seu caire dialògic, d'una altra, que ens vol portar a "sentir-nos com a casa, a casa dels altres" (Bajtin, Oiitinen 2000, 15).

Avui sembla que les tendències hi conviuen: en els catàlegs de vendes podem observar que la gran majoria de publicacions de literatura per a infants són encara traduccions i que aquestes traduccions de vegades han seguit criteris d'acceptabilitat i d'altres d'adequació: Tintín, un noi belga, pot preguntar a un soldat amb aspecte turc: "Algú parla català? Algú parla la meva llengua?", a la versió doblada –evidentment anostrada– d'*El ceptre d'Ottokar*, o la protagonista d'un llibre originàriament anglès es pot dir Carlota (*Carlota i les llavors de gira-sol*, de James Mayhew) o el d'un conte alemany, quedar-se amb el seu nom: Kurt (*La colla dels cocodrils*, de Max von der Grün).

## 4. Conclusions: traduir ahir i avui

> La norma o normes, tot i que són criteris objectius, no són immutables i cal que els considerem històricament. D'aquesta manera, hom arriba a comprendre que els gustos artístics canviïn contínuament..., seria molt important elaborar una història de les normes que han guiat els traductors a través de les diferents èpoques. Ens estalviaria molts judicis injustos sobre llur treball. ("Maragall i Goethe. Les traduccions del Faust". Jaume Tur, 1974).

Voldria proposar una síntesi dels canvis globals observats a traduccions de literatura infantil i juvenil al llarg del segle com a reflexió i punt de partida d'altres estudis que queden per fer.

| Principis segle xx | Finals segle xx |
|---|---|
| La traducció i el traductor com a centre del polisistema. | La traducció, però no el traductor, al centre del polisistema (amb excepcions). |
| Traductor visible; prestigi de l'activitat traductora. | Traductor invisible; professionalització de la traducció. |
| Poca producció pròpia de LIJ suplerta amb traduccions fetes per primeres figures literàries: funció ideològica de la traducció. | Més producció pròpia de LIJ i traduccions fetes per traductors professionalitzats: funció ideològica i comercial de la traducció. |
| Criteris d'acceptabilitat i, en general, d'anostrament. | Criteris d'adequació i d'anostrament. |
| Pràctica traductora i reflexions puntuals en prefacis i articles. | Implantació dels estudis de traducció com a disciplina universitària amb cos teòric i crític propi i interdisciplinar. |
| Literalitat i *N. del T.* freqüents. | Resolució de problemes de traducció amb estratègies de traducció dins el text. |
| Anys de Guerra Civil i postguerra: censura i propaganda ideològica clara i institucionalitzada. | Seguiment dels criteris ideològics del moment sociohistòric sense una censura clarament estipulada. |
| Traducció indirecta freqüent. | Traducció gairebé exclusivament directa. |
| Traducció com a laboratori lingüístic; estil noucentista, preciosista. Cerca d'un llenguatge urbà, literari i cosmopolita. | Traducció com a laboratori lingüístic; estil pragmàtic i funcional, més proper a la llengua parlada i dels mitjans de comunicació i que sovint trenca amb la normativa afavorint la creativitat. |

Altres punts on les diferències són més subtils són: la traducció com a subversió o com a eina al servei de les normes imperants i la traducció com a introductora de nous gèneres, personatges o temes. A més, ens hauríem de preguntar si la traducció de la literatura per a infants ha perdut el "glamour" d'altres temps. Ara es tradueix més però, la traducció –o el traductor– ha perdut el seu espai central en el polisistema de la literatura infantil i juvenil?[3] I l'altra pregunta que estableix ponts

3. Aquí cal puntualitzar que, en els darrers anys, s'observa un cert grau de conscienciació per part dels mitjans de comunicació i dels crítics. La figura del traductor comença a visibilitzar-se tot i que molt tímidament. Algunes publicacions incloen el seu nom al costat dels títols traduïts però les ressenyes que segueixen diuen poc o no diuen res sobre la qualitat o l'objectiu de la traducció.

entre aquesta literatura i la traducció és, per què hi ha tan poques obres de reflexió sobre la literatura infantil traduïda? Això ens podria indicar que la literatura infantil tampoc no ocupa un lloc central en el polisistema d'arribada? Una tasca pel futur podria ser continuar amb les traduccions de les obres, però també començar amb la traducció del cos crític ja existent.

Una traducció pot incentivar canvis en el polisistema d'arribada. Aquests canvis seguiran les seves normes i convencions afavorint l'acceptabilitat de les traduccions, o aniran a contracorrent ajudant a introduir-hi nous textos que poden desplaçar aquells ja canonitzats, dinamitzant el polisistema mitjançant l'adequació de les traduccions. Per tant, quan triem una traducció per a un nen o un jove no ens hem de qüestionar si és "fidel" o no sinó, qui l'ha traduït?, en quina època?, amb quins criteris? Cal fer una crida per visibilitzar els traductors –n'hi hauria prou amb un breu prefaci del traductor als llibres, una pàgina que indiqués al lector els camins triats per la persona que ha intentat apropar fronteres, desdibuixar-les, difuminar-les...

Els estudis teòrics sobre traducció i literatura per a nens i joves ens poden servir per reflexionar, per veure el bosc i no perdre'ns entre els arbres, i les traduccions ens serviran per traspassar fronteres i viatjar obrint els ulls a altres mons que poden enriquir el nostre.

# 6.

## LA SOCIETAT DE LES NOVES TECNOLOGIES I DELS MITJANS DE COMUNICACIÓ

Ningú no pot dubtar que el segle xx ha estat el segle del desenvolupament dels mitjans de comunicació de masses i de l'aparició de noves tecnologies associades al llenguatge que estan canviant amb gran rapidesa moltes de les formes d'ús de la comunicació, de l'entreteniment, de l'accés a la informació i a la ficció i, potser fins i tot, a les formes de pensament. La lectura dels infants n'és plenament afectada ja que totes aquestes formes no resulten més noves per a ells que les que són més familiars a les generacions anteriors. La fragmentació, la rapidesa, l'associació de codis de representació diversos, la possibilitat d'enllaç, la interactivitat, etc., són mecanismes presents en el seu accés a la literatura. La relació entre aquestes formes i els processos mentals propis dels humans per tal d'adquirir esquemes d'interpretació, eixamplar el seu ús del llenguatge i, per tant, del pensament, o construir la seva memòria cultural és un camp obert avui en dia a l'observació i a la reflexió.

# 6.1. LA LITERATURA VIRTUAL, UNA LITERATURA AMB FUTUR?

Núria Vilà i Miquel
*(Universitat Autònoma de Barcelona)*

La introducció dels ordinadors i els materials informàtics en els àmbits educatius ja té uns quants anys d'història. Inicialment, els programaris estan orientats cap a les àrees de matemàtiques, i quan s'hi incorporen programes de llenguatge són fonamentalment pensats per a l'ensenyament de l'ortografia o el lèxic, o sigui, unes matèries que admeten tractaments tancats, i només en els processadors de text trobem una eina relacionada amb l'escriptura, en el sentit més obert de la paraula, tot i que inicialment es consideraven materials per a adults i per a professionals.

Amb l'aparició dels *livingbooks* s'obren les portes de la literatura multimèdia que, més tard, trobarà un nou suport de difusió i interacció a les xarxes telemàtiques. Aquests nous procediments literaris arrelaran fort tant fora com dins del món de l'ensenyament i oferiran perspectives noves a la creació i el consum literaris.

## 1. Les primeres manifestacions literàries virtuals

Els *livingbooks* són uns dels primers materials que representen l'exponent de l'esclat informàtic dels anys 80 i també les primeres manifestacions literàries virtuals. Com ens indica el nom, el livingbook és un conte viu, un relat que permet una interacció amb el lector a base d'establir lligams entre unes parts prèviament sensibilitzades i hipervinculades (paraules o imatges) i unes pantalles ocultes que s'aviven quan es clica damunt d'aquests objectes sensibilitzats i provoquen moviments, desplaçaments, sons...

Des del primer moment, tenen dues característiques que encara acompanyen aquests materials: integren les possibilitats multimèdia (imatge, so, moviment...) de què es disposava en el moment de la seva aparició i es presenten com a llibre-joc, un concepte que ja existia en el món del llibre tradicional i que, en certa manera, ja responia a alguna d'aquestes intencions perquè treballava també amb formes, sons, desplegaments, petits moviments i possibilitat de tacte, un aspecte avui per avui inexistent als *livingbooks*, tot i que, tècnicament, seria possible amb la incoporació d'un guant sensible.

Amb tot, però, no deixen de ser productes tancats en el sentit que la intervenció de l'usuari queda limitada a descobrir els punts sensibilitzats i activar-los, i que la part literària parteix d'un text fixat sense cap possibilitat de modificació. És justament per aquest caràcter de producte acabat que la literatura se'n pot servir aviat i en fa una plataforma per tenir el seu espai en el món virtual.

Els materials més antics eren limitats quant a recursos multimèdia però aviat s'hi van incorporar activitats complementàries: jocs, trencaclosques, informacions contextuals, etc., a mesura que el producte s'anava popularitzant i els avenços tècnics anaven resolent les limitacions inicials. Els *livingbooks* actuals, per tant, tot i conservar característiques originals, han integrat les noves possibilitats tecnològiques que els han fet molt més atractius i amb més possibilitats pedagògiques. Per exemple, avui trobem materials multilingües que permeten triar en quina llengua volem seguir el conte, amb quina volem treballar o quina volem sentir, o apartats culturals aptes per formar part de l'àrea de socials o de naturals amb tanta eficàcia com un llibre de text.

Amb l'expansió d'Internet, tant la literatura per ser llegida com la producció de textos per part dels usuaris han trobat una nova via d'expansió, i si fins fa poc parlàvem només de materials dissenyats *per a* l'usuari, ara podem començar a parlar d'una participació real d'aquest usuari com a creador en solitari o col·laborador de productes literaris que la xarxa acull i difon. Perquè aquest mitjà introdueix dos canvis importants: per un costat, la facilitat d'emmagatzemar materials i posar-los a l'abast del públic d'una forma gratuïta, per l'altre, permetre que l'usuari que vol participar de la creació literària hi tingui el seu espai on poder-la ubicar.

Una exploració pels robots de recerca descobreix milers de pàgines dedicades a la literatura en modalitats, objectius i intencions de totes menes i maneres i amb abundància d'espais destinats a la literatura infantil. La majoria d'aquests materials són en anglès per raons òbvies. S'hi troba bàsicament:

1. Llibres antics introbables pels circuits comercials normals.
2. Literatura clàssica.
3. Llibres dels quals han periclitat els drets d'autor.
4. Relats individuals que els usuaris escriuen i pengen a les pàgines especialitzades.
5. Relats col·lectius que circulen i van creixent amb les diverses aportacions.
6. Propostes diverses d'escriptura interactiva.

A les pàgines relacionades amb literatura infantil i juvenil, s'hi troben enllaços amb pàgines educatives perquè sovint les iniciatives d'escriure *on line* parteixen de centres escolars que troben així una bona forma de motivar els alumnes i intercanviar experiències amb altres centres.

## 2. Lectura i escriptura virtual: alguns exemples i algunes propostes

### *2.1. Els materials de lectura*

Ens centrarem aquí en la literatura produïda per a nois i noies, o sigui en l'anomenada literatura infantil i juvenil, i farem una atenció especial a alguns exemples de la producció catalana, tot ressaltant l'esforç fet per algunes editorials que han apostat per aquests nous productes malgrat les limitacions que pressuposa, en aquest camp, treballar amb llengües reduïdes.

### *Els contes populars: uns* livingbooks *de sempre*

Un dels primers materials que es van editar en català i en suport CD-rom són els contes tradicionals de La Galera. Com la majoria de *livingbooks*, presenten l'opció de lectura on trobem el relat acompanyat d'il·lustracions amb un aspecte i una estructura molt semblants als que ofereixen els llibres, o l'opció treball-joc de caire més manipulatiu: resseguir itineraris en un laberint, captar objectes que circulen per la pantalla, fer *puzzles*, etc. Les activitats d'aquest apartat guarden relació amb l'argument dels contes i els elements que els caracteritzen: el ralet a *La Rateta que escombrava l'escaleta*, el pi a *El Gegant del Pi*, etc.

Un apartat que no sempre es troba en aquest tipus de materials i que els editors inclouen en aquesta col·lecció és el Tresor, elaborat per Teresa Duran, i que fa una funció d'ampliació contextual molt interessant, amb aportacions rigoroses sobre el context històric, els costums, les tradicions, etc., posats a l'abast dels lectors joves. Així, i a tall d'exemple, al conte de *La Rateta que escombrava l'escaleta*, l'autora explica el perquè del llaç a la cua de la rata, que no és res més que una reminiscència del llaç que les noies es posaven antigament a la trena, el color del qual indicava el seu estatus social.

Finalment, s'hi inclou un vocabulari amb equivalències amb totes les llengües de l'Estat i algunes altres d'àmbit europeu.

Una altra material fruit d'un projecte europeu i editat recentment és el CD-rom *Els tres porquets*.[1] És un producte fet amb molta cura, amb bons dibuixos, els trets característics dels *livingbooks* i uns enregistraments de qualitat que tenen com a particularitat, a diferència d'altres materials similars, que treballa amb 6 idiomes europeus: l'anglès, el català, el castellà, el francès, l'italià i el portuguès. L'usuari pot triar a l'inici en quina llengua sent i llegeix el text alhora que, paral·lelament, pot tenir en pantalla el mateix fragment en una altra de les sis llengües. Així mateix, pot decidir la llengua del bloc de treball-joc. És, per tant, un material amb aplicacions escolars diverses: literatura popular, jocs educatius, àrees de llengües, etc.

## Els clàssics

Una aposta interessant al llindar entre el món educatiu i el lúdic és la que ha fet Multimèdia Barcelona amb la seva col·lecció de clàssics, uns productes que s'acosten molt al que entenem per un material escolar i sota la nostra òptica, qualsevol d'aquests programes es podrien convertir fàcilment en un crèdit variable per a la secundària obligatòria, per exemple, perquè, un cop analitzats a fons, veiem que la resolució de les propostes que ofereixen implica molts coneixements geogràfics, històrics i culturals que lògicament l'alumne no té, per tant, ha de desenvolupar estratègies de recerca paral·leles al mateix desenvolupament del joc semblants a les que activa quan fa altres tipus de treball.

Fins ara n'han aparegut tres títols: *Ulisses, La volta al món en 80 dies* i *L'illa del tresor*, tres recreacions d'obres de la literatura universal que ara es presenten en format CD-rom. En totes tres el viatge és el fil conductor i el motiu del joc que es proposa, un joc que implica molta participació del jugador, que haurà de recórrer sovint a materials complementaris, recerques a Internet o consultes a d'altres persones per poder seguir el viatge.

1. *Els tres porquets*. EFI (Educació i Formació Interactives). Vilanova i la Geltrú, 1999.

## Els productes de la xarxa

Els múltiples materials literaris, bàsicament en anglès, escrits per a la xarxa o destinats a promoure la literatura en totes les variables possibles són tan amplis i diversos com la producció en suport paper i s'hi troben tota mena de gèneres i de representacions lingüístiques.

Deixem de banda tot allò que siguin materials literaris pensats per a suport paper i que, per una o altra raó, han accedit a Internet: clàssics, autors antics, literatura popular etc., i ens trobem amb la literatura pròpiament pensada per a ser publicada en aquest mitjà i tot i que, avui per avui, aquesta literatura no presenti unes característiques de gènere específiques i es mostri com una hereva força fidel del seu passat imprès, sí que observem algunes diferències, sobretot d'estil. Ens referim a la utilització d'un llenguatge absent de tota retòrica que es concreta en frases curtes, freqüent utilització del diàleg o la presència de força acció en el fil argumental, molt en la línia de la literatura més popular en el sentit divulgador de la paraula.

Una altra línia que es veu afavorida pel mitjà virtual és el relat amb opcions a gust de l'usuari, unes propostes de lectura interactiva que aplica les possibilitats de selecció a través de botons i l'estructura hipertextual pròpia de les pàgines web, i permeten que el lector triï l'itinerari argumental que vol seguir tot seleccionant els personatges que seran els protagonistes, els llocs on es situaran les accions, els mitjans de desplaçament o les coses que es trobaran pel camí:

| Hi havia una vegada | una balena |
| | un ocell |
| | un gat |

Al final el lector pot fer una lectura seguida de tot el conte tal com ell l'ha dissenyat. Un altre exemple són els relats que segueixen l'estructura dels llibres *Tria la teva aventura*, com els que trobem en una pàgina de Berkeley.[2]

---

2. http://www.nuc.berkeley.edu/~gav/wayfarence/

## 2.2. Els materials d'escriptura

Els materials per a escriure són productes oberts, que deixen molta llibertat d'acció als usuaris encara que en determinades ocasions ofereixin pautes, com passa en els materials dissenyats específicament per a un fi determinat: construcció de relats, guies per a la producció de diferents models discursius, etc., o bé forcin a treballar d'una determinada manera quan, per exemple a Internet, topem amb estructures hipertextuals que condicionen la forma d'organitzar el discurs. Veurem aquests tres blocs de materials: processadors, programes per a escriure i productes de la xarxa.

### Els processadors de text

Els programes més bàsics per escriure i els més popularitzats són els processadors de text. Tot i que són materials pensats per a adults i de caire professional i no tenen cap relació directa amb la construcció de relats, no hi ha cap inconvenient a fer-los servir amb alumnes encara que siguin joves perquè se'n poden fer les adaptacions que el mestre consideri oportunes per evitar un excés d'informació i d'icones en pantalla. Els processadors estan classificats en el grup del que s'anomenen materials buits perquè no aporten continguts de cap mena i perquè estan considerats com una eina, però el rendiment que se'n pot treure de cara a fer-lo servir com a material de suport al procés d'escriptura és infinit si n'aprofitem les seves pròpies opcions, que poden servir perfectament per focalitzar el treball del relat en qualsevol direcció. Veiem alguns exemples d'aquestes possibilitats.

*a*) Ajudes a partir de mots hipervinculats (*links*)

L'hipervincle és un recurs dels processadors actuals que estableix una mena de diàleg amb l'usuari i permet navegar a través del mateix arxiu o anar a buscar-ne d'altres. Es crea a través d'una rutina del menú *Insertar>hipervincle* que estableix la ruta per arribar a l'objectiu. És el mateix principi del qual se serveixen els hipertextos i que constitueix l'estructura habitual de les pàgines web, i pressuposen la creació d'arxius paral·lels amb els suports que el mestre consideri necessaris. Per exemple, en el procés de producció d'un conte en el cicle mitjà, les necessitats dels alumnes passen, entre d'altres, per triar temes, introduir descripcions al relat, estructurar i puntuar un diàleg, mantenir la coherència del text, etc. Per a cada un dels temes-ajuda triats tindrem un arxiu amb els continguts adients que l'alumne podrà cridar quan ho necessiti o perquè la definició de la tasca ho exigeixi.

*b)* Ajudes a partir de les taules

Una altra eina que ens proporciona opcions diverses de suport al procés narratiu són les taules, a través de les quals podem contribuir a la tasca de planificació argumental i organització macrotextual determinant les funcions narratives que apareixen al relat. A la casella de l'esquerra, l'ensenyant determinarà la tasca, a la de la dreta, escriurà l'alumne. L'avantatge de fer-ho amb processador és que l'espai no queda limitat perquè les cel·les s'allarguen indefinidament. Aquesta pot ser una proposta d'entre les moltes que es poden fer:

| | |
|---|---|
| *Situació inicial* | Hi havia una vegada un grups d'amics… |
| *S'altera la situació inicial* | Quan van veure que la Laura no tornava… |
| *Esclata el conflicte* | Va ser en Pol qui primer la va veure… |
| *Accions encaminades a resoldre el conflicte* | La Mireia va recordar… |
| *Situació final* | Quan finalment… |

També podem fer servir les taules per a treballar l'ordre argumental en textos prèviament desordenats. El text es presenta a les caselles de l'esquerra sense ordre i s'ha de traslladar, ordenat, a les de la dreta, pel sistema de copiar i enganxar els fragments.

## *Els programes d'escriptura*

A banda dels processadors, existeixen materials específicament dissenyats per a donar suport a l'escriptura, sobretot de caire educatiu o pseudoeducatius i que pretenen orientar l'usuari subministrant-li temes, material gràfic per il·lustrar, una estructura determinada… D'entre els diversos materials que hi ha al mercat, n'hem triat tres que, amb objectius i intencions diferents, poden subministrar ajudes als usuaris joves a partir dels 6 o 7 anys. Ens referim a *Storybook Weaver, El príncep feliç* i *Kid Pix*. Aquest darrer, tot i que no és un programa específic d'escriptura, disposa d'unes eines que el fan adequat per a treballar el relat en diverses modalitats.

*Storybook Weaver*[3] és un programa pensat per a l'escriptura de contes i relats; està organitzat en pantalles que es van obrin a mesura que el conte avança i, un cop

---

3. Per a més informació sobre l'aplicació del programa a l'aula, vegeu: "Storybook weaver, un programa per fer contes", Núria Vilà, dins "Ordinadors per aprendre llengua". *Articles* 15, 1998. La versió espanyola es titula *El pequeño escritor*, està editat per MECC i distribuït per Iona Software Inc.

impreses, es poden enquadernar i fer-ne un llibre. El programa conté una base de dades gràfica important, exportables a d'altres programes i amb la qual confeccionem la part superior de la pantalla que és la destinada a la il·lustració, mentre que escrivim a la inferior. L'espai dedicat a una i altra funció es pot modificar a voluntat, ampliant una o altra part segons les necessitats.

És un material obert, dúctil i adient per a alumnes a partir de 2n curs de cicle inicial i, fins i tot, per als primers cursos de secundària perquè l'oferta gràfica és àmplia i els temes molt variats. Pel que fa als recursos multimèdia, no és dels programes amb més possibilitats. Permet incorporar so als objectes i música en el canvi de pàgina, però no té un dispositiu per a enregistrar-hi veu.

*El príncep feliç* i la sèrie d'altres contes basats en una obra literària treballen a partir d'un argument predeterminat que l'alumne reescriu i il·lustra amb les imatges que el programa conté. És un bon material per a treballar la coherència textual i el fil argumental ja que els escriptors coneixen la història i en fan una adaptació, cosa que els permet tenir un suport narratiu fixat. Però també poden inventar un relat diferent aprofitant les il·lustracions de la història original; per tant, pot funcionar, si es vol, com un programa d'escriure contes dels tradicionals.

Un programa que tot i no ser específic per a la confecció de relats té les eines suficients per fer-ho és *Kid Pix*, un material de difícil classificació perquè es pot considerar un paquet integrat amb eines d'escriptura, de dibuix, de presentació, etc., perquè si bé la part d'edició gràfica hi té un pes específic, sempre permet la incorporació de text a les pantalles. L'escriptura es pot fer estampant amb el ratolí les lletres a la pantalla, una opció ideal per als més petits, o bé a través del teclat. Les novetats respecte a d'altres programes gràfics és que s'hi poden incorporar petites animacions i que hi ha eines de projecció per als materials elaborats. El resultat pot ser la presentació d'un relat escrit i dibuixat per l'usuari i projectat a la pantalla de l'ordinador.

Els materials de suport a l'escriptura es caracteritzen per la multimedialitat i, fins i tot, els més senzills permeten combinar imatge i text i incorporar-hi sons. Amb els més elaborats també hi podem treballar el moviment, de manera que un relat amb aquests materials és un relat multisensorial amb característiques molt semblants a les que tenen les pel·lícules de dibuixos animats.

## *Les propostes d'Internet*

De la mateixa manera que trobem tota mena de materials de lectura, també hi ha una oferta abundant de propostes que conviden l'usuari a implicar-se en la tasca d'escriure, ja sigui per participar en algun concurs literari, ja sigui per participar en la confecció col·lectiva d'una història que viatja per la xarxa mentre va creixent.

No hi ha un gènere específic d'Internet, però aprofitant les possibilitats del mitjà, proliferen els relats a l'estil de *Tria la teva aventura*, ara anomenats hipercontes, en què els autors fan diverses propostes per a cada seqüència que després el lector podrà triar quan en faci la lectura; però també hi ha propostes que no requereixen possibilitats combinatòries, com la presentació de relats incomplets que l'usuari pot acabar al seu gust, la troballa del culpable i el desenvolupament del final en un *thriller*, el joc del cadàver exquisit, l'escriptura col·lectiva d'un relat que va circulant a mesura que s'amplia o senzillament la invitació a penjar el teu conte o la teva narració a la xarxa, al costat de dotzenes i dotzenes de produccions d'altres autors desconeguts i que difícilment llegirà mai ningú.

Les propostes són semblants a les pàgines infantils només que és habitual poder combinar text i il·lustració i algun cop també so a través d'una icona indicativa d'aquesta funció que trobem a la pantalla, que l'usuari pot ubicar allà on consideri convenient i que podrà activar fent un simple clic. I també aquí, la gran part de les pàgines estan relacionades amb *sites* educatius. En aquest sentit ens agradaria destacar-ne un exemple que no es limita només a deixar un espai per "penjar" les creacions infantils sinó que treu rendiment de les possibilitats que la informàtica ofereix per anar una mica més enllà del que és habitual en aquests tipus de pàgines. És el cas de la del Moviment Educatiu del Maresme[4] i la seva proposta *Contes bojos*, que forma part d'un conjunt de suggeriments per a la creativitat literària.

Per participar en la proposta dels *Contes bojos* cal triar un tema i omplir un formulari previ. Si tries, per exemple, el que es titula *Un matí espantós* el formulari és:

4. http://www.xarxa.infomataro.net/mem/infantil/contesb/index.html

Un cop introduïdes les dades a les caselles de l'esquerra, l'ordinador les organitza i el producte resultant podria ser equiparable a qualsevol joc lingüístic dels generats amb tècniques de l'Oulipo:

| Un matí espantós |
| --- |
| Em vaig despertar amb bolets per tot el meu cap i no em trobava el turmell. |
| Vaig anar vers el rebedor i em vaig rentar les dents amb un guix. Vaig posar la pasta que era de color morat. Em vaig haver de rentar la cara amb una batedora. Vaig quedar com una bleda i no va sonar el trencaclosques, per això vaig fer tard a la meva oficina. |
| Autora: Marion Krmpotic. 6è de Primària. CEIP Francesc Burniol. Argentona |

D'aquesta mateixa pàgina, remarquen els *Hipercontes*, uns relats col·lectius amb argument múltiple creats amb la participació de diverses escoles.

En dues altres propostes[5] trobem sengles guies de la gramàtica narrativa del

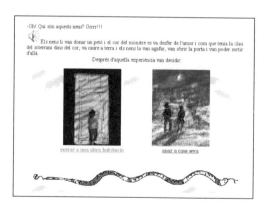

relat que tot mantenint les tres parts tòpiques de la narració, acompanyen l'escriptor durant el procés amb orientacions i exemples que expliquen i il·lustren com es presenta la situació inicial i quines característiques té, què significa el moment de la ruptura que ocasiona el conflicte i quins són els passos per a la resolució.

5. http://www.dic.uchile.cl/~cuentos/frame/como/
http://www.area3.net/portafolio/bhuhb/cuentos/novios/novios.htm

## 3. Literatura virtual: Quin futur? Quins canvis?

Com en tot allò que es refereix a les tecnologies de la informació i de la comunicació, el futur és ple d'interrogants. Quins canvis s'estan produint i es produiran en el procés d'escriptura? Quin serà el paper del llibre? Es convertirà en un article de luxe? La literatura procedent d'Internet serà una literatura d'usar i llençar que estirarem de la xarxa, llegirem i eliminarem immediatament? Sorgiran nous gèneres literaris condicionats pel mitjà?

L'evolució que seguirà aquest procés que ha capgirat tant i tan a fons la nostra relació amb la realitat el podem intuir però no el podem saber. S'ha especulat molt sobre la desaparició del llibre que quedaria substituït per altres mitjans, com els llibres electrònics ja existents en què amb una sola pantalla-pàgina de cristall líquid i la literatura emmagatzemada en *bits* tindríem al nostre abast totes les biblioteques del món. Però la lectura en pantalla no és, ara per ara, còmoda i creiem que trigarem a veure aquest procediment normalitzat i, sobretot, com a substitut de l'actual paper, tot i que es troben en algunes pàgines ofertes de novel·les que apareixen en capítols mensuals, a l'estil d'antics fascicles literaris dels anys 20 i 30:[6]

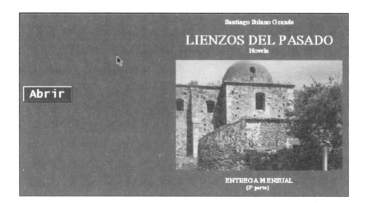

Però el que sí que es preveu és una relació amb la literatura, tant la que llegim com la que produïm basada en la interactivitat i la participació, i més a l'abast de l'usuari, com tot allò que passa per la distribució internàutica.

6. http://www.terra.es/personal/kokopaco/

Creiem, doncs, que el futur estrictament literari de la xarxa com a substitut de l'actual llibre és incert; en canvi, sí que tot sembla indicar que avançarà tot allò que sigui de caire informatiu i de coneixement relacional i, possiblement, les enciclopèdies tradicionals tenen els dies comptats. Tindrem, i ja tenim, més informació, més manejable, més dúctil, més ràpida i, sobretot, sempre actualitzada i, això sí, que no admet competències amb el paper que és inevitablement estàtic i ocupa lloc. És el canvi de l'àtom pel *bit*.

Però què impulsa els internautes a col·locar els seus escrits en una web? Escriuen només pel plaer de fer-ho, o volen el famós *feedback* que suposadament té tot allò que es deixa anar a l'espai cibernètic? La impressió és que l'ús literari que es pot fer a través d'Internet o de les xarxes futures tindrà un ús limitat i semblant al que se'n fa ara amb alguns matisos. Perquè, quina garantia té l'escriptor internauta que passa a formar part d'una llista interminable de títols que un altre usuari seleccionarà justament el seu i que se'l llegirà? Que llegim o no un relat publicat a la xarxa depèn molt més de l'atzar que no pas quan el relat passa pels canals de publicació "normals", amb una distribució que ubica els llibres en llocs físicament tangibles, classificats, promocionats...

Podem intuir, doncs, que molta de la literatura escrita per usuaris desitjosos de penjar el seu producte a la xarxa pot desaparèixer o quedar molt limitada per la poca o nul·la difusió que té. En una de les pàgines especialitzades en aquesta matèria, hem trobat la queixa d'un usuari que havia enviat feia temps, concretament l'any 96, el seu text i mai ningú no li n'havia dit res. Els responsables de la pàgina anomenada *Creacuentos* explicaven que si el comentari havia de venir d'algú no era precisament d'ells sinó del lector hipotètic que obrís el seu text i que considerés que valia la pena dir-ne alguna cosa. Però és que el nombre de lectors que indicava el comptador d'aquest producte era 1: el que acabava de fer jo mateixa.

En canvi es preveu un bon futur com a procediment escolar i d'intercanvi de materials entre·centres o l'elaboració de contes col·lectius per l'estímul que per als alumnes representa veure el seu producte publicat a la pàgina de la seva escola o del seu institut i perquè amb aquestes activitats establim contactes amb països, cultures i llengües diferents i allunyats. De fet, aquestes pàgines proliferen perquè tenen una utilitat pedagògica evident, perquè si d'alguna cosa ha de servir tot aquest procés que estem seguint és per poder-nos informar i comunicar millor, per estar més motivats per fer-ho i per establir lligams per damunt de qualsevol frontera.

## Algunes adreces per visitar i per participar-hi

http://www.xtec.es
http://www.cln.org/themes/publish.html
http://www.terra.es/personal/kokopaco/
http://www.dic.uchile.cl/~cuentos/frame/como/
http://www.area3.net/portafolio/bhuhb/cuentos/novios/novios.htm
http://www.xarxa.infomataro.net/mem/infantil/contesb/index.html
http://www.cbc4kids.ca/general/words/writers-corner/default.html
http://ika.com/cuentos
http://www.cuentilandia.com

# 6.2. LES REVISTES INFANTILS

ENRIC LARREULA
*(Universitat Autònoma de Barcelona)*

L'aparició d'una premsa infantil escrita en llengua catalana comença el 3 de gener de 1904 amb l'aparició d'*En Patufet*. Aquesta revista va tenir molt d'èxit i va arrossegar darrere seu moltes altres iniciatives, i tot i que algunes d'aquestes altres revistes no van aconseguir gaire penetració en el públic ni van durar gaire temps, posen en evidència un procés de normalització lingüística i cultural considerable. D'aquesta primera etapa podríem citar *La Mainada* i *Jordi*. Tanmateix, la Guerra Civil, amb el resultat que va tenir, va trasbalsar completament aquest camí de redreçament, i hem d'esperar una bona colla d'anys per tornar a veure publicada una altra revista infantil en llengua catalana.

## 1. Després de la guerra

A finals dels anys 50 van aparèixer les primeres, es tractava d'*Els Infants* i d'*Història i llegenda*, publicades per Hispano Americana de Ediciones, però aviat van ser prohibides per les autoritats. L'any 1961, emparada per tres bisbats, aconsegueix sortir *Cavall Fort*, gràcies a la tenacitat d'un grup de persones al voltant de Josep Tremoleda. *Cavall Fort*, inspirada en els millors models de revistes infantils europees d'aquell moment, va trencar amb la tradició pairalista anterior i va elaborar un producte modern d'alta qualitat. L'any 1963, tot aprofitant el nom d'una revisteta anomenada *l'Infantil*, confegida des d'anys abans pels estudiants del Seminari de Solsona, va poder veure la llum la segona revista adreçada als nens i les nenes. L'any 1978, aquesta mateixa revista va canviar el seu nom per *Tretzevents*. L'any 1964 va aparèixer *Cavalcada 1a. del Cavaller Sant Jordi*, que només va treure 2 números. Més important va ser la reaparició, l'any 1968, de *Patufet*, ara sense l'article. Els primers números van seguir un model similar al d'abans de la guerra, però després es va modernitzar i millorar molt; tot i amb això, el públic li va anar retirant el suport i va desaparèixer el 1973. Ja mort el general Franco, apareix a Reus la revista *El Ganxet*, però només va aconseguir treure 11 números al carrer. Altres intents que es van fer des d'editorials ja consolidades amb revistes escrites en castellà, com TBO, amb 4 números de *TBO en català*, i l'editorial Bruguera: amb els 2 números de la revista *Jordi*, tampoc no van tenir continuïtat. D'aquesta etapa, l'intent més important va ser l'aparició, l'any 1978, de la revista *Rodamón*, que s'anunciava com: "el diari setmanal dels nois que encara no llegeixen el diari". *Rodamón* va aguantar fins a l'any 1984.

Pel fet que ja existeix un estudi de referència d'aquesta etapa apuntada fins ara (Larreula, 1985), em centraré en l'observació de les revistes existents en els darrers vint anys.

## 2. Darrers 20 anys. Etapa de les Autonomies

L'estudi d'aquesta etapa ens permet analitzar com la consolidació de la democràcia i dels governs autonòmics, amb les seves polítiques de normalització lingüística i la incorporació de la llengua catalana a l'ensenyament, poden haver afectat aquest tipus de publicacions, encara prou important, tant des del punt de vista de la formació i del lleure dels joves, com de la pròpia normalització de la llengua.

He dividit les revistes que s'han editat durant aquest període en quatre grups. En el primer, trobaríem les que van néixer amb la voluntat de servir la llengua i "el país". En el segon grup trobaríem els intents portats a terme per editorials comercials ja existents, que, en un moment donat, han irromput en el mercat català amb la finalitat d'arribar a un públic nou en una llengua, per primer cop previsiblement acceptada per la població infantil, ja en bona mesura escolaritzada en català o en contacte escolar i mediàtic amb aquesta llengua. Si bé el primer grup té l'interès d'indicar-nos d'una manera o d'una altra, les encara tossudes voluntats de normalització cultural i idiomàtica, la importància de les revistes del segon grup rau en el fet que ens poden indicar, amb més fidelitat encara, el grau d'autèntica normalitat cultural i comercial assolit en la nostra societat per aquest producte tan simptomàtic. En un tercer grup, hi he classificat les revistes lligades al món de l'ensenyament, i encara en un quart grup, aquelles que per les seves característiques especials i tiratges reduïts s'han de citar a part.

*Primer grup*: Principals característiques: escrites directament en català, en alguns casos d'una forma exclusiva i, en d'altres, amb part del material, sobretot gràfic, comprat a l'estranger i traduït. En aquest cas trobaríem les revistes següents: *Cavall Fort, Tretzevents*, publicades a Catalunya; *Camacuc* i *El Micalet Galàctic*, publicades al País Valencià, i l'*Esquitx*, publicada a les Illes Balears.

*Segon grup*: 1. Escrita directament en català: *La revista dels Súpers*. 2. Publicades en un altre país i traduïdes i publicades posteriorment aquí: *Bola de Drac*, editada a Barcelona durant els anys 1992 i 1993 per l'editorial Planeta-Agostini, i les revistes del grup francès Bayard Revistes, que des de l'any 1986 en què es va instal·lar a Madrid i des del 1994, a Barcelona, publica en castellà *Popi, Caracola, Leoleo, Reportero Doc, Súper Júnior, I love English* i *I love English junior*, i en llengua catalana *Cucafera (Caracola), Tiroliro (Leoleo), Repòrter Doc (Reportero Doc)*, amb la possibilitat que vagin traduint també al català els altres títols de l'editorial.

*Tercer grup*: Revistes juvenils lligades a l'ensenyament: *Lletra Jove*. Es tracta d'una revista escolar editada pel Servei d'Ensenyament del Català del Departament d'Ensenyament de la Generalitat de Catalunya. El contingut, compost per entrevistes, historietes, narracions, entreteniments, etc., són redactats pels mateixos alumnes. *Secundèria*. Va aparèixer el desembre de 1994. Forma part de l'Associació Catalana de la Premsa Gratuïta. Va adreçada als estudinats de secundària i cicles formatius de Catalunya. Té una periodicitat mensual. *El Periódico de l'estudiant*. Publicació també gratuïta editada per *El Periódico* i amb suports diversos d'institucions catalanes, va dedicada als alumnes d'ESO i als seus professors. Té un format de diari i toca temàtiques d'actualitat adequades a aquest sector de lectors.

*Quart grup*: Les dues revistes editades per l'organització ONCE amb sistema Braille: *Esclat. La revista mensual dels joves*, dedicada a nois i noies d'11 a 18 anys; i *Tocar i parar, la revista dels infants*, dedicada als més menuts. Tant l'una com l'altra adapten material publicat a altres revistes com *Cavall Fort, Tretzevents*, etc.

## 2.1. Comentari d'algunes de les revistes més importants

### CAVALL FORT

Prop de quaranta anys després de ser creada, continua comprant part del seu material d'historietes bàsicament als mercats franco-belgues o italians, i una altra part important, tant de reportatges com d'historietes, és produïda aquí. Entre els personatges comprats a fora de més qualitat podem destacar *"En Sergi Grapes"*, de Franquin. Entre els personatges de fabricació local hauríem de destacar en un lloc d'honor *"Ot el bruixot"*, de Picanyol, i els personatges més emblemàtics de tots: *"Jep i Fidel"*, de Madorell, que des del primer número han omplert la darrera pàgina de la revista. Malgrat aquestes seccions fixes, *Cavall Fort* ha continuat renovant-se i adaptant-se als nous temps. Fruit d'aquesta renovació seria la reestructuració de les vuit pàgines centrals, que actualment formen una mena de suplement anomenat *El Calaixot*; la incorporació de nous personatges d'èxit; l'aparició també de noves seccions; la publicació sis cops l'any d'un suplement per als més petits anomenat *Tatano*; o la incorporació des del

gener de 1999 a Internet amb la creació d'una pàgina web, amb la finalitat de donar a conèixer la revista i oferir un nou espai de comunicació per als lectors.

### TRETZEVENTS

*Tretzevents (L'infantil)* al costat de *Cavall Fort*, és l'altra revista històrica, amb més de trenta-set anys de vida. Els seus continguts estan formats també per historietes gràfiques, contes, reportatges i entreteniments diversos. A partir del canvi de direcció, amb la incorporació de la il·lustradora Montserrat Ginesta, la revista es va publicar a tot color. La major part de les historietes publicades actualment són de producció pròpia. En aquest sentit la revista s'ha decantat per la historieta senzilla, graciosa, però de confecció ràpida i més assequible econòmicament que no pas la historieta realista. Entre els personatges més coneguts que en els darrers temps s'hi han publicat hi ha "la Bruixa Matilde", d'Albert Monteys, d'aquest personatge se n'han fet contes, clauers, i altre tipus de *merchandising*. La voluntat dels promotors ha estat de no crear una revista paraescolar, sinó de diversió. A causa d'això i de la poca propaganda que n'han fet, *Tretzevents* no ha pogut comptar amb un gran suport per part de les escoles. Des de l'any 1969 forma part de les Publicacions de l'Abadia de Montserrat, la qual cosa li permet resistir i continuar al peu del canó malgrat la seva escassa incidència en el mercat.

### CAMACUC

Va aparèixer l'octubre de 1984, com una revista entre recreativa i formativa creada per persones vinculades al món de l'ensenyament. *Camacuc* es col·locava totalment al servei de la recuperació idiomàtica dels infants. El seu contingut és format per historietes, reportatges, jocs i entreteniments. Tot el material és fet al País Valencià i per valencians. Va dedicada especialment als xiquets i les xiquetes de Primària i primer cicle de Secundària. Actualment té 1.000 subscriptors, comptant-hi també les biblioteques del País Valencià. S'ha de dir que els promotors han enviat moltes cartes a les xarxes de biblioteques de Catalunya i de les Illes Balears amb la intenció de difondre-hi *Camacuc*, però mai no han obtingut cap resposta per part d'aquestes institucions. *Camacuc* té també una vida precària, una incidència feble en la societat valenciana i una nul·la ajuda institucional. Només l'esforç i la dedicació desinteressada d'algunes persones que no accepten tranquil·lament la substitució lingüística permet que continuï arribant a les cases de molts xiquets i xiquetes.

### *El Micalet Galàctic*

Tot i que no va aconseguir superar els cinc números, no podem deixar d'esmentar l'important intent de l'Editorial Bromera, d'Alzira, de treure al mercat la revista infantil-juvenil *El Micalet Galàctic*. El número 0 de promoció va sortir el mes de setembre de 1997, amb un tiratge espectacular que es va distribuir juntament amb el diari *Levante*. Tot i que comptava amb les simpaties del moviment d'escoles valencianes, no pretenia ser una revista educativa ni pedagògica, sinó una revista "normal". El tiratge es va intentar estabilitzar al voltant dels 10.000 exemplars, però quatre mesos després només s'havia arribat a 1.500 subscripcions. La resposta dels possibles lectors i de les empreses valencianes amb capacitat d'inserir-hi publicitat, va ser ben pobra. Per la seva banda, les institucions valencianes, amb la coalició del Partido Popular i Unió Valenciana al govern, van fer el buit total a una publicació que sortia al carrer amb voluntat de normalitzar la llengua entre el jovent. Fins al punt que no solament no van aportar l'ajuda publicitària i la compra de revistes per repartir a les escoles i biblioteques, tal com havien promès, sinó que ni tan sols van permetre l'emissió per TVV d'un programa ja gravat i muntat que parlava de l'imminent aparició de la revista. Davant de tantes dificultats *El Micalet Galàctic* va haver de plegar.

### *Esquitx*

A l'empara de l'anomenat Pacte de Progrés al Govern de les Illes Balears, apareix a Mallorca aquesta revista. El dossier de presentació l'anuncia com: "La 1a. revista Infantil de cultura i entreteniment de les Illes Balears que neix amb l'objectiu de promoure la lectura en català i l'educació dels joves dins el nostre entorn geogràfic i cultural." Com a exemple d'aquesta col·laboració s'anuncia que el Govern Balear i la Caixa "Sa Nostra", repartiran 1.500 exemplars de cada número entre els alumnes dels centres d'ensenyança de les Illes Balears. Té trenta-dues pàgines, algunes a color, a bicolor i en blanc i negre. Pel que fa als seus continguts està formada per articles culturals, de coneixement de la natura, de la història local i de qüestions relacionades amb altres països i cultures, i també per historietes, algunes comprades a *Tretzevents* i d'altres de creació local. També pretén fomentar les col·laboracions dels seus joves lectors en aquest camp del dibuix.

*LA REVISTA DELS SÚPERS*

Aquesta revista, igual com altres revistes similars escrites en castellà lligades a programes de televisió, es deriva del programa Club Súper 3, que s'emet pel Canal 33 de la TVC. Va aparèixer, editada pel diari *La Vanguardia,* el 19 d'octubre de 1996. Conté temes de cinema, música, esports, videojocs, animals, reportatges, manualitats, entreteniments, horòscop, concursos, contactes entre els socis, etc. Està pensada per satisfer un ampli ventall d'edats, per això s'hi troben temes infantils i d'altres de més juvenils. El fet que surti anunciada en el programa de televisió del qual es deriva fa que hagi arribat a unes quotes de popularitat molt importants. Es ven també al quiosc i la seva compra va acompanyada d'un regal.

## BAYARD REVISTES

Bayard Revistes prové del grup francès aparegut l'any 1966 Bayard Press. En aquests moments, publica 16 revistes de temes diversos que arriben a uns 4.500.000 lectors d'arreu del món. L'arribada al mercat espanyol es va produir ara fa quinze anys quan es va associar amb l'editorial Santa Maria. SM no venia a Catalunya i tampoc no ho va fer en principi Bayard. L'any 1994, Bayard es va quedar totes les accions de SM i va fer un estudi de mercat a Catalunya. El primer intent de vendre-hi les mateixes revistes que es venien a la resta de l'Estat en llengua castellana no va ser prou satisfactori. A causa d'això, després de visitar el Departament d'Ensenyament de la Generalitat de Catalunya, van decidir vendre a Catalunya les revistes en llengua catalana. Fou així com, al mes de desembre de 1993, van aparèixer les revistes *Cucafera (Caracola)* per a infants molt petits, i *Tiroliro (Leoleo)*, per a nens i nenes de 7 a 9 anys. L'Editorial Cruïlla –versió catalana de l'editorial SM– els va cedir un equip que anava per les escoles a fer animació a la lectura. Poc després apareixia en llengua castellana a la resta d'Espanya i en llengua catalana a Catalunya, *El Repòrter Doc*, dedicada a nens i nenes de 9 a 12 anys. Les revistes del grup Bayard tenen una alta qualitat, no en va són exportades i traduïdes al món sencer. Els seus temes són els habituals per a infants o joves: historietes, contes, reportatges, jocs, entreteniments... L'adquisició es fa bàsicament a través de subscripcions, però també es venen en alguns quioscos. A la meva pregunta de per què no s'intentava vendre les revistes en llengua catalana al País Valencià i a les Illes Balears, els representants de l'editorial a Barcelona em van respondre que no calia, perquè els equips de venedors que treballaven en aquelles zones les treballaven des de sempre en llengua castellana i no els anava malament. Malgrat aquest desinterès per part de Bayard Revistes per treballar en català aquells mercats potencials, de les subscripcions que s'hi aconsegueixen, un 5%, aproximadament, dels clients les demanen en llengua catalana.

BOLA DE DRAC

L'any 1990, Antonio Martín, responsable de les publicacions gràfiques infantils i juvenils de l'Editorial Planeta-Agostini, va descobrir una sèrie de dibuixos animats que s'emetia amb un gran èxit per la televisió catalana: *Bola de Drac*, i va creure que havia trobat el material ideal per convertir-lo en un "còmic" infantil de gran ressò. El material de les pel·lícules havia estat prèviament escrit i dibuixat per Akira Toriyama i publicat al Japó, també amb un èxit sense precedents, en la seva versió de "còmic" o "manga". Les gestions per establir contacte amb l'editorial japonesa fins a aconseguir signar el contracte per a l'edició de les historietes van ser complicadíssimes. Gràcies a un acord entre alts representants de Televisió de Catalunya i el propietari de l'editorial, *Bola de Drac* només es va distribuir a Catalunya en versió catalana, en els altres territoris on també es parla en català, però, es va distribuir en castellà. Va sortir al mercat amb un tiratge de 40.000 exemplars i contenia exclusivament un primer episodi de l'aventura del personatge Songoku. Es va exhaurir ràpidament de tanta expectació com la seva sortida anunciada sobretot a través del Club Súper 3, de TV3, havia despertat. Durant el primer any es van vendre més exemplars en català a Catalunya que no pas en castellà a la resta de l'Estat. De mica en mica, la relació de vendes en una llengua i altra es va invertir, per això quan l'editorial es va plantejar d'imprimir una segona edició de la revista ja només es va fer en castellà. Tot i amb això, abans que acabés la primera edició de *Bola de Drac*, l'editorial encara va fer un nou intent de publicar la sèrie *Doreimon, el Gat Còsmic*, en tots dos idiomes, però no va funcionar i aviat va ser retirada.

## 3. Conclusions

Després d'estudiar el panorama actual de les revistes infantils crec que podem arribar a les següents conclusions:

*a*) La majoria de les que s'editen actualment són de gran qualitat.

*b*) Pel que fa a la incidència que l'aprenentatge de la llengua catalana a les escoles hagi pogut tenir en el consum d'aquestes revistes hem pogut comprovar dues coses:

1a. Pel que fa a les que ja existien en l'etapa política anterior: *Cavall Fort* i *Tretzevents*, l'aprenentatge escolar de la llengua no solament no n'ha afavorit les vendes, sinó que l'aparent situació de normalitat cultural i política que ara es viu els ha fet perdre bona part del suport ideològic i de complicitat resistencial que havien tingut, malgrat la seva utilitat renovada i la seva bellesa formal.

2a. En canvi, sense l'aprenentatge de la llengua catalana a les escoles i la seva major presència als mitjans de comunicació de masses, no s'hauria pogut editar les revistes lligades amb l'ensenyament: *El Periódico de l'estudiant*, *Lletra jove* i *Secundèria*, que d'aquesta manera poden arribar a milers de lectors. Ni s'hauria pogut editar un material lligat a un programa de TVC, com *La revista dels Súpers*. O produir un fenomen editorial com el de l'any 1992 amb *Bola de Drac*. També ha possibilitat que una editorial francesa de gran potència comercial i sense cap pressupòsit lingüisticoideològic, com és Bayard Revistes, hagi triat la llengua catalana per vendre a Catalunya i hagi aconseguit col·locar-hi milers de revistes.

*c*) Podem considerar la possibilitat que una revista infantil escrita en català es vengui lliurement al quiosc si els protagonistes principals són coneguts pels infants a través de la televisió. Tot això ens porta com a resultat el convenciment que per popularitzar uns personatges de tebeo o de revista infantil en català cal grans inversions econòmiques que cap revista local no es pot permetre, i a més, cal el compromís de les administracions locals de col·laborar-hi a fons. Recordem que si *Bola de Drac* va acabar sortint només en català a Catalunya va ser per la pressió que en aquest sentit hi van exercir Televisió de Catalunya i la mateixa Generalitat.

*d*) Fins ara no existeix en l'àrea lingüística catalana una mínima unitat de mercat que permeti programar i coordinar iniciatives comunes, i, per tant, abaratir i rendibilitzar costos de producció i distribució. En realitat, l'invent polític de les Autonomías Españolas ha estat ideal per desmembrar la ja tènue consciència popular de pertànyer a la mateixa comunitat cultural lingüística i d'accentuar, en canvi, desacords i desconfiances. Si bé, pedagògicament parlant, és convenient que els infants més petits trobin a l'escola, i als textos a ells dedicats, la llengua com més semblant millor a la varietat geogràfica local i que a partir d'aquesta varietat habitual vagin aprenent la varietat estàndard, també ho és que aquestes filigranes educatives no les apliquen les llengües fortes, només nosaltres, respectuosos com som amb la diversitat, ens anem ofegant per separat. Tota una mostra d'extrema sensibilitat lingüística i de feblesa política alhora.

## Quadre de les revistes

| | àmbit | durada | periodicitat | destinataris | tiratge | venda | producció |
|---|---|---|---|---|---|---|---|
| Cavall Fort | Catalunya | des de 1961 | quinzenal | 9 a 15 anys | 14.405 | subscripció | compra/pròpia |
| Tretzevents | Catalunya | des de 1963 | mensual | 7 a 9 anys | 3.000 | subscripció | compra/pròpia |
| Camacuc | País Valencià | des de 1984 | bimensual | 7 a 11 anys | 1.000 | subscripció | pròpia |
| Micalet galàctic | País Valencià | 1997-1998 | mensual | 8 a 14 anys | 10.000 | subscripció | pròpia |
| Esquitx | Illes Balears | des de 2000 | bimensual | 7 a 12 anys | 5.000 | subsc/quiosc | pròpia |
| R. dels Súpers | Catalunya | des de 1996 | mensual | fins a 18 anys | | subsc/quiosc | pròpia/traduc. |
| Bola de Drac | Catalunya | 1992-1993 | setmanal | 14 anys | 60.000 màx. | quiosc | traducció |
| Cucafera | Catalunya | des de 1993 | mensual | 4 a 7 anys | 12.000 | subscripció | traducció |
| Tiroliro | Catalunya | des de 1993 | mensual | 7 a 9 anys | 11.000 | subscripció | traducció |
| Repòrter Doc | Catalunya | des de 1994 | mensual | 9 a 11 anys | 8.000 | subscripció | traducció |
| El Periódico... | Catalunya | des de 1992 | 9 núm. any | ESO | 700.000 | gratuïta | pròpia |
| Lletra jove | Catalunya | | 10 núm. any | des de 12 anys | | gratuïta | pròpia |
| Secundèria | Catalunya | des de 1994 | 9 núm. any | Instituts | 30.000 | gratuïta | pròpia |
| Esclat | Catalunya | des de 1995 | mensual | 11 a 18 anys | 110 | ONCE/gratuït | adaptada |
| Tocar i parar | Catalunya | des de 1984 | mensual | 5 a 10 anys | 90 | ONCE/gratuït | adaptada |

# 7.

## LA PRESÈNCIA SOCIAL DEL LLIBRE INFANTIL I JUVENIL

A mesura que la literatura infantil i juvenil s'ha anat desenvolupant, ha anat guanyant presència social més enllà del procés estricte del seu circuit de producció i de l'ús que en fan els seus destinataris. Els estudis literaris i educatius l'han inclòs com a objecte d'anàlisi, han proliferat les institucions relacionades amb la seva promoció i ha obtingut una certa presència en els mitjans de comunicació. Ha passat, doncs, a constituir-se en un objecte cultural propi de la societat actual amb totes les seves implicacions.

# 7.1. ELS ESTUDIS SOBRE LITERATURA INFANTIL I JUVENIL

TERESA COLOMER
*(Universitat Autònoma de Barcelona)*

L'estudi dels llibres per a infants i adolescents té una tradició i un embalum molt diferent en els diversos països occidentals. La seva sort depèn de l'evolució seguida per la producció i la història sociocultural de cada país. Així, les àrees anglosaxones o franceses mostren una tradició d'estudis molt més accentuada que les àrees catalana o castellana, on aquesta literatura només ha començat a analitzar-se en les últimes dècades. Ara bé, quan el nostre país ha iniciat la seva pròpia reflexió, ha pogut beneficiar-se del avenços que ja s'havien fet en els altres països, de tal forma que s'han pogut cremar etapes i partir de concepcions teòriques més complexes sobre aquest fenomen, de manera que, si les infraestructures de recerca i les institucions responen, la tasca dels investigadors pot anar incrementant-se molt ràpidament.

A continuació farem un esbós del que han estat els estudis en l'àrea catalana, tot dividint-lo en dos apartats: la seva evolució històrica i el ventall d'aspectes que han estat abordats fins ara.

## 1. L'evolució dels estudis

### 1.1. La construcció d'un projecte cultural

Els orígens de la preocupació pel llibre infantil neix a tots els països occidentals a partir de l'establiment de biblioteques públiques, ja que és llavors quan els professionals es plantegen la necessitat d'establir criteris de tria per configurar els seus fons i d'inventar formes de promocionar-ne la lectura. És el que ocorre als Estats Units en iniciar-se el segle XX i, immediatament, a països europeus com França o els països nòrdics.

A l'àrea catalana de començament del segle XX, però, encara no hi havia biblioteques infantils. Just llavors anaven a obrir-se a Catalunya les primeres que s'establien a Espanya, i anaven a fer-ho com a conseqüència de la voluntat social de construir un projecte cultural global per a la societat catalana de l'època. Es tractava del que s'anomenaria ben aviat "Noucentisme". Per això, les primeres reflexions sobre la literatura per a infants es troben aquí en les veus de pedagogs, crítics d'actualitat dels diaris i revistes i personalitats diverses del món de la cultura. És a dir, apareixen en les veus de tots aquells que debatien un projecte de país que donaria lloc d'una forma simultània a les biblioteques, els llibres, les editorials i les revistes educatives.

En el substrat de modernització de la societat catalana, l'objectiu de produir i difondre llibres infantils va ser sentit com una necessitat ineludible de futur, ja que es tractava d'incorporar les noves generacions a les noves formes socioculturals. Alhora que s'iniciaven les primeres realitzacions materials per a la difusió de la lectura, aparegueren a les revistes educatives de l'època els primers articles i escrits que posseïm sobre literatura infantil i juvenil, articles tals com els d'Alexandre Galí a *La Revista* o a *Quaderns d'Estudi*, els d'Artur Martorell al *Butlletí dels Mestres* o els de Jordi Rubió i Balaguer, fundador de l'Escola de Bibliotecàries, a *La Revista dels Llibres*.

En l'època de la Dictadura de Primo de Rivera, desapareguts els *Quaderns d'Estudi* i *El Butlletí dels Mestres* i canviada l'orientació de *La Revista*, seran la *Revista de Catalunya* i *La Paraula Cristiana*, així com els diaris *La Publicitat* i *La Veu de Catalunya* els que continuaran donant notícies i orientacions sobre els llibres infantils. Més tard, ja desapareguda la Dictadura, reaparegué el *Butlletí dels Mestres* i és en aquesta publicació i en els diaris d'aquells anys on es poden continuar trobant notícies sobre els llibres per a infants.

## 1.2. La memòria i el projecte educatiu

Després de les reflexions sobre els criteris de selecció, el segon tipus d'estudis abordats en tots els països occidentals és la delimitació del corpus d'obres i autors que configuren la literatura per a infants, així com la descripció de la seva evolució històrica. "Història", doncs, a partir del moment en què ja hi ha un gruix suficient de producció i de temps que permet fer-ne.

Però, precisament, el gruix aconseguit per la producció catalana en el primer terç del segle XX patí sobtadament la ruptura provocada per la Guerra Civil de 1936-39 amb la prohibició i desfeta conseqüent de la cultura catalana. Els estudis històrics naixeran aquí, doncs, des de la perspectiva de la memòria, des de la necessitat de consignar detalladament l'esforç realitzat per tal de mantenir la idea d'una cultura on entroncar-se. A partir de 1960, veus com les d'Artur Martorell o Joan Triadú reprenen la necessitat de llibres infantils en la línia de l'època anterior a la guerra. En la recuperació històrica s'inscriuen els inestimables estudis de Teresa Rovira (1968, 1976, 1988), veritables exemples de "l'obra ben feta" com a premissa noucentista, així com el repertori bibliogràfic de la mateixa Rovira i de Carme Ribé (1972) que recull amb constància positivista els més de 2500 títols de la producció catalana, repertori al qual se n'afegiran d'altres que recullen ja la producció realitzada a partir de la postguerra.

L'aparició d'aquests primers estudis històrics en les dècades dels anys seixanta i setanta coincidia amb una nova etapa caracteritzada per la urgència de "fer" més que per la de reflexionar. Si abans de la guerra la consideració dels llibres infantils s'havia inscrit en un projecte de gran abast que va fer recaure les orientacions programàtiques en les grans figures de la cultura i la pedagogia, durant l'època de la dictadura franquista, la preocupació pels llibres infantils catalans va canviar de mans i va anar a raure en l'àmbit educatiu de les escoles que conformaren els moviments de renovació pedagògica.

Així, escoles capdavanteres en aquesta línia, com Costa i Llobera i Thalita, van publicar, el 1964, la primera selecció de llibres per a infants. La introducció i l'ús de llibres i revistes infantils a les escoles va ser un dels principis d'actuació educativa del moment i aquest primer llistat troba continuïtat en les publicacions periòdiques de *Quins llibres han de llegir els nens?*, a càrrec del Seminari de literatura infantil i juvenil de l'Associació de Mestres "Rosa Sensat", encara existent avui en dia i de gran influència en els medis escolars.

Juntament amb la perpetuació de la memòria i amb les noves necessitats de selecció lligada a les escoles, s'inicia en aquesta època la traducció dels estudis d'altres països per part de diverses editorials catalanes. És així com començaran a exercir la seva gran influència en el nostre país títols que ja eren clàssics en els seus, com els de Paul Hazard (1950), Sara Cone Bryand (1965), Bettina Hürlimann (1968) o l'obra col·lectiva *El poder de leer* (1978), i continuarà la circulació de bibliografia francesa, molt present sempre en els mitjans educatius catalans, com ara la *Guide de la littérature enfantine* de Marc Soriano (1975).

## 1.3. El folklore i l'animació lectora

Al 1977, es traduí al castellà l'obra de Bruno Bettelheim *Psicoanálisis de los cuentos de hadas*. La defensa de les rondalles feta per aquesta obra va causar un impacte considerable en la reflexió sobre la literatura infantil a tots els països occidentals i suposà una fita en la inflexió de les concepcions vigents en els estudis d'arreu. El ressò no era casual, ja que incidia en un dels dos debats sempiterns que caracteritzen els estudis en aquesta àrea fins a la dècada dels vuitanta: la relació dels llibres infantils amb "la literatura" sense adjectius, d'una banda, i la qualitat formativa del folklore, de l'altra.

A l'àrea catalana, el primer d'aquests debats tingué, curiosament, molt pocs adeptes. El fet que els llibres per a infants s'haguessin contemplat sempre com un instrument decisiu per a l'èxit del projecte cultural català va marginar pragmàticament el debat sobre les "essències" literàries, tan propi d'altres llocs.

Però el segon debat també resultà condicionat aquí per les característiques sociohistòriques del moment. Durant les dècades de la postguerra, el folklore va viure hores baixes a l'àrea catalana. D'una banda, la dictadura franquista l'exaltava, tot imposant la imatge d'un folklore comú al servei d'una cultura espanyola pretesament única, la qual cosa provocava una clara malfiança cap a aquest tipus de llibres. De l'altra, la voluntat catalana d'adherir-se novament als aires culturals europeus va fer triomfar la recança cap al folklore pròpia de la pedagogia racionalista que dominava llavors als països occidentals.

Ara bé, quan, a meitat dels setanta, Europa va fer el tomb cap a la recuperació de la tradició oral en els llibres infantils, la inflexió va coincidir amb els anys de l'arribada de la democràcia a Espanya. Llavors, el nostre país va adoptar encara amb més entusiasme la difusió folklòrica, ja que hi confluïen, no solament els nous aires de modernitat europea, ara decantats cap a la fantasia literària, sinó també la visió del folklore com a defensa de la cultura pròpia.

Efectivament, durant aquells anys de canvi, a totes les nacionalitats de l'Estat es va produir un moviment de recerca i valoració de la pròpia identitat. Van ser freqüents, doncs, la recerca de les tradicions orals encara vives, la reedició i difusió de les recollides en èpoques anteriors per folkloristes com Joan Amades a Catalunya, Mossèn Alcover a les Illes Balears o Enric Valor al País Valencià, així com la utilització escolar d'aquesta literatura, lligada a la nova possibilitat d'ensenyament en la llengua pròpia. La idea romàntica del folklore com a expressió de les essències nacionals va tenir, doncs, una nova revifalla al servei de la recuperació nacional i es va defensar com una literatura "del poble", desenvolupada al marge tant de la literatura culta, com de la imposició d'una llengua aliena.

A la dimensió social atorgada a aquesta literatura s'afegeixen també els nous arguments sobre la llibertat creativa, l'èmfasi en els aspectes literaris i no pedagògics de les obres i la importància de la fantasia en la construcció de la personalitat infantil. Tot plegat, una concepció que va convertir la literatura de tradició oral en idònia per a ser vista com "la literatura infantil" per antonomàsia. Aquest fet va tenir repercussions immediates en l'ensenyament literari a l'etapa infantil –o preescolar–, desenvolupada a les escoles durant aquells anys, així com a l'etapa primària. Cal recordar que és a l'any 1976 que l'editorial catalana Avance va publicar la primera traducció de la proposta d'ensenyament creatiu de la literatura, *La Gramática de la fantasía*, de l'italià Gianni Rodari, autor ell mateix de llibres per a infants en la mateixa línea de joc, fantasia i missatge moral.

Aquí, l'obra de Gabriel Janer Manila (1982, etc.) va ser capdavantera i punt de referència en aquest àmbit. Sota el seu mestratge, es va constituir a les Illes Balears un nucli d'estudis sobre folklore, educació i literatura infantil que ha continuat oferint els seus fruits en obres més recents. El folklore també ha estat objecte d'interès constant per part dels estudis d'altres llocs i les obres que el relacionen amb propostes d'ús escolar han tingut una influència evident en tota l'acció de renovació educativa de les darreres dècades.

A la dècada dels vuitanta, la literatura infantil i juvenil passà a convertir-se en objecte d'estudi acadèmic. A tots els països occidentals van començar a aparèixer una gran quantitat de reflexions i recerques fetes des d'òptiques disciplinàries molt diverses, des de la psicologia o la sociologia, a la llegibilitat dels textos o la didàctica de la literatura. Més modestament aquí, ja que el punt de partida era feble, s'iniciaren les bases d'allò que haurien de ser uns estudis normalitzats i que podem dividir en els aspectes següents:

1. Començà una nova divulgació social del tema a través de la publicació d'articles i revistes de crítica en aquest àmbit. L'any 1985 apareix la revista *Faristol*, portaveu del *Consell Català del Llibre per a Infants i Joves*, i també tenen seu a Barcelona altres revistes sobre literatura infantil i juvenil que publiquen en llengua castellana. Alhora, es produeixen espais esporàdics de crítica als mitjans de comunicació i aquí i allà es publiquen ja un nombre apreciable d'articles d'anàlisi de la producció infantil més moderna.

2. S'augmentà la producció d'obres d'assaig sobre aquest camp. Es tracta, això sí, d'obres amb vocació pràctica, obres que deriven d'aquell "fer" que s'havia

anat acumulant durant les dècades dels seixanta i setanta en els àmbits escolars i bibliotecaris. Aquell primer objectiu d'introduir els llibres infantils a les escoles ja semblava aconseguit, però ara l'activitat pedagògica s'abocà a "animar" els infants a llegir-los, de manera que van proliferar les obres plenes de propostes i experiències didàctiques. D'altra banda, la creació de biblioteques escolars havia estat especialment reeixida en el període anterior, tal com demostrarà l'estudi de Baró i Mañà (1990), i tocava ara oferir instruments als mestres per a la seva organització i el seu manteniment.

3. Tímidament, va anar augmentant la traducció d'estudis forans i cal remarcar, en aquest àmbit, la creació de la primera col·lecció d'assaig sobre aquest tema per part de l'editorial Pirene, l'any 1988.

4. Encara més tímidament, la literatura infantil començà a fer-se un petit espai als estudis universitaris. En aquesta dècada, sorgeixen la majoria dels primers treballs de recerca sota la forma de tesines de llicenciatura. Es refereixen a temes tan diversos com el teatre infantil a Espanya, les revistes infantils catalanes o les rondalles valencianes.

## *1.4. Els estudis universitaris*

A tots els països occidentals, l'evolució de la literatura infantil i juvenil fins a constituir un fenomen cultural ben assentat ha portat aparellada l'extensió dels seus estudis cap a una fluida interrelació de les diferents perspectives disciplinàries, així com la proliferació d'institucions, revistes, centres de documentació, cursos universitaris, etc. Els estudis en l'àrea catalana han intentat situar-se també en aquesta via, tot i que continuen oferint greus mancances comparatives.

De tots els elements citats, l'únic que aconsegueix una entitat remarcable i que caracteritza aquesta darrera dècada és, precisament, el d'una certa eclosió d'estudis universitaris en aquest camp. Les reformes de plans d'estudis de les universitats han atorgat un petit espai a assignatures sobre literatura infantil i juvenil que s'estenen també als programes de tercer cicle. En aquest sentit, cal assenyalar que el primer postgrau sobre Biblioteques escolars fet a Espanya es realitza en una universitat catalana. En aquest marc, doncs, les tesis doctorals i els projectes de recerca han començat a conviure amb els manuals de divulgació i la continuació de les propostes adreçades a la pràctica escolar dels anys vuitanta. Els temes i les línies d'investigació han estat prou dispersos, tal com veurem més avall; una situació inevitable quan el camp a llaurar és tan ampli i els models forans ofereixen temàtiques cada vegada més especialitzades, alhora que més interrelacionades i complexes. El balanç actual ens diu que durant els anys noranta s'han llegit al voltant d'una dotzena de tesis doctorals sobre literatura infantil i juvenil a les universitats de l'àrea catalana, n'hi ha d'altres en curs de realització i, des de l'any 1999, els investigadors universitaris s'han agrupat en una xarxa d'intercanvi i col·laboració. El fet que la majoria dels treballs de recerca hagin estat publicats pels serveis d'edició universitària mostra, però, que l'interès social pel tema encara és feble.

Naturalment, la universitat no és l'única font d'estudi, i a les obres que en procedeixen cal afegir-ne d'altres publicades durant aquest període. També cal remarcar aquí la celebració dels primers congressos i jornades de literatura infantil i juvenil catalana, especialment pel que pot suposar de dinamització de la recerca en aquest camp per part de tots els especialistes implicats, estiguin o no vinculats a les universitats.

Ara bé, malgrat el desenvolupament d'un espai més procliu als estudis, tema que aquí ens ocupa, no deixa de ser preocupant una certa pèrdua d'empenta en els projectes, empenta que era ben perceptible, en canvi, en èpoques anteriors. La progressiva normalització de la cultura catalana, tot i haver aconduït la literatura infantil a la universitat, ha fet que es deixés de veure-la socialment com un instrument de recuperació cultural. El suport aportat per la societat civil durant diverses dècades sembla esperar-se ara de les institucions administratives i es pot dir que aquestes no han respost al nivell desitjable, de manera que els recursos financers per a la creació d'infraestructures de recerca i difusió, cada vegada més elevat si s'espera un desenvolupament a l'altura dels temps, resulta inferior al que en aquests moments hi dediquen moltes altres autonomies de l'Estat.

Així, per exemple, la tasca realitzada per les biblioteques escolars continua sense suport institucional, el *Consell català del llibre infantil i juvenil* i algunes de les seves iniciatives, com el *Saló del llibre infantil* o la revista *Faristol* semblen trobar-se en una situació paradoxalment més precària que en l'època del seu naixement, l'espai de difusió pública en els mitjans de comunicació, no solament no ha augmentat, sinó que gairebé ha retrocedit i també continua sense haver-hi cap centre de documentació prou solvent ni cap institut d'estudis específics en tota l'àrea catalana. A aquestes limitacions cal afegir els entrebancs derivats de la manca de potenciació d'un mercat i un espai cultural comú entre Catalunya, València i les Illes Balears, a més de totes les iniciatives polítiques empreses en els darrers anys per segregar-ne la llengua i la cultura valencianes.

## 2. Les àrees d'estudi

La literatura infantil i juvenil es defineix per dos components, el de "literatura" i el d'"infantesa i adolescència". Però s'hi pot afegir també un tercer pol, el de la funció d'aprenentatge cultural que suposa la seva lectura, ja que, a més, és aquest tercer component educatiu el que n'ha determinat el naixement com a producte específic i el que ha tingut més pes en la seva evolució. La interrelació d'aquests tres pols permet esquematitzar el tipus d'estudis realitzats en aquest camp i ens serviran per situar a continuació aquelles línies que han tingut més incidència en l'àrea catalana.

### 2.1. El producte cultural en ell mateix: una literatura

El primer àmbit és el que engloba els estudis que tracten aquesta literatura com un text concret, un producte que pertany al sistema literari i que ofereix com a objecte d'estudi tots aquells elements que li són propis, tals com:

- La construcció del destinatari infantil que defineix aquest subsistema de la literatura i que es troba present en les característiques adoptades pels textos.
- L'evolució històrica, ja sigui a través de panorames generals o de la història de llocs o aspectes literaris concrets.
- L'establiment de repertoris bibliogràfics.
- La delimitació i caracterització dels subsistemes literaris que configuren l'extensió del que anomenem literatura infantil i juvenil i que, lluny de ser un tot uniforme, presenta gairebé tantes fractures –per exemple, entre el corpus amb vocació de qualitat i les obres comercials– com la literatura adulta.
- La relació d'aquesta literatura amb altres sistemes ficcionals i artístics, com els de la imatge –element constructiu de moltes de les mateixes obres infantils–, els audiovisuals o els multimèdies.
- L'anàlisi d'autors i obres concretes.
- Les característiques específiques dels gèneres i subgèneres que configuren aquesta literatura i la relació amb l'edat dels destinataris.
- Les traduccions, adaptacions, versions i altres fenòmens de trasllat de les obres originals.
- L'estudi de la crítica, de les diferents perspectives des de les quals s'exerceix i dels conceptes i criteris teòrics que utilitza o que podrien resultar útils en aquest camp.

Aquesta perspectiva de recerca seria la més pròxima a l'ús de metodologies creades pels estudis filològics. Com a mínim, en la mesura en què la literatura per a infants es deixa descriure per aquests instruments, poc acostumats a haver de tenir en compte elements com la relació entre text i imatge, o bé l'experiència vital i de lectura del destinatari com a condicionant de les obres.

Ja hem assenyalat que la història, i sovint els repertoris, formen part dels primers estadis en el desenvolupament dels estudis de qualsevol literatura i que, per tant, posseïm un cert nombre d'obres i articles que estableixen el mapa històric o s'hi situen per resseguir evolucions més específiques. Quasi sempre les històries de la literatura infantil recullen dos tipus de corpus infantils, el del folklore reconvertit a literatura per a infants i el dels llibres infantils moderns, de manera que l'atenció concedida al folklore a què fèiem referència anteriorment s'inscriuria també en aquest àmbit.

Ara bé, si comparem els estudis històrics que posseïm amb l'evolució seguida per aquesta línia en d'altres països, es fa evident que la majoria són de caire molt general, que adopten l'actitud de consignar, més que d'analitzar, i que contenen grans llacunes.

Certament, però, com a mínim, estableixen un marc que fa possible veure'n les mancances més espectaculars, per exemple, les que fan referència als gèneres concrets del teatre i la poesia –de fet de la història d'aquesta darrera només en tenim articles–, o sobre els subgèneres narratius. També caldrà abordar algun dia, per exemple, la història de la interrelació entre les literatures catalana i castellana. L'edició de llibres infantils en una o altra llengua està especialment condicionada per la legalitat vigent i la llengua de l'escola en cada moment històric. Això, i el fet que Barcelona hagi estat sempre un centre editorial de primer ordre en l'edició castellana, fa que moltes de les novetats en la producció literària o la política de traduccions, per exemple, s'hagin produït a Espanya des del mateix substrat cultural que ha configurat la tradició catalana, malgrat que ara s'estudiïn des de la història dels llibres infantils castellans. No cal dir que quasi tot és per fer pel que fa a interessos més recents, com les delimitacions internes del subsistema literari, les relacions entre sistemes artístics o les translacions de diferent tipus de les obres originals.

Malgrat tot, el contacte amb els corrents actuals d'altres països fa que se superposin etapes, de manera que, alhora que no es té una descripció prou sòlida de l'edifici, s'hi poden afegir ja algunes obres que plantegen anàlisis més teòriques dels llibres infantils i de la relació amb els seus destinataris.

Dins d'aquest àmbit, sembla significativa la pràcticament nul·la atenció dels estudis catalans cap a autors i obres concretes, a diferència dels estudis universitaris castellans, per exemple. Només hi ha dos o tres estudis (i un d'ells francès) sobre autors catalans, tot i que ara s'hi poden afegir també els pròlegs de les obres completes de diferents autors que han començat a ser publicades a la dècada dels noranta. Aquest aspecte remet, doncs, a la lectura d'entrevistes, monogràfics i articles específics que, en canvi, omplen les revistes i són recollits en múltiples guies de lectura per part de les biblioteques.

## 2.2. *El fenomen social de la lectura a la infantesa i adolescència*

El segon àmbit d'estudi seria el que agrupa les obres que consideren aquesta literatura dins del fenomen social de la lectura en les societats alfabetitzades i que inclouria aspectes tals com:

- La representació i el discurs social sobre la infantesa i sobre la lectura.
- La relació entre els sistemes ficcionals i artístics en l'interior de la societat pel que fa a aquest segment d'edat.
- La circulació material dels llibres infantils i juvenils (la producció editorial, la difusió en el mercat, el funcionament de la crítica, etc.).
- La pràctica social de la lectura (hàbits, formes, gèneres, edats, etc.).
- La funció de la literatura infantil com una agència educativa de les noves generacions, és a dir, els valors o la ideologia presents a les obres, o derivades de l'ús que se'n fa, i la seva relació amb el sistema axiològic de la societat.
- Els canals pels quals es creen àmbits de lectura infantil i juvenil (les institucions com les biblioteques, la família, etc.).

Aquesta és una òptica que es val de metodologies més recents, creada a partir de l'interès per la història del llibre i la lectura, l'alfabetització social i les noves tecnologies, els estudis culturals, les perspectives progressivament més afinades de la sociologia de la lectura, la pragmàtica literària, etc.

La visió dels llibres infantils en el context del funcionament social ha donat lloc a un nombre d'estudis propis molt reduït. I és així, encara que es vulgui entendre la seva adscripció a aquests temes des d'una òptica amb més tradició (per exemple, l'anàlisi quantitativa d'hàbits lectors) i no a partir dels desenvolupaments conceptuals més interpretatius. Algunes dades estadístiques sobre biblioteques o hàbits de lectura, un parell d'estudis editorials i algunes incursions en el tema dels valors configuren gairebé tot el bagatge existent.

Pel que fa als espais de lectura, els estudis que s'hi relacionen enllacen amb el tercer àmbit que hem caracteritzat com a visió dels llibres infantils, en tant que literatura d'aprenentatge.

## *2.3. Una literatura d'aprenentatge*

Els llibres infantils i juvenils tenen una funció d'aprenentatge cultural i específicament literari, que fa que hagin estat contemplats quasi sempre des de la perspectiva de l'educació. Si l'aprenentatge pertany a instàncies com la família o la biblioteca, ens trobarem amb un aprenentatge realitzat sense premisses de formalització. Si pensem en l'aprenentatge escolar, ens situarem sota un conjunt reglat d'ensenyaments.

El paper de la literatura infantil i juvenil a l'escola és justament l'estrella de l'atenció pràctica respecte d'aquesta literatura. Molts estudis es refereixen a l'ús del folklore per a les primeres edats, la tasca de selecció o les activitats d'animació a la lectura. De forma molt recent, han aparegut indicis d'una nova atenció per a la recepció infantil de les obres que fins ara només comptava amb els buidats realitzats per Assumpció Lisson a la biblioteca escolar i que ara pot afegir amb els buidats de les biblioteques públiques de la Diputació, un estudi recent a les aules i alguna investigació en curs.

La manca de recerca didàctica fins a temps molt immediats fa, però, que, malgrat els temes ara citats, continuem tenint una situació molt precària respecte a aspectes tals com:

- El paper que li atorguen els objectius i les programacions curriculars.
- Les concepcions del professorat sobre l'ús dels llibres infantils i juvenils.
- Les seleccions escolars existents i els objectius concrets de les lectures i activitats.
- La resposta dels infants a la lectura, la seva opinió sobre les seleccions o els diversos fenòmens de les situacions de lectura a l'aula.
- La relació entre les habilitats lingüístiques potenciades pels llibres (la narració oral, la lectura autònoma, la interrelació entre lectura i escriptura, etc.).
- El progrés o els desajustaments entre la lectura realitzada a les diferents etapes educatives.
- La relació entre l'ús dels llibres, l'adquisició de conceptes literaris i l'ús del metallenguatge literari específic, és a dir, la incidència dels llibres infantils i juvenils en l'adquisició de la competència literària.

## 3. A tall de conclusió

Del repàs del tipus d'estudis realitzats fins ara i de la comparació amb els estudis forans es poden desprendre una sèrie de conclusions i perspectives de futur.

1. Una bona part dels estudis produïts deriven de la investigació filològica, especialment pel que fa a l'establiment d'un marc històric que consigni el que hi ha hagut, a l'anàlisi folklòrica i, més recentment, a la incorporació de marcs conceptuals més teòrics i interpretatius.

2. Hi ha indicis que la creació de noves àrees universitàries com les de traducció o de comunicació audiovisual aportaran investigacions sobre literatura infantil i juvenil des d'aquestes perspectives específiques.

3. Encara hi ha molt pocs estudis que apuntin línies de progrés ben presents en altres països tals com l'interès per l'audiència, la recepció infantil, les formes de lectura o el circuit social dels llibres, línies derivades d'una perspectiva més cultural i antropològica adreçada a la reflexió sobre les societats alfabetitzades, en general, o sobre la història de la lectura, en concret.

4. La recerca sobre hàbits de lectura infantil se centra, majoritàriament, en estudis generals sobre la població que ofereixen bàsicament dades quantitatives.

5. Hi ha moltes obres sobre l'ús escolar de la literatura infantil i juvenil. Però sovint no són fruit de la recerca, adopten una perspectiva prescriptiva i realitzen propostes sobre el que cal fer, mentre que no tenim recerca descriptiva sobre els fenòmens que es produeixen realment a l'aula.

En definitiva, els estudis sobre literatura infantil i juvenil es troben en els seus inicis, però la rapidesa en l'increment de la darrera dècada fa pensar que poden anar evolucionant d'una forma molt positiva. Sens dubte hauran de fer front a una gran quantitat de llacunes en les bases del que ja s'ha estudiat, però també hauran de seguir el pas dels altres països en els terrenys més inexplorats si volen constituir-se en uns estudis normalitzats a nivell de les societats més avançades. En aquest darrer sentit, seria bo poder preveure la seva evolució en la línia esquematitzada del quadre següent:

> Recerca realitzada fins ara:
> sobre el corpus i les activitats d'ensenyament
> descriptiva del corpus literari
> quantitativa sobre la lectura
> prescriptiva escolar i bibliotecària

> Orientacions futures:
> sobre la recepció i el context cultural
> interpretativa sobre el corpus
> qualitativa sobre la lectura
> descriptiva a les aules
> interrelacionadora de codis, sistemes de representació i fenòmens socioculturals

## *Principals aportacions dels estudis de la literatura infantil i juvenil catalana*

En el quadre següent es proposa visualitzar l'evolució dels estudis, tot destacant-ne les principals aportacions. No s'han considerat els articles de revistes i diaris, ni els pròlegs o els capítols de llibres, fora d'algun monogràfic d'una certa entitat o d'algun títol de valor històric remarcable. Tampoc no es recullen les propostes d'activitats escolars que no tinguin un pes important d'anàlisi de llibres o altres aspectes allunyats dels suggeriments d'exercicis, així com tampoc recomanacions bibliogràfiques ni manuals d'organització i dinamització bibliotecària. S'assenyala quan els estudis són recerques universitàries. S'inclouen les tesis de les universitats sempre que no es refereixin a literatures infantils específiques d'altres llocs; es posa l'any que correspon a la seva lectura pública, no a l'aparició d'una publicació posterior, cas que hi sigui, si bé aquesta s'indica a peu de pàgina.

| Data | Autor/a | Títol | Format | Tema |
|---|---|---|---|---|
| Fins a 1939 | Pedagogs i personalitats de la cultura | | articles i ressenyes | necessitat de llibres i seleccions |
| 1960 | Pedagogs i personalitats de la cultura. | | primeres conferències, articles, enquestes, etc. | necessitat de llibres; seleccions; enquestes de lectura |
| 1964 | Escuela activa de padres | Qué libros han de leer los niños | llistats bibliogràfics | selecció |
| 1968 | Teresa Rovira | Libros infantiles en catalán 1939-1970 | capítol de llibre | història |
| 1970 | Núria Ventura | Libros infantiles en catalán 1939-1979 | tesina llicenciatura | repertori bibliogràfic |
| 1972 | Teresa Rovira i Carme Ribé | Bibliografía histórica del libro infantil en catalán | | repertori bibliogràfic |
| 1974 | Júlia Samaranch* | L'editorial Muntañola i les seves publicacions | tesina llicenciatura | edició |
| 1976 | Teresa Rovira | Influència del Noucentisme sobre la producció i difusió del llibre per a infants | tesina llicenciatura | història |
| 1977 | Seminari de literatura infantil i juvenil de l'Associació de Mestres "Rosa Sensat" | Quins llibres han de llegir els nens? | llistes bibliogràfics | selecció |
| 1979 | Gabriel Janer Manila | Literatura infantil | curs | general |
| 1980 | Xavier Fàbregas Surroca | Josep M. Folch i Torres i el teatre fantàstic | | teatre; autor |
| | Antonio Mendoza | El teatro infantil español (1875-1950). Aspectos sociales | tesina llicenciatura[1] | teatre |
| 1982 | Empar de Lanuza i F. Pérez Mondragon | Literatura infantil al País Valencià (1930-1982) | article | història |
| | Gabriel Janer Manila | Cultura popular i ecologia del llenguatge | | folklore |

*Cal agrair a Teresa González, bibliotecària de la Santa Creu, la seva col·laboració desinteressada i entusiasta en la localització d'aquest estudi.

1. MENDOZA, A. (1980): El teatro infantil español (1875-1950). Aspectos sociales. ICE Universitat de Barcelona.

| Data | Autor/a | Títol | Format | Tema |
|------|---------|-------|--------|------|
| 1984 | Gemma Lluch | Les rondalles meravelloses d'Enric Valor: anàlisi estructural i comparativa | tesina de llicenciatura[2] | folklore |
| | Francesc Cubells | El llibre català per a infants i adolescents: evolució i tendències | article | narrativa actual |
| 1985 | Enric Larreula | Les revistes infantils catalanes de 1939 ençà | tesina de llicenciatura[3] | revistes |
| | Consell Català del llibre per a infants | Revista Faristol | | diversos |
| 1986 | Ramon Besora i Mercè Fluvià | La rondalla a l'escola | | folklore; propostes escolars |
| | Gabriel Janer Manila | Pedagogia de la imaginació poètica | | teoria; folklore |
| 1987 | A. Barrio i altres | Del plaer de llegir al joc d'escriure | | propostes escolars |
| 1988 | Teresa Rovira | La literatura infantil i juvenil | article d'enciclopèdia | història |
| | Lola Casas Jordi Centellas | Jo llegeixo: una experiència de biblioteca d'aula | | propostes escolars |
| 1989 | Escola Costa i Llobera | El gust per la lectura | | recepció; propostes escolars |
| | Ramon Bassa | Literatura infantil, missatge educatiu, intervenció socioeducativa (1939-1985) | tesi doctoral[4] | valors |
| 1990 | Carles Garcia i Gemma Lluch (ed) | Teoria i pràctica al voltant de la literatura per a infants i joves | actes | diversos |
| | Mònica Baró, Teresa Mañà i Anna M. Roig | Les biblioteques a les escoles públiques de Catalunya | | biblioteques |

2. LLUCH, G. (1988): De princeses i d'herois. La rondallística. València: Conselleria de Cultura.
3. LARREULA, E. (1985): Les revistes infantils catalanes del 1939 ençà. Barcelona: Edicions 62.
4. BASSA, R. (1994): Literatura infantil catalana i educació (1939-1985). Palma de Mallorca: UIB-Fundació Barceló. BASSA. R. (1995): Literatura infantil, missatge educatiu, intervenció socioeducativa. Mallorca: Ed. Moll-Conselleria de Cultura.

| Data | Autor/a | Títol | Format | Tema |
|------|---------|-------|--------|------|
| 1992 | D.A. | Literatura infantil i juvenil a Mallorca *Lluc 770* | monogràfic | història |
| 1993 | Montserrat Castillo | *Grans il·lustradors catalans* | tesi doctoral[5] | il·lustració |
| 1994 | D.A. | *La literatura infantil i juvenil. Temps d'educació* | monogràfic | diversos |
|      | Antonio Mendoza i Cèlia Romea (ed) | *La literatura infantil i juvenil: de la lectura a la creació literària* | actes | diversos |
|      | Caterina Valriu | *Influències dels contes populars en la literatura infantil i juvenil catalana actual (1975-1985)* | tesi doctoral[6] | folklore; narrativa actual |
|      | Caterina Valriu | *Història de la literatura infantil i juvenil catalana* | | història |
| 1995 | Gabriel Janer Manila | *Literatura infantil i experiència cognitiva* | | teoria |
|      | Teresa Colomer | *La formació del lector literari a través de la literatura infantil i juvenil* | tesi doctoral[7] | teoria; narrativa actual |
|      | Gemma Lluch | *El lector model en la narrativa infantil i juvenil actual* | tesi doctoral[8] | teoria; narrativa actual |
|      | Gemma Lluch i Rosa Serrano | *Noves lectures de les rondalles valencianes* | | folklore; propostes escolars |
|      | M. Àngels Ollé | *L'obra publicada de M. Angels Ollé. Evolució de les funcions del conte* | tesi doctoral | autor |
|      | Teresa Duran i Roser Ros | *Primeres literatures. Llegir abans de saber llegir* | | folklore; edats destinataris |
| 1996 | Gabriel Janer Manila | *Com una rondalla: els treballs i la vida de Mossèn Alcover* | | folklore; autor |

5. CASTILLO, M. del (1997): *Grans il·lustradors catalans*. Barcelona: Barcanova-Biblioteca de Catalunya.
6. VALRIU, C. (1998): *Influència de les rondalles en la literatura infantil i juvenil catalana actual*. Mallorca: Ed. Moll.
7. COLOMER, T. (1998): *La formació del lector literari*. Barcelona: Barcanova (trad. cast. Colomer T. (1998): *La formación del lector literario. Narrativa infantil y juvenil actual*. Madrid: Fundación Germán Sánchez Ruipérez).
8. LLUCH, G. (1998): *El lector model en la narrativa per a infants i joves*. Bellaterra: Universitat Autònoma de Barcelona.

| Data | Autor/a | Títol | Format | Tema |
|---|---|---|---|---|
| 1996 | Mònica Baró | Editorial Joventut. Llibres infantils i juvenils (1926-1939) | tesina llicenciatura | edició |
| 1998 | Josep M. Aloy | Camins i paraules. Josep Vallverdú l'escriptor i l'home | | autor |
| | Miquel Rayó | Educació ambiental i llibres per a infants i joves | | propostes escolars |
| | I Congrés de la LIJ catalana | Ponències | actes | anàlisi actual |
| | Sebastià Alzamora | Gabriel Janer Manila. L'escriptura i el foc | | autor |
| 1999 | D.A. | "Literatura infantil i juvenil avui" Vela Major | monogràfic | anàlisi actual |
| | Teresa Colomer | Introducción a la literatura infantil y juvenil | | general |
| 2000 | Gemma Lluch (ed) | De la narrativa oral a la literatura per a infants | | folklore |
| | P.A.U. | La biblioteca ideal europea. Els nens i les nenes opinen sobre cent llibres | | recepció |
| | Teresa Duran, Anna Gasol, Marta Luna | Tipologia dels protagonistes de la literatura infantil | (en premsa) | anàlisi personatges |
| | Montserrat Castillo | Lola Anglada o la creació d'un paradís propi | | autor; il·lustració |
| 2001 | Núria Obiols | Ilustración y valores en la literatura infantil | tesi doctoral | I·lustració; valors |
| | Teresa Duran | Els suports narratius de la literatura infantil | tesi doctoral | I·lustració; gènere |
| | Pere Martí | Base de dades d'editorials sobre col·leccions infantils i juvenils | | edició |

243

# 7.2. FONTS D'INFORMACIÓ SOBRE LITERATURA INFANTIL I JUVENIL CATALANA (1964-2000)

TERESA MAÑÀ
*(Universitat de Barcelona)*

S'ofereix aquí un repàs dels repertoris bibliogràfics i altres obres de referència sobre llibres i revistes infantils, des de l'any 1964, data d'inici de les publicacions d'aquest tipus. Aquest repàs no pretén ser exhaustiu sinó útil i, per tant, s'ha intentat, sobretot, presentar aquells instruments que, ja sigui per trobar-se més a l'abast o pel valor del seu contingut, poden tenir més rendiment per als interessats en aquesta temàtica.

## 1. Repertoris bibliogràfics

La investigació i divulgació de la literatura infantil i juvenil catalana manca encara de molts instruments bàsics per al seu estudi. Una de les eines essencials són les bibliografies que permeten la tasca d'identificar les obres: saber què i quan s'ha publicat un títol és la base de les investigacions de caràcter històric però, a la vegada, conèixer aquestes dades ajuda a fonamentar altres estudis com l'evolució d'autors i gèneres o la recepció de les obres estrangeres. Per dur a terme aquesta feina disposem de diferents repertoris bibliogràfics (diferents en la tipologia, en la selecció de materials, en el mètode de treball, en l'objectiu que es proposen, en el període que abasten...) que analitzarem tot seguit.

En aquesta revisió de les fonts d'informació bibliogràfica s'han exclòs aquelles aportacions publicades en la premsa periòdica pel seu caràcter divers i dispers (hi ha seleccions bibliogràfiques que acompanyen articles d'opinió o balanços anuals de producció; d'altres són ressenyes o crítiques de títols). Així, només farem esment de les bibliografies publicades com a obres independents ja siguin d'àmbit general –amb inclusió, evidentment, de literatura infantil i juvenil– o d'àmbit específic. En el cas de les bibliografies generals hem considerat únicament aquelles publicades a Catalunya. També s'han exclòs els catàlegs de les editorials pel seu caràcter comercial, encara que en algun cas –l'editat per La Galera en commemoració dels seus 25 anys d'existència, per exemple– resulta una obra de referència excel·lent.

## 1.1. Bibliografies generals

En el camp de bibliografies generals considerem aquelles que incloen llibres de totes les àrees del coneixement entre les quals es troben els destinats al públic infantil. És evident que un repertori d'aquest tipus no pretén mai tenir un caràcter exhaustiu sinó que respon a uns criteris de selecció de qualitat i varietat. La primera obra d'aquest tipus que podem citar és la *Bibliografia bàsica per a biblioteques públiques* (1982), elaborada amb l'objectiu de servir d'"instrument de consulta i eina de treball" per tal de facilitar la tria i adquisició de llibres a les biblioteques ofegades en el gran volum de producció editorial. En aquesta bibliografia es proposa un nucli de llibres de cada matèria considerats bàsics per fornir una biblioteca ideal moderna.

D'aquestes bibliografies, se'n van fer, com es pot observar en la relació annexa que acompanya l'article, dues edicions i un annex. En totes elles, la selecció de llibre infantils va estar a càrrec de Concepció Carreras (llibres sobre literatura infantil i llibres de coneixements) i Núria Ventura (llibres de ficció). S'hi recullen llibres en català i en castellà que estiguin en venda. Les notícies bibliogràfiques que s'inclouen en aquesta primera edició no indiquen any de publicació ja que pel caire dinàmic de l'obra s'entenia que sempre cal adquirir la darrera edició, però en la segona edició (1987) es modifica el criteri i s'afegeix aquesta dada.

En la selecció de títols sobre literatura infantil i juvenil, hi trobem aquells indispensables estrangers, ja sigui traduïts al català –el manual de Sara Cone Bryant– o al castellà –Bettelheim, Hürlimann, Propp, Rodari. De producció original en català només trobem *Setzevoltes*, un recull de contes per narrar; en la segona edició incorporen una nova obra de referència, el *Catàleg d'il·lustradors catalans* (1984), a mes d'altres manuals sobre la narració i l'escriptura de contes. Aquest panorama és representatiu de la penúria d'aquell moment pel que fa a obres sobre literatura infantil i juvenil.

Les bibliografies sobre literatura infantil i juvenil es recullen en un altre apartat on no hi falta la selecció *Quins llibres* (citat a la 1a i 2a edició) a més d'altres títols específics com *Llibres infantils, juvenils i didàctics en català*, però sorprèn l'absència de l'obra de Rovira i Ribé (1972) que no s'incorpora fins al volum d'annex (1983). En l'apartat dedicat a llibres infantils, les notícies que s'hi inclouen ens permeten verificar algunes dates, però no serveixen com un catàleg (no hi ha traductor, ni il·lustrador); en canvi, sí que poden donar-nos molta informació sobre la producció editorial (autors, col·leccions, gèneres, destinataris).

En aquests repertoris bibliogràfics s'hi va afegir *Obres de referència* (1990), una eina de treball per configurar una secció que permeti respondre d'una manera ràpida i concreta a una qüestió, generalment una dada (amb bibliografies, directoris, diccionaris, anuaris, guies...). En aquesta publicació la literatura infantil i juvenil tenia un apartat propi, en què, com es pot suposar, les obres de referència específiques de llibre infantil català eren escasses tal com corresponia a la situació incipient d'aquesta matèria: la bibliografia històrica de Rovira i Ribé; tres bibliografies de llibre infantil en català; catàlegs d'editorials; dos directoris d'autors, un d'il·lustradors i un estudi sobre les revistes. En veure aquesta relació es pot observar la dispersió de temàtiques i la diversitat de graus d'aprofundiment que presentaven les obres de referència. A més, en alguns casos les propostes que es fan corren el perill de facilitar una informació del tot desfasada (per exemple, el *Catàleg d'il·lustradors* del 1984 o la *Guia d'autors* del 1982). A causa dels anys transcorreguts des de l'edició d'aquest volum sobre obres de referència, la seva consulta té sentit per als estudis històrics però, és evident, avui en dia, que no respon a la funció per a la qual va ser elaborada ja que aquest tipus d'obres requereixen una actualització constant.

Actualment, la necessitat d'una informació recent, selectiva i regular sobre les novetats editorials, és coberta pel Servei de Biblioteques de la Generalitat de Catalunya a través de la publicació trimestral, *Bibliografia selectiva novetats* (1992-) una selecció bibliogràfica que inclou un apartat per al llibre infantil, tant d'imaginació com de coneixements. Les referències són molt completes i incorporen també una breu ressenya de contingut. Aquesta bibliografia es distribueix impresa i també està  disponible a Internet: http://cultura.gencat.es/biblio/bibliog.htm. Periòdicament, surten actualitzacions sobre temes monogràfics, com les que citem en l'apartat de bibliografies especialitzades relatives a novel·les juvenils i a llibres infantils de coneixements.

També podem considerar dins d'aquest apartat, la base de dades *Traces* creada pel Departament de Filologia Catalana de la Universitat Autònoma de Barcelona, que recull la informació relacionada amb la filologia catalana en les seves diferents disciplines (llengua, literatura, teoria lingüística, teoria literària, crítica literària i traducció al català). S'elabora a partir d'un buidatge sistemàtic de la bibliografia publicada sobre la matèria (monografies, miscel·lànies, revistes literàries i culturals, premsa periòdica, tesis, etc.) i es pot consultar a través de Consorci de Biblioteques Universitàries a l'adreça <http://www.cbuc.es/llc/>.

## 1.2. Bibliografies especialitzades

En el camp dels repertoris bibliogràfics d'obres destinades al públic infantil hem de distingir-ne dos tipus: aquells que tenen una intenció exhaustiva, de recollir tot allò que s'ha publicat en un espai de temps determinat; i les selectives, que recullen només una part de la producció, en funció dels anys, les temàtiques, un gènere... Com podem suposar, les bibliografies selectives són més abundants, tant perquè la feina no resulta tan laboriosa com perquè no requereix ser constant en la publicació.

### Bibliografies exhaustives

La literatura infantil i juvenil catalana disposa de dos reculls bibliogràfics exhaustius, que han estat àmpliament citats per tots els que ens hem dedicat a aquest camp i que entre tots dos ens permeten la possibilitat d'identificar cadascun dels llibres infantils publicats en català fins a l'any 1975. L'obra de Teresa Rovira i Carme Ribé, *Bibliografía histórica del libro infantil en catalán* (1972), publicada en castellà, recull d'una manera rigorosa, completa i fidel tots els llibres publicats en català, des d'inicis de segle fins a l'any 1939. A més dels llibres, s'inclou per a goig de l'investigador, el buidat d'articles de publicacions periòdiques referides a llibre infantil, des de 1868 fins a la guerra. La data de tancament es justifica, a part del trencament cultural provocat per l'adveniment del franquisme, perquè les autores consideren que la producció posterior ja es recull, i citen, entre altres fonts, la tesina presentada per Núria Ventura a l'Escola de Bibliotecàries, *Libros infantiles en catalán: bibliografía 1939-1970* (1970). Tot i que aquest treball és inèdit i només es pot consultar en determinats centres és l'altre, i únic, repertori bibliogràfic, amb què podem comptar. De menys envergadura que l'anterior, recull només llibres, i inclou breus notes biogràfiques d'alguns autors i il·lustradors. En un intent de recollir definitivament tots els llibres infantils de l'època del franquisme, fruit d'un ajut d'investigació de la Institució de les Lletres Catalanes, qui signa féu la cerca de dades bibliogràfiques dels darrers cinc anys que mancaven (*Llibre infantil en català: 1971-1975*), modest treball que reposa en algun arxiu de l'Administració. De tota manera, els treballs que existeixen sobre la literatura infantil en el període franquista pressuposen la recollida d'aquestes dades ja que es basen en aquesta producció. Fóra, però, interessant posar a l'abast dels investigadors la base de dades bibliogràfica de tots aquests anys per tal de facilitar la consulta bibliogràfica de tot el període.

L'objectiu d'exhaustivitat es troba també en els catàlegs de l'INLE (Instituto Nacional del Libro Español), organisme públic creat el 1939 amb la finalitat de promoure i controlar l'edició de llibres. Aquest organisme, substituït el 1986 pel Centro del Libro y de la Lectura del Ministerio de Cultura, edità a partir de 1967 fins a 1986 les bibliografies de llibres en català en les quals s'incloïa també el llibre infantil. L'any 1979, el tradicional catàleg *Llibres en català* "té un fillol", com diu el pròleg, amb un catàleg específic de llibres destinats al públic infantil: *Llibres infantils, juvenils i didàctics en català*. Aquest catàleg, sorgit com a instrument per als docents que requerien materials en català arran del decret d'ensenyament obligatori del català a l'escola, tingué una continuació –i final– amb el de l'any 1980. Aquestes dues bibliografies, amb unes fitxes i uns índexs molt complets, ens permeten recuperar dades de llibres editats molts anys abans, ja que recollia tots aquells títols que es trobaven a la venda en aquell moment.

També hem de recordar, malgrat que els articles de revista no s'han considerat en el nostre treball, que a la revista *Serra d'Or*, des de l'any 1967 fins al 1996, Aurora Díaz-Plaja hi publicà articles de crítica i presentació de novetats però la intenció de l'autora no era fer una bibliografia sinó comentar el panorama d'obres; en canvi, sí que s'ha de tenir com a font la secció de la mateixa revista, "Bibliografia catalana recent", publicada del 1973 fins al 1998, i que contenia un epígraf dedicat al llibre infantil. Tot i tenir una intenció d'exhaustivitat, aquest recull bibliogràfic resulta incomplet ja que en aquell moment no es disposava dels instruments òptims per a fer aquest tipus de recerca.

## *Bibliografies selectives*

Les bibliografies selectives de literatura infantil i juvenil amb què comptem responen a diferents intencions: temàtica, edat, gènere... Entre aquestes, *Quins llibres...?* és, a hores d'ara, la bibliografia selectiva corrent que ha tingut una vida més llarga. El precedent es troba en la publicació *Qué libros han de leer los niños?* (1964), selecció de lectures elaborada pels pares i els mestres de dues escoles actives de

Barcelona que a partir d'aquella data van seguir treballant en la lectura i selecció de llibres per als nens. Aquests primers fullets volien ser més que una llista de referències bibliogràfiques i contenien indicacions sobre la tria de lectures i els gustos dels nens. Com es pot suposar, els títols en llengua catalana són escassíssims; també n'hi ha en francès seleccionats, malgrat la llengua estrangera, "por la calidad extraordinaria de su ilustracion concebida para la educación del lector", tots ells de l'editorial Flammarion. En català, hi trobem els primers títols publicats per editorials pioneres com La Galera, Estela, Aymà, i títols romanents en velles edicions de l'editorial Joventut. La selecció, agrupada per edats i amb indicació temàtica, ens permet veure el desolat panorama d'aquells anys, tant en català com en castellà, però no ajuda a la identificació de les obres ja que les fitxes dels llibres contenen només autor, títol, editorial i col·lecció.

El Seminari de Bibliografia Infantil de l'Associació de Mestres Rosa Sensat, format per mestres i bibliotecaris, prengué el relleu des del 1969 amb l'elaboració del fullet *Quins llibres han de llegir els nens?*, una selecció bibliogràfica que apareixia regularment en les dates de Sant Jordi i Nadal, editada en col·laboració amb la cooperativa Abacus que els distribuïa gratuïtament. Amb aquest mateix títol, però, com a llibre, es publica per primera vegada el 1977, recollint les bibliografies anteriors, i amb aquest mateix criteri acumulatiu se'n publiquen tres volums més (1985, 1989, 1994). Des del 1994, la bibliografia s'ha continuat publicant només en els fullets, ara trimestrals amb l'augment d'un número de tardor que coincideix amb l'inici de curs escolar. Aquesta publicació ha mantingut una estructura similar des de la seva creació amb petites modificacions: l'agrupació de llibres per edats ha passat de ser per a cada any a grups de dos anys (de 8 a 10, de 10 a 12), s'ha ampliat fins a més grans de 16 amb l'aplicació de la secundària, ha incorporat el preu... S'hi troben llibres en català i castellà; les referències no són del tot completes –per exemple, la inclusió de l'any d'edició permetria detectar les reedicions– però suficients per a la funció d'aquest repertoris, útil per a la recomanació i tria de llibres per part de bibliotecaris i mestres.

En l'actualitat, a més, les referències bibliogràfiques –només des de l'any 1989– de *Quins llibres han de llegir els nens?*, es poden recuperar a través de la web <http://www.xtec.es/recursos/ lit_inf/cataleg/>. En aquesta web, les notícies entrades a partir de 1996, entre les quals es poden trobar també les notícies de llibres de coneixements elaborades pel Servei de Biblioteques escolars "l'Amic de Paper", disposen, a més, de resum i alguna imatge. La cerca permet localitzar els llibres per autor, títol, col·lecció, data i determinats escriptors però no permet seleccionar llibres en llengua catalana (perquè no és un camp de les matèries) o d'un any en concret (perquè dóna massa quantitat de registres i cal restringir la cerca).

En la llarga història d'aquesta publicació hi ha hagut, a més, altres productes derivats: una edició en suport disquets (1993) en els orígens de les aplicacions informàtiques, una selecció amb diferent format i il·lustrada (1994) que incloïa mil títols triats de les seleccions anteriors, i els fullets *Tria* (1989). Aquesta darrera publicació consistia en una selecció de 30-40 títols d'entre les novetats aparegudes durant l'any i que el Seminari considerava especialment aconsellats per utilitzar a l'escola. La llista incloïa llibres en català i castellà i, a més de la citació bibliogràfica molt completa, afegia ressenyes de cadascun dels llibres amb l'objectiu de donar a conèixer més a fons uns determinats títols.

Donar suport a l'ensenyament és la finalitat de molts dels repertoris bibliogràfics que ressenyem. Entre les bibliografies, cal fer una menció especial a la publicació *Guia de lectura* (1982), fruit del treball voluntariós i abundant d'Aurora Díaz-Plaja. Aquesta obra té dues parts diferenciades que responen a utilitats diferents. D'una banda, a la manera de les guies de lectura, presenta una selecció de llibres agrupats sota els diferents temes que tracten: adolescència, Àfrica, aigua... En una segona part, l'autora recull les crítiques i ressenyes escrites per ella en les publicacions periòdiques *Serra d'Or* i *Rodamon* ordenades per autor. Una obra única en el seu plantejament i que, en el seu moment, representava una eina molt útil per a l'escola.

Un altre molt bon exemple de publicació nascuda arran de les necessitats de l'escola el tenim en l'obra *La Literatura infantil i juvenil: elements per a un programa de lectura als centres* (1992), repertori elaborat per la Conselleria de Cultura del País Valencià que explicita clarament en el subtítol la raó de ser de la publicació. Aquesta obra inclou, a més de les obres disponibles al mercat en aquella data agrupades per edats, una relació d'aquelles altres obres recents exhaurides i que en qualsevol moment poden ser reeditades: és a dir, resulta una bibliografia gairebé exhaustiva d'un període –els anys 80– de la literatura per a infants i joves en valencià. La informació sobre els llibres és molt completa (les dades bàsiques imprescindibles s'acompanyen de la reproducció de la coberta, resum argumental, format, tipus d'enquadernació, nombre de pàgines...). L'obra, a més, conté un catàleg d'escriptors i d'il·lustradors amb la qual cosa possibilita un altre ús per a la cerca d'informació sobre autors. En l'apartat d'annexos incorpora informació útil sobre persones i col·lectius que treballaven en l'animació a la lectura, editorials i entitats relacionades amb aquest camp.

Les biblioteques han fet, també, una tasca constant de promoció a través de les "guies de lectura", material efímer i de distribució molt local. Com a publicació col·lectiva i amb una difusió més àmplia podem esmentar *Llegir, una aventura* (1997), fullet editat paral·lelament a un saló de llibre com una iniciativa puntual de l'Institut de Cultura de Barcelona. El fullet contenia un centenar de contes i novel·les recents –dels anys noranta– agrupats per edats i disponibles a les biblioteques. Es distribuí d'una manera gratuïta i pretenia servir de guia per a pares i bibliotecaris en la tria de les lectures dels infants i joves a les biblioteques.

## *Bibliografies temàtiques*

Algunes bibliografies que podem usar en els nostres estudis són repertoris que, a més de fer una tria del que s'ha publicat, seleccionen en funció d'un tema o d'una característica determinada, és a dir, bibliografies temàtiques.

Com hem esmentat abans, el Servei de Biblioteques de la Generalitat elabora puntualment alguna bibliografia temàtica dins de la sèrie de Bibliografia selectiva. En els darrers temps, n'ha publicat dues que poden ser del nostre interès: *Infantil Coneixement* (1998) i *Novel·la juvenil* (2000). La primera ens interessa citar-la com a excepció, atès que la majoria de seleccions bibliogràfiques es limiten a la ficció o, si es tracta de llibres infantils, redueixen la part de coneixements a la mínima expressió. La selecció de novel·les juvenils pretén oferir una eina de lectures bàsiques i disponibles al mercat, escollits amb uns criteris de qualitat. La tria conté més de quatre-cents títols en català i castellà agrupats per llengua d'origen (novel·la anglesa, holandesa, castellana...) ja que aquesta és la classificació pròpia per a la ficció d'aquestes bibliografies selectives. Aquesta ordenació obliga a fer la consulta de les fitxes, en què no manca cap dada, a través dels índexs.

El *Consell del Llibre per a Infants i Joves*, des de l'any 1992, elabora una bibliografia temàtica que acompanya l'exposició de la Setmana o Saló del llibre que se celebra anualment. Alguns dels temes responen a commemoracions d'autors (La Fontaine, 1995; Perrault, 1997); d'altres, responen a temàtiques de demanda constant per part de mestres i bibliotecaris (tolerància i diversitat 1992; llibres de por, 1993; ecologisme, 1996; igualtat de sexes, 1998). Aquestes bibliografies que inclouen indistintament títols en català i castellà són de caràcter retrospectiu, amb les dades imprescindibles per identificar un llibre i un breu comentari. Tenen interès per la selecció temàtica, tot i que, de vegades, els límits són difosos a causa de la quantitat de títols que incorporen.

## Catàlegs d'exposicions

No hem d'oblidar, en aquest repàs de fonts d'informació, els catàlegs d'exposicions que contenen tant dades bibliogràfiques com d'altres informacions d'utilitat. Sobre llibre infantil català disposem de tres catàlegs, recull de la mostra bibliogràfica de tres exposicions.

Les dues primeres, els anys 1976 i 1982, tingueren lloc a la Internationale Jugendbibliothek de Munic, biblioteca especialitzada amb seccions per a diferents llengües que és un referent per a tothom que es dedica a aquest tema. En el catàleg de *Libros infantiles y juveniles en España 1960-1975,* on es pretén donar una panoràmica dels llibres publicats en les diferents llengües del país (català, castellà, gallec i basc), hi trobem no solament una àmplia selecció de llibres d'autor català sinó també una extensa bibliografia sobre llibre infantil que, malgrat algunes incorreccions, és una bona mostra retrospectiva de les publicacions espanyoles en aquest camp i en aquell moment. La segona exposició es féu l'any 1982 i va ser promoguda pel Departament de Cultura de la Generalitat. En aquesta ocasió, l'exposició es titulà *Llibres infantils i juvenils en llengua catalana 1976-1982* i, cronològicament, enllaça amb l'anterior. Les obres s'agrupen en dues parts: obres originals i obres traduïdes, i cadascuna se subdivideix en llibres d'imaginació i en llibres de coneixements, i segons els diferents nivells d'edat lectora; entre els apèndixs té un interès relatiu un reduït apartat dedicat a bibliografia sobre literatura infantil i la relació de diaris i revistes que en aquell moment publicaven crítiques i a càrrec de qui. El darrer catàleg que comentem és fruit d'una exposició organitzada per la Fundación Germán Sánchez Ruipérez, l'any 1991. Sota el títol de *Mediterráneos* mostrà a la seva seu una abundant selecció de llibres infantils d'imaginació, coneixements i còmics que es recullen en el catàleg corresponent i donen una sobrada informació de la producció dels anys vuitanta.

Pel que fa a les revistes només comptem amb el catàleg *La revista infantil en Barcelona* (1964), fruit d'una exposició a la Biblioteca de Catalunya aquell mateix any, que recull més de 200 revistes des de les primeres publicades en castellà (*La Infancia* de 1867 fins a l'actual *Cavall fort*), totes elles amb una descripció molt acurada.

## 2. Directoris d'escriptors, il·lustradors i premis

Saber quin any va néixer un escriptor, quan va començar a publicar un il·lustrador, o qui va guanyar un premi un any determinat són, de vegades, dades tan indispensables en l'estudi de la literatura infantil i juvenil com les que es refereixen als llibres. Pel que fa a l'àrea catalana, però, les obres que ens faciliten aquest tipus d'informacions ràpides i precises són bastant escasses.

Pel que fa als escriptors, hem de remetre'ns al *Qui es qui* (1991), directori exhaustiu que recollia tot escriptor viu en aquell moment i que hagués publicat almenys una obra. L'obra, accessible també en línia <http://cultura.gencat.es/ilc/qeq/index.asp>, permet localitzar entre els autors catalans aquells que s'han dedicat al llibre infantil. Cada escriptor té una breu biografia i una relació completa i acurada de la seva bibliografia. Aquest directori ens permet disposar tant de dades sobre les autores pioneres d'aquest gènere (Amèlia Benet, Montserrat Mussons...) com de dades posades al dia dels escriptors que han continuat publicant regularment al llarg dels anys. Anteriorment, només en l'antologia d'escriptors i il·lustradors *Quaranta i quaranta* (1979) s'hi podien trobar aquestes informacions.

Alguns il·lustradors catalans tenien també entrada en aquesta darrera obra citada i, posteriorment, en el *Catàleg d'il·lustradors de llibre infantil en català* (1984). Aquesta obra conté, en una primera part, les notes biogràfiques dels il·lustradors d'abans de la guerra, a la qual segueixen les fitxes dels il·lustradors actius en aquell moment. L'obra, desfasada com totes aquelles que recullen la informació del moment, ofereix en canvi valuoses referències sobre alguns artistes que fa temps van deixar aquesta dedicació (a banda de la sorpresa de veure'n les fotos on, en alguns casos, gairebé no es poden reconèixer). Per a l'estudi dels il·lustradors d'abans de la guerra, remetem a l'obra de Montserrat Castillo *Grans il·lustradors catalans del llibre per a infants* (1997), que aprofundeix en l'obra dels grans noms (Junceda, Anglada...) en aquest estudi erudit que permet també la consulta.

Quant als premis, Aurora Díaz-Plaja n'elaborà una primera relació, *Los premios de literatura infantil y juvenil* (1965), a la qual afegí, l'any 1976, un suplement mecanografiat amb la informació posada al dia. La majoria de les dades que inclou es poden recuperar en altres publicacions posteriors actualitzades, però la seva consulta ens proporciona dades curioses com ara l'existència del premi Cadete, de l'editorial Mateu, entre els anys 1961 i 1966, adjudicat per un jurat infantil. En català, però, només hi consten el premi *Folch i Torres* i el premi *Joaquim Ruyra* ja que eren, com tots sabem, els únic premis d'aquell moment.

El *Consell Català del Llibre per a Infants* impulsà l'edició de *Premis de llibre infantil i juvenil editats a Catalunya (1985-1995)* per divulgar les obres premiades durant un període de temps. Hi podem trobar tant els premis a l'obra publicada com a l'obra inèdita en unes fitxes que inclouen: característiques del premi, relació dels premiats i resum de l'obra. Hi consten tots els premis a obres en català –excepte el cas que alguna editorial convoqués en aquesta llengua i edités fora de Catalunya– i tots aquells que permeten la presentació d'originals en qualsevol llengua de l'Estat, sempre que s'editin aquí.

Atesa aquesta escassesa de materials, tant pel que fa als premis, com per als escriptors o il·lustradors en actiu o amb obra publicada en aquest anys, ens hem de remetre forçosament als directoris elaborats per l'activa *Asociación de Amigos del Libro Infantil y Juvenil*.

## 3. Revistes

A Catalunya, es disposa de dues publicacions periòdiques especialitzades de diferent abast i llengua. En un sentit estricte, ens pertocaria parlar exclusivament de *Faristol*, la revista del Consell Català del Llibre per a Infants i Joves, editada en llengua catalana i dedicada al llibre infantil català. El primer número es publicà l'any 1985 i ja des de l'inici entre les seves seccions incloïa un apartat de ressenyes sobre obres originals i traduccions. A partir del número 31 (setembre 1998), la secció passa a denominar-se "Comentaris crítics" i restringeix l'atenció a la producció catalana mentre que les traduccions són simplement esmentades en un requadre a part. A més de les obres per al públic infantil, també són motiu d'atenció les esporàdiques obres catalanes que es publiquen sobre aquest tema. Malgrat la seva dilatada aparició –només tres númeors l'any i de vegades d'una manera irregular– cal reconèixer la seva vàlua com a única publicació que ens permet seguir la bibliografia recent d'autor català.

L'altra revista que volem esmentar és *CLIJ: Cuadernos de Literatura Infantil y Juvenil*, amb seu a Barcelona, però que s'edita en castellà, publicada per primer cop el desembre de 1988. En la secció dedicada a les novetats d'aquesta revista, hi podem trobar ressenyes de llibres de tots tipus (imaginació, coneixements, còmic i obres per als especialistes) i en totes les llengües de l'Estat. De publicació mensual, resulta un instrument imprescindible per estar al dia. D'altra banda, els sumaris de la revista es poden consultar en línia a través del servei de sumaris electrònics del Consorci de Biblioteques Universitaries (CBU) <http://sumaris.cbuc.es/02144123.htm>

## 4. Conclusió

A tall de conclusió, podem apuntar:

1. La majoria de repertoris bibliogràfics i altres obres de referència es publiquen els anys vuitanta a causa de les necessitats escolars, l'interès institucional de recuperació de la cultura catalana i l'eufòria editorial.

2. No disposem de cap obra de prou envergadura que permeti trobar informació ràpida sobre aspectes relacionats amb la literatura infantil i juvenil, i en alguns temes (personatges de contes, editorials) no disposem de cap material d'estudi ni de referència.

3. Moltes de les obres contenen dades obsoletes i només tenen utilitat per a l'estudi històric ja que no s'ha dut a terme la seva actualització (revistes infantils tancades al 1985, premis al 1995, il·lustradors de llibre infantil en català del 1984…).

4. La informació sobre llibre infantil català retrospectiva o actual s'ha de consultar en les obres que inclouen tot l'Estat espanyol. No és cap inconvenient si està tractada amb igualtat de condicions i el rigor suficient, però tots tenim presents casos com el *Diccionario de Autores* (1985) de Carmen Bravo Villasante que transcriu els títols erròniament i a l'escriptor Folch i Torres només li dóna any de naixement.

## *Obres citades*

1. Bibliografies

*1.1. Bibliografies generals*

*Bibliografia bàsica per a biblioteques públiques.* Barcelona: Generalitat de Catalunya. Departament de Cultura i Mitjans de Comunicació, 1982. XXIV, 292.

*Bibliografia bàsica per a biblioteques públiques.* 2a.ed. Barcelona: Generalitat de Catalunya. Departament de Cultura, 1987. 388 p.

*Bibliografia bàsica per a biblioteques públiques. Annex 1.* Barcelona: Generalitat de Catalunya. Departament de Cultura, 1983. XII, 76 p.

*Bibliografia selectiva. Novetats.* Barcelona: Generalitat de Catalunya. Departament de Cultura, [1992?]. Trimestral. Accessible també en línia: http://cultura.gencat.es/biblio/bibliog.htm

*Obres de referència per a biblioteques públiques.* Barcelona: Generalitat de Catalunya. Departament de Cultura, 1990. XV, 128 p.

*Traces* [en línia]: llengua i literatura catalanes. Universitat Autònoma de Barcelona. Departament de Filologia Catalana. [Barcelona]: Consorci de Biblioteques Universitàries de Catalunya. <http://www.cbuc.es/llc/>

## 1.2. Bibliografies especialitzades

### Exhaustives

*Llibres infantils, juvenils i didàctics en català: 1979.* Barcelona: Associació d'Editors en Llengua Catalana; Gremi d'Editors de Catalunya: I.N.L.E., 1979. 160 p.

*Llibres infantils, juvenils i didàctics en català: 1980.* Barcelona: Associació d'Editors en Llengua Catalana; Gremi d'Editors de Catalunya: I.N.L.E.,1981. 209 p.

ROVIRA, Teresa; RIBÉ, Carme. *Bibliografía histórica del libro infantil en catalán.* Madrid: ANABA, [1972]. 160 p.

VENTURA, Núria. "Libros infantiles en catalán: bibliografía 1939-1970". Treball de final de carrera de l'Escola de Bibliotecàries, 1970.

### Selectives

DÍAZ-PLAJA, Aurora. *Guia de lectura: una eina de treball per als mestres entorn dels llibres infantils publicats en català.* Barcelona: CEAC, 1982. 287 p.

*La literatura infantil i juvenil: elements per a un programa de lectura als centres.* València: Conselleria d'Educació i Ciència, 1992. 284 p. (Suport a l'ensenyament en valencià; 6)

*Llegir, una aventura: les biblioteques de Barcelona al vostre servei.* Barcelona: Ajuntament de Barcelona: Institut de Cultura, 1997. 9 f.

*¿Qué libros han de leer los niños?* Escuela Activa de Padres. Selección elaborada y experimentada en las escuelas Talitha y Costa i Llobera. Barcelona: [s.n.], 1964. 67 p.

*Quins llibres han de llegir els nens?* [fitxer informàtic]. Seminari de Bibliografia Infantil de

l'Associació de Mestres Rosa Sensat. Barcelona: l'Associació, 1993-1995. 2 disquets.
*Quins llibres han de llegir els nens?* Seminari de Bibliografia Infantil de Rosa Sensat. Barcelona: Rosa Sensat, 1977. 181 p.
*Quins llibres han de llegir els nens?: Nadal 1981 - Sant Jordi 1985.* Seminari de Bibliografia Infantil de l'Associació de Mestres Rosa Sensat. Barcelona: Rosa Sensat, 1985. 171 p.
*Quins llibres han de llegir els nens?: Nadal 1985 - Sant Jordi 1989.* Seminari de Bibliografia Infantil de l'Associació de Mestres Rosa Sensat: Barcelona: Rosa Sensat, 1989. 148 p.
*Quins llibres...?: selecció de llibres infantils i juvenils: Nadal 1989-Sant Jordi 1993.* Seminari de Bibliografia Infantil i Juvenil de l'Associació de Mestres Rosa Sensat. Barcelona: l'Associació, 1994. 187 p.
*Quins llibres...?: selecció de llibres per a la lectura infantil i juvenil.* Seminari de Bibliografia Infantil i Juvenil de l'Associació de Mestres Rosa Sensat. Dibuixos Werner Thöni. Barcelona: Rosa Sensat. La Caixa: Fundació Propedagògic, 1994. 72 p.
*Tria.* Seminari de Bibliografia Infantil de l'Associació de Mestres Rosa Sensat. Barcelona: Abacus, 1989-1994. Anual. 6 fullets.

*Temàtiques*
*Bibliografia selectiva. Infantil coneixement.* Barcelona: Generalitat de Catalunya, Departament de Cultura, 1998. 113 p.
*Bibliografia selectiva. Novel·la juvenil.* Barcelona: Generalitat de Catalunya, Departament de Cultura, 2000. 47 p.
Saló del Llibre Infantil i Juvenil (1994: Barcelona). *Amics, parents i coneguts.* Barcelona: Consell Català del Llibre per a Infants: Cruïlla,1994. 32 p.
Saló del Llibre Infantil i Juvenil (1995: Barcelona). *De quan les bèsties parlaven: 300 aniversari de la mort de Jean de La Fontaine.* Barcelona: Consell Català del Llibre per a Infants: La Galera, 1995. 28 p.
Saló del Llibre Infantil i Juvenil (1996: Barcelona). *Fer i desfer.* Barcelona: Consell Català del Llibre per a Infants: Edebé, 1996. 47 p.
Saló del Llibre Infantil i Juvenil (1997: Girona). *Ui, quina por: 300 aniversari de la publicació dels contes de Charles Perrault.* Barcelona: Consell Català del Llibre per a Infants, 1997. 28 p.
Saló del Llibre Infantil i Juvenil (1998: Girona i Barcelona). *Tants a tants: les noies i els nois en igualtat de forces.* Barcelona: Consell Català del Llibre per a Infants i Joves, 1998. 32 p.
Saló del Llibre Infantil i Juvenil (1999: Santa Coloma de Gramenet). *Amics, parents i coneguts; i Visca la diferència.* Barcelona: Consell Català del Llibre per a Infants i Joves, 1999. 24 p.
Setmana del Llibre Infantil i Juvenil (1992: Barcelona). *Visca la diferència!* Barcelona: Consell

Català del Llibre per a Infants: Barcanova, 1992. 32 p.

Setmana del Llibre Infantil i Juvenil (1993: Barcelona). *Castells, fantasmes i altres horrors*. Barcelona: Consell Català del Llibre per a Infants, [1993]. 23 p.

Setmana del Llibre Infantil i Juvenil de l'Hospitalet (3a: 1999: l'Hospitalet de Llobregat). *Les perles de la il·lustració*. Barcelona: Consell Català del Llibre per a Infants i Joves, 1999. 20 p.

*Catàlegs d'exposicions*

*Libros infantiles y juveniles en España, 1960-1975: catálogo de la exposición (23 septiembre-18 octubre 1976)*. Biblioteca Internacional de la Juventud. Madrid: Instituto Nacional del Libro Español, 1976. 165 p.

*Llibres infantils i juvenils en llengua catalana, 1976-1982: catàleg de l'exposició, 23 setembre-22 octubre 1982*. Internationale Jugendbibliothek. Barcelona: Departament de Cultura de la Generalitat de Catalunya, 1982. 155 p.

*Mediterráneos: catálogo de la exposición de libros infantiles y juveniles en lengua catalana*. Salamanca: Fundación Germán Sánchez Ruipérez, 1991. 231 p.

*La revista infantil en Barcelona*. Barcelona: Diputación Provincial. Biblioteca Central, 1964. [22] p.

## 2. Directoris d'autors, il·lustradors i premis

CASTILLO, Montserrat. *Grans il·lustradors catalans del llibre per a infants: 1905-1939*. Barcelona: Barcanova. Biblioteca de Catalunya, 1997. 575 p.

*Catàleg d'il·lustradors de llibre infantil en català*. Barcelona: Departament de Cultura de la Generalitat de Catalunya. Consell Català del Llibre per a Infants. Associació Professional d'Il·lustradors, 1984. 101 p.

DÍAZ-PLAJA, Aurora. *Los premios de literatura infantil y juvenil*. Barcelona: Diputación Provincial. Biblioteca Central, 1965. [14] p.

*Premis de llibre infantil i juvenil editats a Catalunya (1985-1995)*. Barcelona: Consell Català del Llibre per a Infants (OEPLI/IBBY), 1995. 48 p.

*Quaranta i quaranta: mostra antològica de contistes i il·lustradors catalans d'avui*. Barcelona: La Galera, 1979. 251 p. (As de guia; 1).

*Qui és qui a les lletres catalanes: repertori d'autors vivents d'obres de creació literària en llengua catalana*. Barcelona: Generalitat de Catalunya. Institució de les Lletres Catalanes, 1991. 316 p. Accessible també en línia: http://cultura.gencat.es/ilc/ qeq/index.asp.

## 3. Revistes

*CLIJ: cuadernos de literatura infantil y juvenil*. Año 1, nº 1 (1988, dic.) Barcelona: Fontalba, 1988- . Mensual. Sumaris accessibles en línia: http://sumaris.cbuc.es/02144123.htm.

*Faristol*. Consell Català del Llibre per a Infants. Núm. 0 (1985, jul.) Barcelona: el Consell, 1985- . 4 núms. l'any.

# Referències bibliogràfiques

AJUNTAMENT DE BARCELONA (1921): Comissió de cultura. *Biblioteques escolars circulants*. Barcelona: l'Ajuntament, 1921. 20 f.

ALOY, J. M. (1998): "L'origen i la història de la biblioteca infantil catalana". *Faristol*, 31, 18-27.

ARIÈS, P. (1973): *L'enfant et la vie familiale sous l'Ancient Régime*. Paris: Éditions du Seuil.

BACARDÍ, M. *et al.* (1998): *100 anys de traducció al català*. Vic: EUMO.

BALAGUER, M. (1978): "Vint anys de biblioteca escolar". *Perspectiva escolar*, 22, 21-24.

BARGÉS, A. (1931): "Organització de biblioteques escolars". *Butlletí dels Mestres*, 50 (juny 1931), p. 91.

BARÓ, M. (1991): "La biblioteca escolar: un sector desatès però dinàmic". *Anuari de Biblioteconomia, Documentació i Informació. Bibliodoc 1999*. Barcelona: Col·legi Oficial de Bibliotecaris Documentalistes de Catalunya, 1999, 41-52.

BARÓ, M.; MAÑÀ, T.; ROIG, A. M. (1990): *Les biblioteques a les escoles públiques de Catalunya*. Barcelona: Diputació de Barcelona. Area d'Educació, 1990. 79 p.

BASNETT, S.; A. LEFEVÈRE (1998): "Where are We in Translation Studies?". *Constructing Cultures. Essays on Literary Translation*. Clevendon: Multilingual Matters.

BASSA, R. (1994): *Literatura infantil catalana i educació (1939-1985)*. Palma: Moll-Conselleria de Cultura, Educació i Esports.

BASSA, R. (1995): *Literatura infantil, missatge educatiu i intervenció sòcio-educativa*. Palma: Universitat de les Illes Balears-Fundació Barceló.

BÉGUERY-CUNIOT, J. (1998): *Esthétique contemporaine de la littérature d'enfance et de jeunesse, sublime et esprit d'enfance*. Tesi doctoral.

BETTELHEIM, B. (1975): *Psicoanálisis de los cuentos de hadas*. Barcelona: Crítica, 1977.
BETTELHEIM, B.; K. ZELAN (1981): *Aprender a leer*. Barcelona: Crítica, 1982.
BRAVO-VILLASANTE, C. (1959): *Historia de la literatura infantil española*. Madrid: Doncel, 4ª edició, 1989.
BRYANT, S. C. (1910): *Com explicar contes*. Barcelona: Nova Terra, 1965.
CAIVANO, F. (2000): "Las tres leyes del ojo público". *El País* (Cataluña), 21-I. p. 2.
CAMARENA, J. (1995): "El cuento popular". *Anthropos*, 166-167, mayo-agosto.
CARROLL, Lewis (Carner, J. trad.): *Alícia en Terra de Meravelles*, Barcelona: Joventut, 1927/1971.
CARROLL, Lewis (Oliva, S. trad.) (1996): *Alícia al País de les Meravelles*. Barcelona: Empúries.
CARROLL, Lewis, *Alice's Adventures in Wonderland*, in Martin GARDNER (ed): *The Annotated Alice*, Middlesex: Penguin, 1865/1970.
CASTILLO, M. (1997): *Grans il·lustradors catalans*. Barcelona: Barcanova.
CENDÁN, F. (1986): *Medio siglo de libros infantiles y juveniles en España (1935-1985)*. Madrid: Fundación Germán Sánchez Ruipérez-Pirámide.
CERVERA, J. (1991): *Teoria de la Literatura Infantil*. Bilbao: Mensajero.
COLOMER, T. (1998a): *La formació del lector literari*. Barcelona: Barcanova (trad. cast. *La formación del lector literario. Narrativa infantil y juvenil actual*. Madrid: FGSR, 1998).
COLOMER, T. (1998b): "Tipologia de la literatura infantil i juvenil actual: Per parlar de què i per parlar-ne com?". I Congrés de Literatura Infantil i Juvenil Catalana. *Quaderns divulgatius* 9 (AELLC), 45-56.
COLOMER, T. (1999): *Introducción a la literatura infantil y juvenil*. Madrid: Síntesis.
COLOMER, T. (2000): "La formació i renovació de l'imaginari cultural: l'exemple de La Caputxeta Vermella". A LLUCH (ed): *De la narrativa oral a la literatura per a infants*. Alzira: Bromera, 55-93.
COLOMER, T.; CAMPS, A. (1991): *Ensenyar a llegir, ensenyar a comprendre*. Edicions 62. Barcelona (trad. cast. *Enseñar a leer, enseñar a comprender*. Madrid: Celeste-MEC, 1996).
COUÈGNAS, D. (1992): *Introduction a la paralittérature*. París: Editions du Seuil.
DAHL, R. (1982): *The BFG (The Big Friendly Giant)*. Puffin Books.
DAHL, R. (Gironés, C.; C. Urritz. trads.) (1992): *El GAG (El Gran Amic Gegant)*, Barcelona: La Magrana.
DE MAURO, T. (1977): "Prefazione". A *La cultura orale de donato*. Bari.
DÍAZ-PLAJA, A. (1970): "La biblioteca infantil en los espacios verdes". A *Actas de la III Asamblea de Instituciones de Cultura de las Diputaciones Provinciales. Barcelona, 1968*. Barcelona: Diputación de Barcelona, 177-181.
DOMÈNECH, S. (1995): *Manuel Ainaud i la tasca pedagògica a l'Ajuntament de Barcelona*. Barcelona: Publicacions de l'Abadia de Montserrat.

DOMÈNECH, S. (1998): *L'Institut-Escola de la Generalitat i el doctor Estalella*. Barcelona: Publicacions de l'Abadia de Montserrat.

DURAN, T. (1998): "El sector professional implicat en la literatura infantil i juvenil catalana. *I Congrés de Literatura Infantil i Juvenil catalana. Quaderns divulgatius*, 9 (AELLC), 15-33

DURAN, T.; ROS, R. (1995): *Primeres Literatures*. Pirene: Barcelona.

EJARQUE, E. (1931): "Organització de biblioteques escolars". *Butlletí dels Mestres*, 52 (setembre 1931), 124-126.

*El País*: 17 de maig del 2001.

ESCOLA DEL MAR (1927): *La biblioteca de los niños*. Barcelona: Publicaciones de la Escuela del Mar, 1927. 16 p.

ESCOLA DEL MAR (1936): *La biblioteca dels nens a l'Escola del Mar*. Barcelona: Garbí, 1936. 31 p.

ESTIVILL, A. (1992): *L'Escola de Bibliotecàries (1915-1939)*. Barcelona: Diputació de Barcelona. Universitat de Barcelona, 508 p.

FONS ESTEVE, M. (1999): *Llegir i escriure per viure*. Barcelona: La Galera.

GALÍ, A. (1979): *Història de les institucions i del moviment cultural a Catalunya. 1900-1936. Llibre II L'ensenyament primari: tercera part. Llibre III Ensenyament secundari*. Barcelona: Fundació Alexandre Galí.

GALÍ, Alexandre (1978): *Història de les institucions i del moviment cultural de Catalunya: 1900-1936. Llibre II L'ensenyament primari: Primera part*. Barcelona: Fundació Alexandre Galí.

GALLÉN, E. et al. (2000): *L'art de traduir. Reflexions sobre la traducció al llarg de la història*. Vic: EUMO.

GAY, PASCUAL, QUITLLET (1973): *Societat Catalana i Reforma Escolar*. Barcelona.

GENETTE, G.(1982): *Palimpsestos*. Madrid: Taurus, 1989.

GENETTE, G. (1987): *Seuils*. Paris: Editions du Seuil.

GFEN (1978): *El poder de leer*. Barcelona: Gedisa.

GRAS, J. (1931): "Organització de biblioteques escolars". *Butlletí dels Mestres*, 51 (juliol), 106-110.

HAZARD, P. (1932): *Los libros, los niños y los hombres*. Barcelona: Juventud, 1950.

HELD, J. (1991): *Los niños y la literatura fantástica*. Barcelona: Paidós.

HÜRLIMANN, B. (1959): *Tres siglos de literatura infantil europea*. Barcelona: Juventud, 1968.

JAKOBSON, R. (1981): *Lingüística y poética*. Madrid: Cátedra.

JANER MANILA, G. (1982): *Cultura popular i ecologia del llenguatge*. Barcelona: CEAC.

JANER MANILA, G. (1986): "La paraula encantada". A *Palau Reial*, 1, 5, març.

LARREULA, E. (1985): *Les revistes infantils catalanes de 1939 ençà*. Barcelona: Ed. 62.

*Leer* (núm. 115, Septiembre 2000).

LISSÓN, A. (1978): "La biblioteca de l'escola Garbí". *Perspectiva escolar*, 22 , 25-26.

Llei de Biblioteques del Parlament de Catalunya (1981). Llei 3/1981 de 22 d'abril, *DOG*, núm. 123 de 29.4.

LLUCH, G. (1988): "Per a qui escriuen els autors de literatura infantil?" *Revista de Catalunya*, 18, 125-137.

LLUCH, G. (1996): "La literatura de adolescentes: la psicoliteratura". *Textos de Didáctica de la Lengua y de la Literatura*, 9, 21-28.

LLUCH, G. (1998): *El lector model en la narrativa per a infants i joves*. Bellaterra: Universitat Autònoma de Barcelona.

LLUCH, G. (ed.), (2000): *De la narrativa oral a la literatura per a infants*. Alzira: Bromera.

MAINGUENEAU, D.; V. SALVADOR (1995): *Elements de lingüística per al discurs literari*. València: Tàndem Edicions.

MANENT, M. (1980): "Epíleg". *Espígol blau*. Barcelona: Joventut.

MAÑÀ, T. (1994): "Lectura i públic lector a les biblioteques populars (1924-1936)". *Ítem. Revista de Biblioteconomia i Documentació*, 14 (gener-juny), p. 31.

MAÑÀ, T. (1999): "Les notes preliminars dels anuaris de les biblioteques populars". *BiD Textos universitaris de biblioteconomia i documentació*, 2, març. http://www.ub.es/biblio/bid/02mana.htm.

MAÑÀ, T. (2001): *Les biblioteques populars de Catalunya a través dels seus anuaris. 1922-1936*. Barcelona: Diputació de Barcelona. Universitat de Barcelona.

MAÑÀ, T.; MAYOL, C. (1999): "La biblioteca pública avui". *Anuari de Biblioteconomia, Documentació i Informació. Bibliodoc 1999*. Barcelona: Col·legi Oficial de Bibliotecaris Documentalistes de Catalunya, p. 27-40.

MARINA, J. A. (1988): *La selva del lenguaje*. Barcelona: Anagrama.

MATA, M. (1977): "Aportacions per a una història de la didàctica de la lectura a Catalunya". *Perspectiva Escolar*, 14.

MENDOZA, A. (1998): "Intertextualitat i recepció: el conte tradicional". A MENDOZA, A.; T. COLOMER i A. CAMPS, "Intertextualitat", monogràfic d'*Articles de Didàctica de la Llengua i de la Literatura*, 14. 13-32.

MENDOZA, A. (2001): "El intertexto lector. El espacio de encuentro de las aportaciones del texto con las del lector". Cuenca: Publicaciones de la Universidad de Castilla-La Mancha.

MILLÀS, Juan José. (Entrevista de J. M. Obiol) (1998): "En nombre de las palabras". *El País* (Babelia), 12-IX, p. 8.

MONTES, G. (1999): "El destello de una palabra". A *La frontera indómita*. México: Fondo de Cultura Económica, 69-76.

OITTINEN, R. (2000): *Translating for Children*. Londres: Garland.

OLLÉ ROMEU, M. A. (1984): "Quins llibres *han* de llegir els nens, o quins llibres *volen* llegir els nens". *Perspectiva escolar,* 89.

PARCERISAS, F. (1997): "Lo que se gana en traducción". *Donaire,* 8: 54-59.

PELEGRÍN, A. (1983): "Folklore y Literatura". *Cuadernos de Pedagogía,* 101. Barcelona, p. 66.

PETIT, M. (1999): *Nuevos acercamientos a los jóvenes y la lectura.* México: Fondo de Cultura Económica.

PISANTY, V. (1995): *Cómo se lee un cuento popular.* Madrid: Paidós.

PRAZ, M.: "Macbeth". A González Porto-Bompiani (1959): *Diccionario literario de obras y personajes de todos los tiempos y de todos los países.* Barcelona, Montaner y Simón, Obras, VI (755).

POSTIGO, M. R. (1994): "Els nens i els clàssics de la literatura". *Temps d'Educació,* 12.

Projecte [...] sobre la instal·lació a Catalunya d'un sistema de Biblioteques Populars. *Butlletí de la Biblioteca de Catalunya,* 2 (1915), 122-123.

Proposta d'organització de les Biblioteques de Catalunya. Generalitat de Catalunya. *L'obra de cultura.* Barcelona: Generalitat de Catalunya, 1932, p. 216-229.

REYNOLDS, K. (1994): *Children's Literature in the 1890s and the 1990s.* Plymouth: Northcote House Publishers.

RODARI, G. (1973): *Gramática de la fantasía. Introducción al arte de inventar historias.* Barcelona: Avance, 1976.

ROVIRA, T. (1967): "Proyecto de una biblioteca popular piloto junto a la Escuela de Bibliotecarias". *Biblioteconomía,* 65-66, 47-58.

ROVIRA, T. (1976): *Noucentisme i llibre infantil: influència del Noucentisme sobre la producció i difusió del llibre per a infants.* Bellaterra: Universitat Autònoma de Barcelona. Facultat de Lletres. Tesi de llicenciatura.

ROVIRA, T. (1983): "Història del llibre català per a infants". *Perspectiva Escolar,* 73.

ROVIRA, T. (1988): "La literatura infantil i juvenil". A *Història de la Literatura Catalana,* (RIQUER/COMAS/MOLAS), v. XI, Barcelona: Ariel, 421-471.

ROVIRA, T. (1994): "La xarxa catalana de Biblioteques populars: dels orígens a la desfeta del 1939". A *Ítem. Revista de Biblioteconomia i Documentació,* 14, gener-juny 1994, p. 5-20.

ROVIRA, T.; RIBÉ, C. (1972): *Bibliografía histórica del libro infantil catalán.* Madrid: Asociación Nacional de Bibliotecarios, Archiveros y Arqueólogos, XXVII, 188 p.

RUBIÓ I BALAGUER, J. (1931): "Organització de Biblioteques populars". A *Butlletí dels Mestres,* 55 (novembre), 166-167.

SANVISENS, A. (1987): "Concepción sistémico-cibernética de la educación" A CASTILLEJO, J. L.; COLOM, A. J. (ed): *Pedagogía sistémica.* Barcelona: Ceac, 109-138.

SHAVIT, Z. (1986): *Poetics of Children's Literature.* Athens and London: The University of Georgia Press.

SORIANO, M. (1975): *Guide de la littérature enfantine*. Paris: Flammarion. (Trad. cast. *La literatura para niños y jóvenes. Guía de exploración de sus grandes temas*. Buenos Aires: Ediciones Colihue, 1995).

STEINER, G. (1990): *Lenguaje y silencio*. Gedisa: México.

STEPHENS, J. (1992): *Language and Ideology in Children's Fiction*. Londres: Longman.

TRIADÚ, J. (1962): "Una edat sense llibres o una literatura sense futur". *Serra d'Or*, 8-9 (agost-setembre), 34-35.

VALRIU I LLINÀS, C. (1994): *Història de la literatura infantil i juvenil catalana*. Pirene. Barcelona.

VALRIU I LLINÀS, C. (1998): *Influència de les rondalles en la literatura infantil i juvenil catalana actual*. Mallorca: Moll.

VALLVERDÚ, F. (1975): *L'escriptor català i el problema de la llengua*. Barcelona: Edicions 62. 2a ed.

VALLVERDÚ, F. (1987): "Cinquanta anys de l'edició en català (1936-1986)". A *Edicions 62. Vint-i-cinc anys (1962-1987)*. Barcelona: Edicions 62.

VENTURA, N. (1993): "Bibliotecas infantiles en España". *Primeras Noticias*, 121, 27-31.

VENUTI, L. (1995): *The Translator's Invisibility*. Londres: Routledge.

VERGÉS, P. (1931a): "La biblioteca de l'Escola del Mar". *Butlletí dels Mestres*, 57, (desembre), 199-202.

VERGÉS, P. (1931b): "Organització de biblioteques escolars: La biblioteca de l'Escola del Mar". *Butlletí dels Mestres*, 53, (octubre), 148-150.

VERGÉS, P. (1973): *L'Escola del Mar i la renovació pedagògica a Catalunya: converses amb Pere Vergés*. A cura de R. Saladrigas. Barcelona: Edicions 62, 368 p.

ZUMTHOR, P. (1990): *Perfomance, réception, lecture*. Quebec: Le Preámbule.

# Llibres recomanats

La llista de recomanacions que hem fet no és gaire llarga, uns cent títols o col·leccions. Ens hem limitat, d'entrada, a obres que consideràvem adequades per als infants o adolescents actuals, tot deixant de banda aquí la importància històrica de determinades obres. No hem volgut tampoc farcir la llista de títols de qualitat i adequació innegables, però que lamentablement no es troben al mercat, així que hem intentat que això pogués passar només ocasionalment. D'altra banda, s'ha intentat no repetir gaire els autors, de manera que no se'n citen més de dues obres de cada un, per tal d'obrir el ventall, amb la idea que quan es descobreixi que un autor agrada, ja es buscaran les seves altres obres. Tot i així, es tracta d'un llistat de suggeriments sense pretensió de representativitat d'autors, il·lustradors, editorials o gèneres determinats. És, simplement, una llista de títols de la literatura infantil i juvenil catalana que ens han semblat prou *vigents*, *trobables* i *valuosos* per a la lectura dels infants.

### Teatre
Col·lecció "El teatre dels contes". La Magrana
Col·lecció "Tramoieta". La Galera
Col·lecció "Tramoia". La Galera
FUSTER, Jaume: *Les cartes d'Hèrcules Poirot* i alguns altres títols de la Col·lecció "El galliner" Edicions 62

## Poesia

Albó, Núria: *M'ho ha dit el vent*. Columna
Carner, Josep: *Museu zoològic*. Barcanova
Col·lecció "Esparver poesia". La Magrana
Desclot, Miquel: *Bestiolari de la Clara*. Edelvives
Lanuza, Empar de: *Versos al sol*. Tàndem
Manent, Marià: *Espígol blau*. Barcanova
Martí i Pol, Miquel: *Bon profit*. Barcanova
Pere Quart: *Bestiari*. La Galera
Raspall, Joana: *Degotall de poemes*. La Galera
Salvat Papasseit, Joan: *Poesies*. Publicacions de l'Abadia de Montserrat
Xirinachs, Olga: *Cavall de mar. Marina*. Barcanova

## Rondalles i folklore

"Explica'm un conte". Cruïlla
"La Galera Popular". La Galera
"El sac". La Galera
"Tirurany". Editorial Moll
"Endevinalles". La Galera
Blanch, X.; Espot, L.: *Fer l'animal: bestiari popular il·lustrat*. La Galera
Giménez, Llorenç; Montse Gisbert; Carmela Mayor: *Les endevinalles de Llorenç*. Tàndem.
Giménez, Llorenç; Carmela Mayor: *Els embarbussaments de Llorenç*. Tàndem.

## Albums, llibres il·lustrats

Balaguer, Marta: *Abecedari*. Cruïlla
Ballester, Arnal: *No tinc paraules*. Media Vaca
Canela, Montserrat; Max: *Ioshi i la pluja*. La Galera
Calders, Pere; Carme Solé Vendrell: *Raspall*. Hymsa
Cano, Carles; Paco Giménez: *La Caputxeta negra*. Edicions del Bullent
Cano, Carles; Miguel Calatayud: *L'arbre dels fulls DinA4*. Kalandraka
Cirici, David; Marta Balaguer: *Llibre de vòlics, laquidambres i altres espècies*. Destino
Comelles, Salvador; Àngels Ruiz: *El forçut manyós i el lleó xerraire*. Barcanova
Company, Mercè; Agustí Asensio: *La Nana Bunilda menja malsons*. Cruïlla
Duran, Teresa; Max: "*Popof i Kokatasca*". Publicacions de l'Abadia de Montserrat

GISBERT, Montse: *El bebè més dolç del món*. Tàndem
INFANTE, Francesc: "Zig-Zag". La Galera
GINESTA, Montserrat; Arnal BALLESTER: "Els artístics casos d'en Fricandó". Destino
LARREULA, Enric; Roser CAPDEVILA: *Memòries de la bruixa avorrida*. Planeta
MARTÍNEZ VENDRELL, Maria; Carme SOLÉ VENDRELL: *Jo les volia*. Destino
MASGRAU, Fina; Lurdes BELLVER: "La rata Marieta". Tàndem
OLLÉ, M. Àngels; Roser CAPDEVILA: "La ratona". La Galera
PIÉROLA, Mabel: *No sé*. Cruïlla
PRATS, Joan de Déu; Francesc INFANTE: *El segrest de la primavera*. La Galera
PRIM, Ester: *L'àvia Pepa*. Publicacions de l'Abadia de Montserrat
RIBAS, Teresa; P. CASADEMUNT; R. CAPDEVILA: Col·lecció "Mirem". La Galera
RIUS, Lluís; Montse GINESTA: *Adormits*. La Galera/Cercle de Lectors
SOLÉ I VENDRELL, Carme: *La lluna d'en Joan*. Hymsa
TORNER, C.: *Noaga i Joana*. Intermón
TORRAS, M; Mikel VALVERDE: *La meva germana Aixa*. La Galera

**Narracions**

ALAPONT, Pasqual: *L'ovella negra*. Edebé
ALBANELL, Josep: *Zoa, una misteriosa història d'amor*. Barcanova
BARBAL, Maria: *Pedra de tartera*. La Magrana
BARCELÓ I CULLERÈS, Joan: *Ulls de gat mesquer*. La Galera
BURGAS, Àngel: *Petites històries del globus*. Casals
CABRÉ, Jaume: *La història que en Roc Pons no coneixia*. La Galera
CANELA, Mercè: *Asperú, joglar encantat*. La Galera
CANELA, Mercè: *Per un plat de macarrons*. Cruïlla
CARBÓ, Joaquim: *I tu què hi fas aquí?* La Galera
CARBÓ, Joaquim: *L'home que es va aturar davant de casa*. La Galera
CARRANZA, Maite: *Ostres tu, quin cacau!* La Magrana
CELA, Jaume: *Una troballa sorprenent*. La Galera
Coll, Pep: *Què farem, què direm?* Cruïlla
COMPANY, Mercè: *El germà gran*. La Galera
DELGADO, Joan Francesc: *Si puges al Sagarmatha quan fumeja neu i vent*. Columna
DESCLOT, Miquel: *A la punta de la llengua*. Cruïlla
DURAN, Teresa: *Joanot de Rocacorba (1431-1482)*. La Galera
FOLCH I TORRES, Josep M.: *Les extraordinàries aventures d'en Massagran*. Casals

GARCIA LLORCA, Antoni: *Tiny de llum de lluna*. La Galera
HERNÁNDEZ, Joan Pau: *L'ombra del Stuka*. Empúries
JANER, M. de la Pau: *L'illa d'Omar*. La Galera
JANER MANILA, Gabriel: *Tot quant veus és el mar*. La Galera
JANER MANILA, Gabriel: *Han cremat el mar*. Edebé
LANUZA, Empar de: *El savi rei boig i altres contes*. La Galera
LARREULA, Enric: *Els arbres passaven ran de finestra*. Cruïlla
LIENAS, Gemma: *Així és la vida, Carlota*. Empúries
MARTÍ, Pere: *En Griset*. Alfaguara-Grup Promotor
MARTÍN, Andreu; Jaume RIBERA: *No demanis llobarro fora de temporada*. Columna
MAS, Hermínia; Josep Francesc DELGADO: *Ulldevellut*. La Galera
OBIOLS, Miquel: *Ai Filomena, Filomena*. Joventut
OBIOLS, Miquel: *El tigre de Mary Plexiglàs*. Columna
O'CALLAGHAN, Elena: *El petit roure*. Cruïlla
PEDROLO, Manuel de: *Mecanoscrit del segon origen*. Empúries
RAYÓ, Eusèbia: *Totes les terres, la meva terra*. La Galera
RAYÓ, Miquel: *El camí del far*. Edebé
RAYÓ, Miquel: *N'Anna i el vern*. Edebé
RIBA, Carles: *En Joan Barroer*. Publicacions de l'Abadia de Montserrat
RIBA, Carles: *Les aventures d'en Perot Marrasquí*. Publicacions de l'Abadia de Montserrat
SALADRIGAS, Robert: *Històries a mig camí*. Columna
SENNELL, Joles: *La guia fantàstica*. Publicacions de l'Abadia de Montserrat
SORRIBAS, Sebastià: *El zoo d'en Pitus*. La Galera
TEIXIDOR, Emili: *L'amiga més amiga de la formiga Piga*. Cruïlla
TEIXIDOR, Emili: *L'ocell de foc*. Cruïlla
VALLVERDÚ, Josep: *El vent de l'aventura*. Obres completes. La Galera
VALLVERDÚ, Josep: *Rovelló*. La Galera
VERGÉS, Oriol: *La ciutat sense muralles*. La Galera
VERNETTA, Xavier: *L'home del jaguar blanc*. La Magrana

Materials multimèdia en CD-rom
*Els tres porquets*. EFI (Educació i Formació Interactives). Vilanova i la Geltrú
*Ulisses, La volta al món en 80 dies* i *L'illa del tresor*. Barcelona Multimèdia
*La Rateta que escombrava l'escaleta, El Gegant del Pi*, CD-rom. Contes de la Galera. Grup Enciclopèdia Catalana